Südlicher Nationalpark
Altgebiet (ohne Rachel)

Mittlerer und Nördlicher Nationalpark
Falkenstein-Rachel-Gebiet

Arberregion
Bayerisch Eisenstein und Zellertal

Sonnenuntergang auf dem Großen Arber, Tour 18, 20 und 23

Bayerischer Wald

Alle Informationen, schriftlich und zeichnerisch, wurden nach bestem Wissen zusammengestellt und überprüft. Sie waren korrekt zum Zeitpunkt der Recherche. Eine Garantie für den Inhalt, z. B. die immerwährende Richtigkeit von Preisen, Adressen, Telefon- und Faxnummern sowie Internetadressen, Zeit- und sonstigen Angaben, kann naturgemäß von Verlag und Autor – auch im Sinne der Produkthaftung – nicht übernommen werden.

Die Autor und der Verlag sind für Lesertipps und Verbesserungen (besonders per E-Mail) unter Angabe der Auflagen- und Seitennummer dankbar.

Dieses OutdoorHandbuch hat 160 Seiten mit 60 farbigen Abbildungen, 24 farbigen Kartenskizzen im Maßstab 1:25.000/1:50.000/1:75.000 sowie 22 farbigen Höhenprofilen und einer farbigen, ausklappbaren Übersichtskarte. Es wurde auf chlorfrei gebleichtem, FSC®-zertifiziertem Papier gedruckt, in Deutschland klimaneutral hergestellt und transportiert und wegen der größeren Strapazierfähigkeit mit PUR-Kleber gebunden.

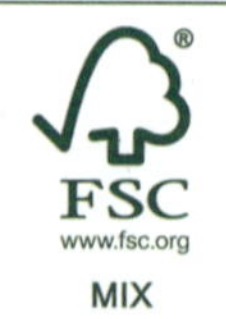

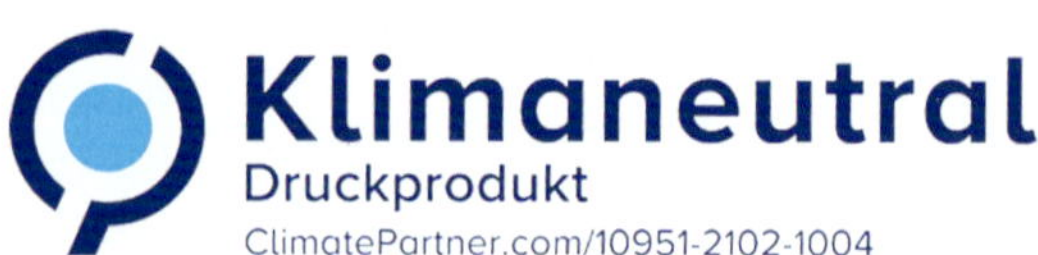

Dieses Buch ist im Buchhandel und in Outdoor-Läden erhältlich und kann im Internet oder direkt beim Verlag bestellt werden.

OutdoorHandbuch aus der Reihe „Regional", Band 433

ISBN 978-3-86686-600-3 1. Auflage 2021

Text und Fotos: Daniel Hüske
Karten: Manuela Dastig
Lektorat: Amrei Risse
Layout: Alexandra Sauerland

Gesamtherstellung: gutenberg beuys feindruckerei

Dieses OutdoorHandbuch wurde konzipiert und redaktionell erstellt vom:

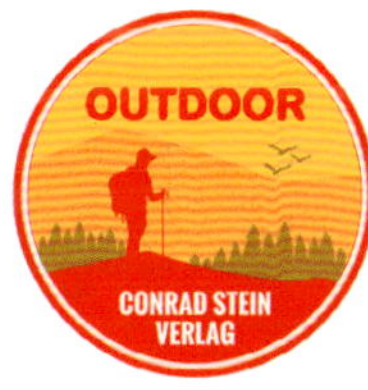

Conrad Stein Verlag GmbH, Kiefernstr. 6, 59514 Welver,
☏ 023 84/96 39 12,
info@conrad-stein-verlag.de,
www.conrad-stein-verlag.de

Besuchen Sie uns bei Facebook & Instagram:

www.facebook.com/outdoorverlag

www.instagram.com/outdoorverlag

Titelfoto: Rachelkapelle über dem Rachelsee, Tour 11

Inhalt

☺ Als Bonustour steht die Große Osser-Runde zum kostenlosen Download auf der Website des Verlags bereit. 💻 www.conrad-stein-verlag.de

☺ Der in Tour 9 beschriebene Wanderweg läuft durch mehr oder weniger flaches Gelände ohne nennenswerte Höhenunterschiede. In diesem Fall wurde auf die Darstellung eines Höhenprofils verzichtet.

Danksagung

Mein Dank geht an alle, die mich bei der Umsetzung des Buches unterstützt haben, vor allem an die Mitarbeiter der Nationalparkverwaltung, der Ferienregion Nationalpark Bayerischer Wald GmbH, der Landkreise Freyung-Grafenau, Regen und Cham, der Fürstl. Hohenzollernschen ARBER-BERGBAHN e.K. und der ARBERLAND REGio GmbH, der Bodenmais Tourismus & Marketing GmbH und der Gemeinden Drachselsried und Arnbruck. Außerdem danke ich Bap Koller und Stefanie Wölfl für die Hilfe bei der Einbindung des neuen Wegekonzepts, Gebietsbetreuer Johannes Matt, Herbert Kammermeier sowie Freiherrn von Poschinger für seine Einwilligung zur Beschreibung des Weges durch seinen Privatwald.

Natur Natur sein lassen – ein Nationalpark auf dem Weg zurück zum Urwald von morgen

„Zu großer Vorsicht ermahnt der pfadlose Boden, der aus einem Gewirr von zerbrochenen, dahingestreckten, halb und ganz vermoderten, mit Moos, Farn und anderen Waldpflanzen bedeckten Stämmen und wunderlich untereinander verwachsenen Wurzeln besteht, aus denen sich die Kolosse des Waldes erheben."

Heinrich Göppert zum Urwaldgebiet Mittelsteighütte, 1868

Tief im Süden Deutschlands, in Niederbayern an der Grenze zu Tschechien, befindet sich eines der bedeutsamsten Waldgebiete der Republik: Im deutschen Teil des grenzüberschreitenden Böhmerwaldmassivs verläuft die lange, sanft geformte Mittelgebirgskammlinie des Hinteren Bayerischen Waldes von Südosten nach Nordwesten. Die Region rund um die höchsten Bayerwaldgipfel wie Arber, Falkenstein, Rachel und Lusen wartet mit einem dichten Wegenetz auf Erkundung und bietet vieles, was die Herzen von Wanderern und Naturfreunden höherschlagen lässt.

Hier war es auch, wo 1970 Geschichte geschrieben und Deutschlands erster und damit ältester Nationalpark gegründet wurde. Der Weg des Schutzgebietes war steinig und wurde von intensiven Kontroversen begleitet, spätestens als in den 1980ern klar wurde, dass man trotz Windschäden und Borkenkäfern der natürlichen Waldentwicklung ohne Zutun des Menschen seinen freien Lauf lassen wollte. Inzwischen, nach ein paar Jahrzehnten natürlichen Vergehens und Entstehens, verstummen die Kritiker von damals immer mehr. Der Wald regeneriert sich zunehmend zu einem gesunden Ökosystem mit vielfältigem Urwald „zurück".

Kommen Sie mit zu spannenden und abwechslungsreichen Wanderungen durch die ausgedehnten Waldlandschaften des „Woid", wie der Bayerische Wald von den einheimischen „Waidlern" genannt wird. Im und um das Gebiet des Nationalparks herum faszinieren bunte Lebensräume wie prächtige Bergmischwälder, exponierte Hochlagen mit schaurig-schönen regenerierenden Fichtenwäldern, mystische Moore und blumenreiche ehemalige Weidewiesen mit verstreuten knorrigen, uralten Bäumen. Auf den zahlreichen Wanderwegen durch die einmalige Waldwildnis erklimmen Sie aussichtsreiche felsige Gipfel und Blockfelder, gelangen zu alten Gletscherseen oder beeindruckenden Wasserfällen, folgen urigen Bergbächen zu alten Klausen (kleinen Stauseen) aus den vergangenen Zeiten der Holztrift oder genießen die entspannte ländliche Idylle der vorgelagerten Täler.

Treten Sie mit der Natur in Kontakt und spüren Sie die wohltuende Atmosphäre und entschleunigende Wirkung des ursprünglichen Waldes. Kehren Sie mit einer veränderten Sicht auf die Schönheit der Dinge heim und werden Sie Zeuge, wie ein Urwald neu entsteht, der bereits heute von vielen Besuchern als naturbelassenes und unberührtes Juwel geschätzt wird.

Reise-Infos

Anreise

Die Anreise mit dem Auto ist unkompliziert. Größere Städte wie Deggendorf und Passau sind als Knotenpunkte über Autobahnen erreichbar. Von den Anschlussstellen führt ein Netz von Bundes- und Staatsstraßen in den Bayerischen Wald.

Die umweltfreundliche Anreise mit öffentlichen Verkehrsmitteln ist eine überlegenswerte Alternative, denn auch vor Ort gibt es ein für eine ländliche Region vergleichsweise dichtes Netz, um während Ihres Urlaubs von A nach B zu kommen.

Reisen Sie am besten mit den überregionalen IC- und ICE-Verbindungen der Deutschen Bahn bis nach Plattling und steigen Sie dort in die Waldbahn um, welche Sie z. B. nach Zwiesel, Bodenmais, Bayerisch Eisenstein oder Spiegelau bringt. Je nach gewähltem Urlaubsort ist abschließend noch eine Busfahrt notwendig (☞ Verkehrsmittel).

Standorte und Unterkünfte

Die Wanderungen in diesem Buch konzentrieren sich auf die Region des Hinteren Bayerischen Walds, dessen Höhenzüge in den beiden Landkreisen Freyung-Grafenau und Regen (umgangssprachlich Arberland genannt) in Niederbayern sowie dem Landkreis Cham in der Oberpfalz liegen. Im Gebiet der beiden erstgenannten befindet sich an der Grenze zu Tschechien der Nationalpark Bayerischer Wald, welcher vom Naturpark Bayerischer Wald eingeschlossen wird. Der Naturpark Oberer Bayerischer Wald grenzt wiederum im Norden an und umfasst u. a. den gesamten Landkreis Cham.

In den Wandergemeinden der sogenannten Ferienregion Nationalpark Bayerischer Wald (Mauth, Hohenau, Neuschönau, St. Oswald-Riedlhütte, Spiegelau, Frauenau, Lindberg, Zwiesel, Bayerisch Eisenstein), des hübschen Zellertals (Bodenmais, Drachselsried, Arnbruck) und des reizvollen Lamer Winkels (Lohberg, Lam, Arrach) warten Unterkünfte für jeden Geschmack auf Sie. Bei der Suche hilft man Ihnen in den Touristinfos weiter. Kontaktdaten für jede Gemeinde sowie Gastgeberverzeichnisse finden Sie unter 💻 www.ferienregion-nationalpark.de, 💻 www.bodenmais.de, 💻 www.zellertal-online.de und 💻 www.bayerischer-wald.org/lamer-winkel.

Eine Übernachtung in einer der zahlreichen Berghütten auf den Gipfeln und an den Hängen der Bayerwaldberge ist ein einmaliges Erlebnis und erlaubt es, lange Wanderungen in mehrere Abschnitte zu unterteilen. Die Möglichkeiten entlang der vorgeschlagenen Touren sind im Text erwähnt.

Verkehrsmittel

🚗 Alle Wanderungen dieses Buches beginnen an einem Parkplatz, mitunter ist noch eine Fahrt mit einem Bus zum Startpunkt notwendig. Allgemein stehen Besuchern im oder am Nationalpark über 50 kleinere und größere gekennzeichnete Stellflächen zur Verfügung, welche nur von 5:00 bis 22:00 genutzt werden dürfen. Eine Übernachtung ist nicht erlaubt.

Die meisten Parkplätze sind kostenfrei. Gebührenpflichtige Ausnahmen sind z. B. die Parkplätze rund um die Nationalparkzentren Lusen und Falkenstein und die Parkplätze am Fuße des Arbers wie Großer Arbersee, Talstation, Brennes oder Mooshütte.

Einige Zufahrtsstraßen in den Nationalpark sind in der Wandersaison vom 15. Mai bis zum 31. Oktober für den privaten Pkw-Verkehr zeitweise gesperrt und nur mit Igelbussen zu erreichen (☞ Öffentliche Verkehrsmittel):

▷ **Finsterau**: Buchwaldstraße, Wistlberg bis Grenzübergang Buchwald, 9:00-17:00 gesperrt, Finsteraubus, ☞ Wanderung 3

▷ **Mauth**: Reschbachstraße, Sandriegel bis Schustersäge, ganzjährig gesperrt, Umgehung mit Finsteraubus, ☞ Wanderung 2

▷ **Waldhäuser**: Lusenstraße, Waldhäuser Ausblick bis Waldhausreibe und Zufahrt Böhmstraße ab Nationalparkzentrum Lusen, 9:00-16:00 gesperrt, Lusenbus, ☞ Wanderung 1

▷ **Racheldiensthütte**: Diensthüttenstraße, 8:00-18:00 gesperrt, Rachelbus, ☞ Wanderung 7

▷ **Spiegelau**: Schwarzachstraße, Naturkneippanlage bis Gfäll, 8:00-18:00 gesperrt, Rachelbus, ☞ Wanderungen 10 und 11

Alle 23 vorgestellten Wanderungen sind mit öffentlichen Verkehrsmitteln erreichbar. Sie können also, wenn die aktuellen Verbindungen ausreichend Zeit zum Wandern bieten, auf das Auto verzichten und überfüllte Parkplätze vermeiden. Nähere Infos für die An- und Rückfahrt finden Sie bei den einzelnen Touren.

Wenn Sie in den im Buch abgedeckten Gemeinden übernachten (☞ Standorte und Unterkünfte, gilt nicht für Lohberg und Arrach), erhalten Sie für den Kurbeitrag eine Nationalpark-Card bzw. Gästekarte mit GUTi-Symbol (Gästeservice Umwelt-Ticket) für den Zeitraum Ihres Aufenthalts. Das GUTi berechtigt zur kostenlosen Nutzung des ÖPNV (Mo-Fr erst ab 8:00) im gesamten Gebiet der Landkreise Freyung-Grafenau, Regen und Cham (Tarifgebiet Bayerwald-Ticket und Verkehrsgemeinschaft Landkreis Cham), also aller in diesem Buch genannten regionalen Zug- und Buslinien. In den meisten Fällen wird Ihnen Ihre Unterkunft die Karte direkt bei Ankunft ausstellen, alternativ ist diese aber auch bei den örtlichen Touristenbüros erhältlich. Dort bekommen Sie auch Faltblätter mit den aktuellen Fahrplanübersichten der gängigen Linien (ebenso online unter www.bayerwald-ticket.com).

Neben einzelnen Regional- und Stadtlinien in den Landkreisen spielen für Wanderfreunde im Nationalpark vor allem die Waldbahn-Linien RB35 bis RB37 und die grünen Igelbusse (Sommerfahrplan Mitte Mai bis Ende Okt) eine wichtige Rolle.

Für eine Verbindungssuche bieten sich die Internetseiten www.bayern-fahrplan.de und reiseauskunft.bahn.de oder die entsprechenden Apps „DB Navigator" und „Bayern-Fahrplan" an. Auch die App „Wohin·Du·Willst" eignet sich für die Recherche. Aber Achtung: Wegen kurzer Umsteigezeiten werden die häufig sehr gut aufeinander abgestimmten Verbindungen nicht immer zuverlässig angezeigt, so ggf. zwischen Rachelbus und Lusenbus mit dem Umstieg an der Haltestelle „Graupsäge" oder zwischen den Linien 6081 und 6198 mit Umstieg an der Arber-Bergbahn-Talstation auf dem Weg von Bayerisch Eisenstein nach Bodenmais.

Klima und Reisezeit

Das Klima im Bayerischen Wald ist durch raue, schneereiche Winter und kurze, mäßig warme Sommer geprägt. Die Hochlagen mit bis zu 160 Frosttagen können bis in den Mai von einer Schneedecke eingehüllt sein und spätestens Ende Oktober rieseln meist wieder die ersten Schneeflocken. Rechnen Sie am Anfang der Wandersaison mit Behinderungen durch Schneebruch, z. B. herabgefallenen Ästen oder umgeknickten Bäumen (☞ Wanderinfrastruktur).

Im Sommer erreicht die Durchschnittstemperatur angenehme Werte zum Wandern, je nach Höhe zwischen 12 und 17 °C. Tagsüber sind sogar Spitzenwerte um die 30°C-Marke in Tallagen möglich. Richtung Herbst wird es zwar merklich kühler, einzelne Schönwetterphasen können im Zusammenspiel mit der reizvollen Blätterfärbung des Waldes aber noch das Wanderherz erwärmen.

Beim Wandern im Bayerischen Wald ist die Mitnahme von Regenbekleidung fast immer eine sinnvolle Überlegung, denn an ca. 200 Tagen im Jahr ist mit Niederschlägen zu rechnen. Mit teilweise weit mehr als 1.000 mm im Jahr verzeichnet der Bayerwald zusammen mit einigen anderen Mittelgebirgen die größten Wassermengen Deutschlands nach den Alpen. Gerade im Sommer bringt häufig feuchte Luft aus dem Mittelmeerraum Nachschub an Nass von oben. Aber keine Bange: Auch im Bayerischen Wald scheint die Sonne, in den Sommermonaten sogar immerhin durchschnittlich etwa 200 Stunden pro Monat.

Ihren Wanderurlaub planen Sie am besten in der Zeit vom späten Frühjahr bis zum frühen Herbst. Bedenken Sie bei Ihrer Organisation, dass die Nationalparkgegend an schönen Tagen in den Ferien, vor allem aber an Feiertagen und verlängerten Wochenenden, auch sehr gerne von den Einheimischen besucht wird und die Infrastruktur dann des Öfteren an ihre Kapazitätsgrenze stößt. Wer keine schulpflichtigen Kinder hat, der findet im Zeitraum nach den bayerischen Pfingstferien bis zu den Sommerferien der anderen Bundesländer eine ruhigere Option. Genauso kann der Herbstbeginn nach den Sommerferien Bayerns ab Mitte September eine attraktive Reisezeit darstellen.

Auch der Winter kann für Aktive eine sehr reizvolle Reisezeit sein. Das 350 km lange Wanderwegenetz des Nationalparks steht grundsätzlich auch in dieser Jahreszeit zur Verfügung, Schneeschuhe oder Tourenski sind dann empfehlenswert.

Bleiben Sie im Interesse des bedrohten Auerhuhns in den ausgewiesenen Schutzzonen unbedingt auf den markierten Wegen, nutzen Sie nur die gespurten Loipen zum Langlaufen (☞ Wanderinfrastruktur) und achten Sie auf Gefahren wie umstürzende Bäume durch Sturm und Schneebruch.

Karten und GPS

Das Landesamt für Digitalisierung, Breitband und Vermessung, www.ldbv.bayern.de, gibt Amtliche Topographische Karten (ATK25) im Maßstab 1:25.000 heraus. Relevant für das Wandergebiet dieses Buches sind die Blätter J19 (Grafenau) und I19 (Frauenau) für den Nationalpark sowie I18 (Zwiesel) und I17 (Viechtach) für die Arberregion. Die Karten sind im Buchhandel und vor Ort erhältlich.

Die Wanderkarte der Ferienregion Nationalpark Bayerischer Wald im Maßstab 1:35.000 ist eine empfehlenswerte Alternative, vor allem weil hier umfassend alle Wegmarkierungen auch außerhalb des Schutzgebietes in den Nationalparkgemeinden erfasst sind. Sie kann kostenlos unter 💻 www.ferienregion-nationalpark.de heruntergeladen oder für € 6 bestellt werden.

Auch die Nationalparkzentren und -infostellen halten diese zum Erwerb bereit. Auf der Suche nach Kartenmaterial im Internet werden Sie darüber hinaus auf der Website 💻 www.naturpark-bayer-wald.de fündig.

Die Alpenvereinskarte „BY23 Bayerischer Wald" im Maßstab 1:25.000 ist eine ideale Ergänzung für alle Wanderungen in der Arberregion und am Osser.

☺ Die Kartenempfehlungen wurden von der Geobuchhandlung Kiel überprüft.

💻 www.geobuchhandlung.de

Die GPS-Tracks zu den beschriebenen Wanderungen stehen zum Download auf der Internetseite des Verlags bereit.

💻 www.conrad-stein-verlag.de

📖 Tipps zum Umgang mit dem GPS-Gerät finden Sie in dem Ratgeber „**GPS** – *Grundlagen · Tourenplanung · Navigation* von Michael Hennemann, Conrad Stein Verlag, ISBN 978-3-86686-495-5, € 9,90.

Wanderinfrastruktur

Das Wandernetz im Bayerischen Wald ist sehr dicht und bietet unzählige Wandermöglichkeiten. Die Wege sind in der Regel relativ einfach zu wandern. Wirklich anspruchsvolle oder gar gefährliche, ausgesetzte Abschnitte sind selten und beschränken sich meist auf kleine Felskraxeleien. Eine gewisse Trittsicherheit auf steinigem, wurzeligem oder rutschigem Untergrund und eine Grundkondition für die teilweise knackigen Anstiege und langen Wege sind dennoch in vielen Fällen notwendig.

Weil das Wegenetz durch (ehemals) forstwirtschaftlich geprägten Wald führt, lässt es sich nicht gänzlich vermeiden, dass die Routen abschnittsweise über Forstwege oder -straßen führen.

Bei der Auswahl der Wandervorschläge wurde jedoch das Augenmerk darauf gelegt, einen möglichst großen Anteil auf naturbelassenen Wegen zurückzulegen.

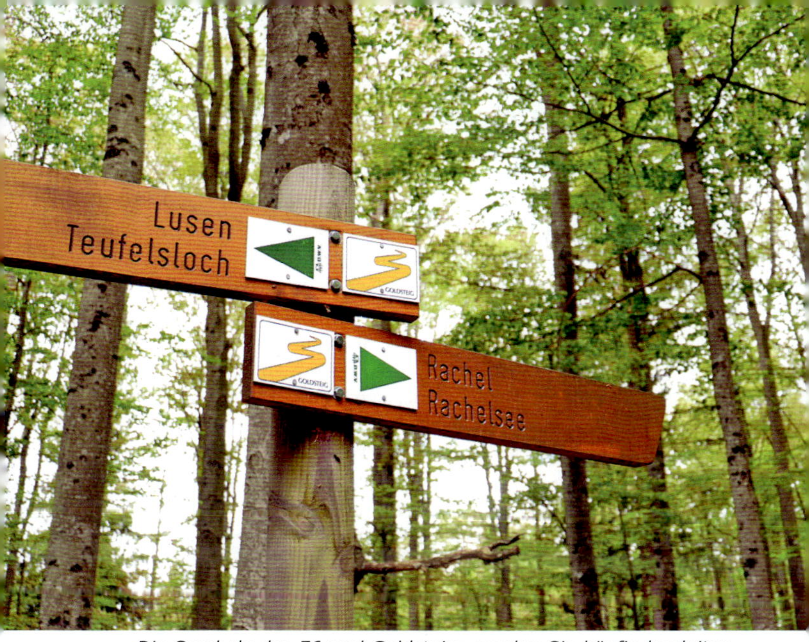

Die Symbole des E6 und Goldsteigs werden Sie häufig begleiten

Im Wandergebiet sind die Wege in der Regel sehr umfangreich markiert und mit Wegweisern und Infotafeln versehen. An manchen Stellen kann genau das aber zur Verwirrung führen, nämlich dort, wo mehrere parallel verlaufende Linien mit verschiedenen Symbolen den Überblick erschweren. Neben den lokalen Wanderlinien durchziehen mehrere Fernwanderwege den Bayerischen Wald. Am relevantesten für dieses Buch sind der Goldsteig, der E6 mit dem grünen Dreieck und der Gläserne Steig.

Im Nationalpark sind alle Rundwanderwege mit Tiersymbolen auf gelbem Quadrat, alle Streckenwanderungen mit Pflanzensymbolen auf weißem Quadrat dargestellt. Insgesamt summieren sie sich auf 350 km Wegstrecke. Achten Sie darauf, dass die Markierungen in Über-Kopf-Höhe angebracht sind. Etwas unübersichtlicher kann es in den dem Nationalpark vorgelagerten Gebieten des Naturparks Bayerischer Wald werden (☞ Wanderungen 14, 15 und 18). Rundwanderwege sind hier üblicherweise mit rotem Kreis und Streckenwanderwege mit farbigen Vierecken markiert. Jede Gemeinde hat allerdings ihre eigenen Nummerierungen. Einen umfassenden Überblick bietet die Wanderkarte der Ferienregion Nationalpark (☞ Karten und GPS).

Neue Wegmarkierungen in der Arberregion

In der Arberregion werden die Gemeinden Bodenmais, Drachselsried, Arnbruck und Langdorf ab 2021 ihr eigenes Wegekonzept umsetzen (☞ Wanderungen 19-23). Zielwege bekommen die Nummern 1-49 mit blauen Quadraten und Rundwege die Nummern 50-79 mit roten Kreisen (✋ nur in eine Richtung ausgeschildert!). Schneeschuh- und Skiwanderwege sind orange ab Nummer 80 gekennzeichnet. Vorangestellt werden Gemeindekürzel: Bo (Bodenmais), Ab (Arnbruck), Dr (Drachselsried) und Ld (Langdorf). Außerdem gibt es Themenwanderwege wie den Schachtenweg, den Sitzweilweg oder die „Seven Summits"-Tour.

Dank der Unterstützung der Gemeinden kann in diesem Buch bereits die neue Beschilderung beschrieben werden. Bitte beachten Sie jedoch, dass Fehler trotz aller Sorgfalt nicht ausgeschlossen werden können und unter Umständen kurzfristig noch unvorhergesehene Änderungen vorgenommen werden.

Informieren Sie sich vorab in den Touristinfos der Gemeinden. Vor dem Rathausgebäude in Bodenmais wird auch ein neuer Wanderinfopavillon entstehen.

Da ab Frühjahr 2021 insgesamt 2.700 Schilder neu installiert werden müssen, wird in den Wanderbeschreibungen noch zusätzlich auf die bisherigen Wegenummern verwiesen.

Informationen zu aktuellen Änderungen finden Sie in den ☞ Updates auf der Verlagswebsite.

Gemeindekürzel in Kombination mit Nummern werden auch im Naturpark Oberer Bayerischer Wald genutzt (☞ Bonustour). La steht für Lam und Lo für Lohberg.

Wanderungen durch naturbelassene Gegenden können immer durch Einschränkungen betroffen sein (z. B. Sturmschäden, Schneebruch, Verkehrssicherungs- oder Naturschutzmaßnahmen). Informieren Sie sich vorab vor Ort in einer der zahlreichen Touristinformationen der Gemeinden oder den Informationsstellen des Nationalparks und Naturparks.

Online finden Sie aktuelle Wegeinfos (Wegeservice) zum Nationalpark unter 💻 www.nationalpark-bayerischer-wald.de oder zusätzlich für die Arberregion unter 💻 wandern.arberland-bayerischer-wald.de.

Informieren Sie sich auch vor jeder Wanderung, ob eine Einkehr in den angegebenen Gasthäusern tatsächlich möglich ist. Denken Sie vor allem an heißen Tagen an ausreichend Trinkreserven.

Dort, wo die Natur den Lebensrhythmus aus natürlichem Werden, Wachsen und Vergehen bestimmt, gehören umstürzende Bäume und herabfallendes Totholz zu den typischen Gefahren. Verlassen Sie bei starkem Wind zu Ihrer Sicherheit den Wald. Verkehrssicherungsmaßnahmen werden nur in eingeschränktem, naturverträglichem Maße durchgeführt. Besondere Vorsicht ist in den Urwaldgebieten wie Mittelsteighütte (☞ Wanderung 16) und Watzlik-Hain (☞ Wanderung 17) geboten. An windigen, böigen Tagen ist auf den exponierten Gipfeln wie dem Lusen, Rachel oder Arber mit Spitzengeschwindigkeiten zu rechnen, die das Wandern zum gewagten Unterfangen oder gar unmöglich machen.

Verlassen Sie im Sinne des Naturschutzes möglichst nicht die markierten Wege. In verschiedenen Schutzzonen besteht ohnehin ein Wegegebot. Dazu gehören vor allem die sensiblen, mit Schildern ausgewiesenen Hochlagenbereiche des Kerngebiets im Nationalpark und das große Auerwildschutzgebiet am Arberkamm. Hier dürfen Sie sich per Verordnung in der Zeit von November bis Ende Juni/Mitte Juli nur auf den ausgeschilderten Wegen bewegen. Sie stellen damit in den nahrungsarmen, kälteren Monaten sicher, dass das bedrohte Auerhuhn weitläufige Rückzugsräume vorfindet und die Balz und die Aufzucht der Küken ungestört möglich ist. Häufige Fluchten können für den Vogel tödlich enden und zum Verlust von Gelegen und Küken führen.

Bitte beachten Sie, dass das Baden in den im Buch vorgestellten Seen und Klausen nicht erlaubt ist. Das gilt auch für die beiden Arberseen. Falls es doch mal Bademöglichkeiten am Weg oder nahe dem Weg geben sollte, sind diese bei den jeweiligen Touren erwähnt. Im Nationalpark besteht außerdem ein Feuerverbot (außer an gekennzeichneten Grillplätzen wie z. B. dem Rastplatz Sandriegel, ☞ Wanderung 2 und 4) und in allen bayerischen Wäldern gilt zwischen März und Oktober ein Rauchverbot. Verzichten Sie außerdem auf das Zelten im Nationalpark, wildes Campen ist strikt verboten.

Wandern mit Kind

Wandern mit Kindern kann für alle Beteiligten sehr bereichernd sein. Grundsätzlich sind alle vorgestellten Wanderungen je nach Kondition und Erfahrung auch für Kinder geeignet und in vielen Fällen sind Möglichkeiten für Abkürzungen angegeben. Wanderhighlights sind das Felswandergebiet (☞ Wanderung 4), das Tierfreigelände und der Baumwipfelpfad (☞ Wanderung 5) sowie der Naturerlebnispfad beim Waldspielgelände (☞ Wanderung 9).

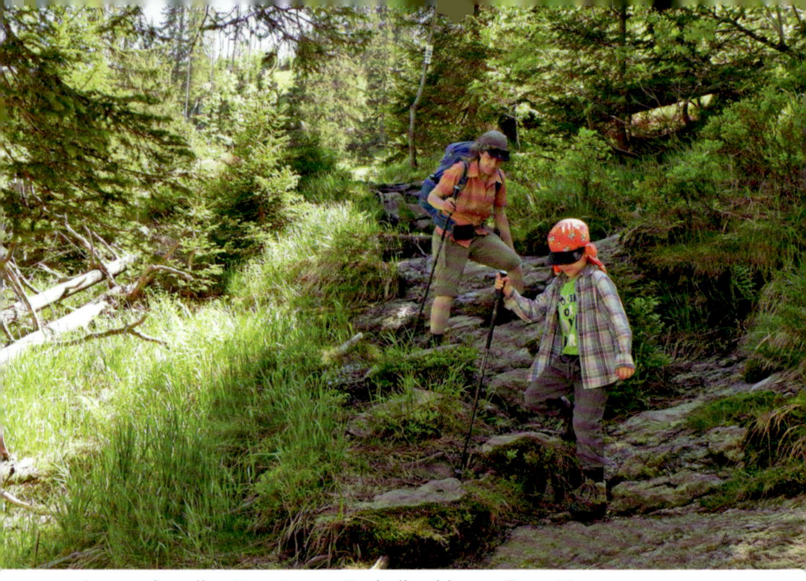
Anspruchsvolles Terrain am Rachelbachhang, Tour 12

Auch der Natur-Entdecker-Pfad „Woid Woifes Welt“ unterhalb des Silberbergs und die Ameisenstraße im Riederingebiet, beide bei Bodenmais (nicht im Buch beschrieben), sind beliebte Ausflugsziele mit Kindern. Darüber hinaus lassen Aktivitäten wie der Besuch des Bayerwald-Tierparks Lohberg mit anschließender Fahrt in der Kleinen Arberseebahn oder der Waldmurmelbahn am Großen Arbersee (am Ende der ☞ Wanderung 18) Kinderaugen glänzen.

Wandern mit Buggy

Die einzige vollständig mit Kinderwagen mögliche Wanderung ist ☞ Wanderung 5. Einige Touren in den tieferen Lagen sind darüber hinaus abschnittsweise buggy- bzw. kinderwagentauglich, z. B. ☞ Wanderung 9. Es empfehlen sich geländegängige Modelle.

Wandern mit Hund

Hunde sind im Bayerischen Wald willkommen und können zusammen mit ihren Besitzern die weite Waldlandschaft erkunden. Aus Rücksicht auf Tiere, Pflanzen und Mitmenschen ist es allgemein ratsam, die vierbeinigen Begleiter an der Leine zu führen.

Im Nationalpark dürfen Sie Hunde nicht frei laufen lassen. Das bedeutet, dass das Anleinen mit kurzer Leine verpflichtend ist, es sei denn, Ihr Hund kann absolut zuverlässig bei Fuß gehen (Rufweite nicht ausreichend). Beachten Sie, dass Sie jederzeit mit Wildtierbegegnungen rechnen müssen! Im Auerwildschutzgebiet in den Höhenlagen des Arberkamms ist das Mitführen unangeleinter Hunde hingegen ausdrücklich verboten. Auch in vielen Gemeinden außerhalb der Schutzgebiete gilt Leinenpflicht. Genauere Infos erteilen die jeweiligen Touristinformationen.

Achten Sie darauf, dass Ihr Hund an Seen und Bächen nicht in abgelegene Uferbereiche schwimmt oder in der Ufervegetation stöbert und dadurch möglicherweise dort lebende Arten wie z. B. brütende Vögel oder den Biber stört. Am besten lassen Sie Ihren Hund aus den Gewässern nur trinken und verzichten auf den Badespaß.

Hunde von Besitzern mit GUTi-Gästekarten fahren in öffentlichen Verkehrsmitteln kostenfrei mit. Bei Fahrten mit der Waldbahn und im Landkreis Cham sind allerdings für größere Hunde separate Tickets zu lösen. Es gilt allgemeine Maulkorbpflicht.

Im Nationalpark gibt es abgesehen von den Nationalparkzentren und im Waldspielgelände Spiegelau keine Abfalleimer für die Entsorgung von Hundekotbeuteln. In der Natur können die Hinterlassenschaften etwas abseits des Weges im Wald verbleiben, selbstredend ohne Beutel.

Unter 💻 www.ferienregion-nationalpark.de können Sie eine Broschüre zum Urlaub mit Hund herunterladen. In dieser finden Sie auch hundefreundliche Gastgeber und Tierärzte aufgelistet.

Updates

Der Conrad Stein Verlag veröffentlicht Updates zu diesem Wanderführer, die direkt vom Autor oder von Lesern und Leserinnen des Buches stammen. Sie finden sie auf der Internetseite des Verlags (💻 www.conrad-stein-verlag.de), wenn Sie dort diesen Buchtitel aufrufen. Der rechts abgebildete QR-Code führt Sie direkt zur richtigen Seite.

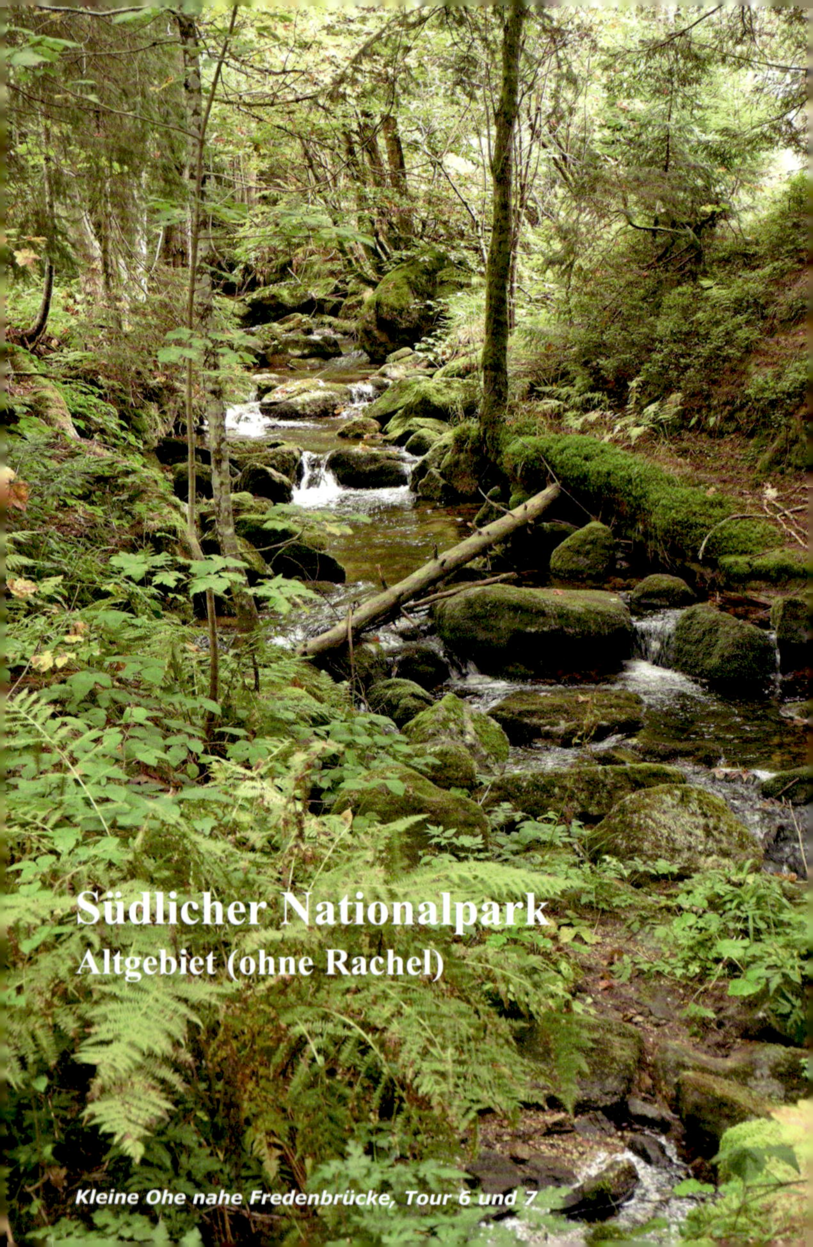

Südlicher Nationalpark

Altgebiet (ohne Rachel)

Kleine Ohe nahe Fredenbrücke, Tour 6 und 7

1 Über das Teufelsloch und die Himmelsleiter zum Lusen

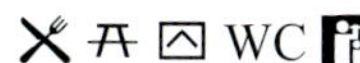

Tour für Kraxelfans

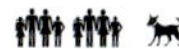

Die Tour zum einzigartigen Blockmeer des Lusens ist seit jeher ein Bayerwald-Wanderklassiker. Die Berglandschaft der Gegend erlebte in den letzten Jahrzehnten eine gewaltige, von Kontroversen begleitete natürliche Transformation, die längst noch nicht abgeschlossen ist. Erleben Sie neu entstehenden wilden Wald auf der Wanderung vom romantischen Triftsee der Martinsklause über das geheimnisvolle Teufelsloch und die steile Himmelsleiter hinauf zum Felsgipfel des Lusens.

Start/Ziel: Parkplatz Waldhäuser Ausblick, GPS N 48°55.676' E 013°28.259'

9,5 km

4 Std.

470 m/470 m

975-1.373 m

sehr gut ausgeschildert und markiert: Rundweg Zaunkönig, Ranne, Rundweg Luchs, E6

Der Weg bietet eine große Bandbreite: von einfachen, bequemen Waldwegen bis zu felsigen, steilen Passagen mit höheren Absätzen, die Trittsicherheit erfordern und bei Nässe rutschig sein können. Der Aufstiegsweg zum Lusen ist ab der Glasarche zunehmend exponiert und bietet wenig bis keinen Schutz vor Wind und Sonne.

Lusenschutzhaus (km 4,9)

Martinsklause (km 1,6), Pavillon Böhmweg (km 3,3), Lusengipfel (natürlicher Pausenplatz, km 4,7), Lusenschutzhaus (Bänke & Tische sowie Unterstand, km 4,9), Schutzhütte Waldhausreibe (km 6,9)

WC Waldhäuser Ausblick (Start/Ziel), Lusenschutzhaus (km 4,9), Waldhausreibe (km 7)

für trittsichere, wanderaffine Kinder mit Freude am Kraxeln ab dem Vorschulalter gut geeignet

felsiges Gelände beim Teufelsloch, am Blockmeer des Lusens und am Waldhäuserriegel, abschnittsweise Bohlenwege

P Der Start-/Zielpunkt liegt an der Lusenstraße am oberen Ortsrand von Waldhäuser (Gemeinde Neuschönau). Der Parkplatz befindet sich auf der linken Seite. Entlang der rechten Straßenseite gibt es einen zusätzlichen Parkstreifen.

Der Lusenbus (Igelbus-Linie 602) fährt tägl. jede Stunde von Grafenau über Neuschönau und Nationalparkzentrum Lusen bis zum Start/Ziel oder weiter bis zur Waldhausreibe. Der Rachelbus (Igelbus-Linie 601) von Spiegelau bringt Sie in Richtung Racheldiensthütte bis zur Graupsäge, wo ein perfekt abgestimmter Fahrplan ein schnelles Umsteigen in den Lusenbus ermöglicht.

Abkürzungen: Busfahrt von der Waldhausreibe zurück zum Parkplatz (minus 2,4 km) oder nur Rundweg Luchs ab/bis Waldhausreibe (minus 4,8 km). Kombinationen: Touren 2, 6 und 7 (z. B. alternativer Start an der Fredenbrücke)

Die Wanderung zum Lusen gehört zweifellos zu den beliebtesten Touren des Nationalparks. Starten Sie daher möglichst zeitig, um bei der Parkplatzsuche nicht leer auszugehen. Bei spätem Start an schönen Tagen, vor allem am Wochenende und feiertags, nutzen Sie am besten von vornherein die vielen Park&Ride-Optionen in Waldhäuser oder entlang der Nationalparkstraße zwischen Spiegelau und dem Nationalparkzentrum Lusen und fahren den Start-/Zielpunkt mit den Igelbussen an.

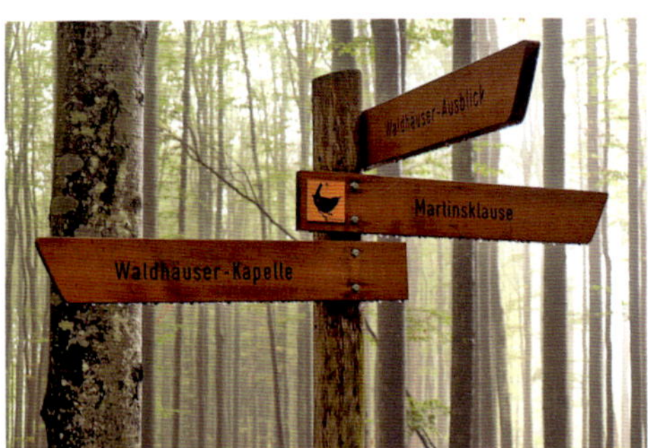

Typischer Wegweiser im Nationalpark

Vom Parkplatz mit herrlicher Aussicht über das Bergdorf Waldhäuser folgen Sie der Markierung des Rundwegs Zaunkönig und starten leicht bergan entlang der linken Straßenseite. Schon nach knapp 200 m verlässt ein Pfad den Straßenrand, um nur wenige Schritte später nach links vollends in den Wald abzubiegen.

Durch manchmal in mystischen Nebel eingehüllte Buchen wandern Sie gemütlich hinab in Richtung Martinsklause und queren nach einem guten Kilometer einen Forstweg geradeaus, statt der Zaunkönig-Markierung nach links zu folgen.

Kurz danach ist der alte Stausee der Martinsklause erreicht. Wie an vielen Stellen im Bayerischen Wald wurde früher auch hier am Bach der Kleinen Ohe das Wasser angestaut, um den beim Öffnen der Klausentore entstehenden Wasserschwall für den Holztransport (Trift) zu nutzen. Heute bietet sich Ihnen am restaurierten Kulturdenkmal ein idyllischer Platz zum Verweilen und Krafttanken, denn ab jetzt geht es nahezu durchweg bergauf bis zum Gipfel des Lusens.

Folgen Sie dazu am anderen Ende der Staumauer der Markierung Ranne nach rechts und peilen Sie das Zwischenziel Teufelsloch an. Auf dem Weg dahin – kurzzeitig über Forststraße – wird der Untergrund aus Wurzeln und vor allem Steinen mit teilweise hohen Absätzen spürbar anspruchsvoller. Nach 100 erklommenen Höhenmetern stoßen am Ende von Steinstufen von links der Fernwanderweg E6 und der Goldsteig hinzu. Von der Weggabelung aus gelangen Sie nach rechts hinab durch eine Schlucht, deren Hänge von großen Granitblöcken übersät sind, in kurzer

Zeit zum Teufelsloch ❶. Wo bis zur letzten Eiszeit eine Gletscherzunge heranreichte, ist heute unter den Felsbrocken das je nach Wetterlage glucksende bis tosende Wasser eines unterirdischen Zuflusses zur Kleinen Ohe zu hören.

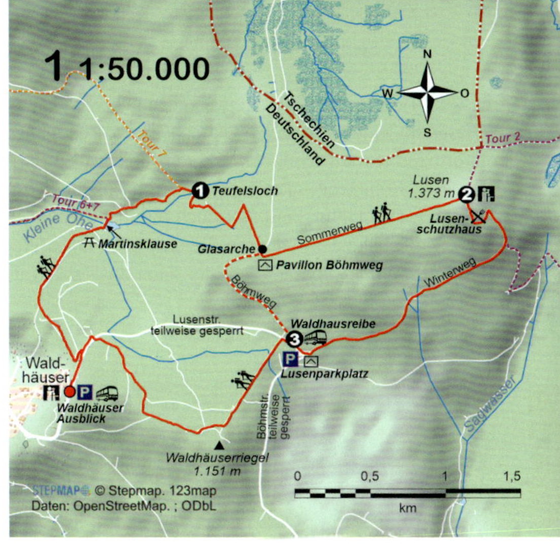

Auf der anderen Hangseite steigen Sie über weiterhin steiniges, teilweise wurzeldurchsetztes Terrain wieder bergauf, bis Sie nach erneut 100 Höhenmetern mit Beginn eines langen Bohlenwegs von jungem Wald umgeben werden. Bei einer Holzplattform auf der linken Seite ist eindrucksvoll die Regenerationskraft natürlicher Fichtenwälder zu beobachten: Fotos zeigen hier die Entwicklung der Vegetation im Fünfjahresabstand seit 1996, als Windwürfe und das massenhafte Auftreten des Borkenkäfers für ein großflächiges Absterben der alten Bergfichtenbestände im Lusengebiet gesorgt hatten. Der Wald selbst ist jedoch keinesfalls gestorben: Heute sind Sie am Aussichtspunkt von damals bereits von kräftigen jungen Fichten und Vogelbeerbäumen umrankt und zukünftige Generationen werden an dieser Stelle wohl von imposantem Urwald umgeben sein.

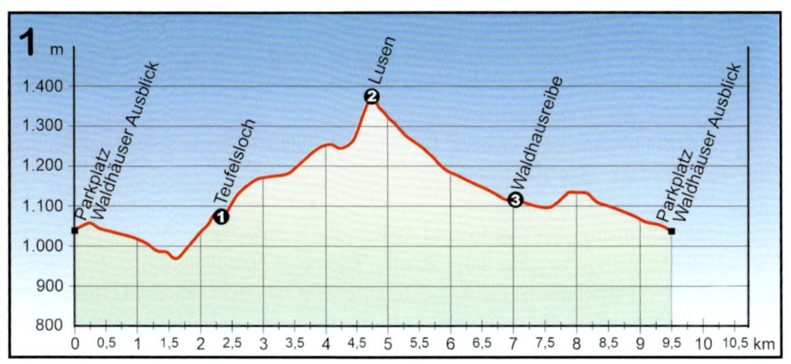

Die Holzplanken des Weges schlängeln sich flach durch das Gelände bis zur Glasarche, einem aus vielen Glasscheiben zusammengesetzten, 5 m langen Schiff. Informationen zur Symbolik und der fünfjährigen Reise der Arche können Sie im Pavillon Böhmweg nachlesen, der gleichzeitig Schutz vor widrigem Wetter gewährt. Der Unterstand gibt auch die Richtung für den Weiterweg vor, denn an der Weggabelung orientieren Sie sich nach links (Wegweiser „Lusenschutzhaus, Lusen (Sommerweg) 1 h", ab hier auch zusätzlich mit der Markierung Rundweg Luchs).

Glasarche

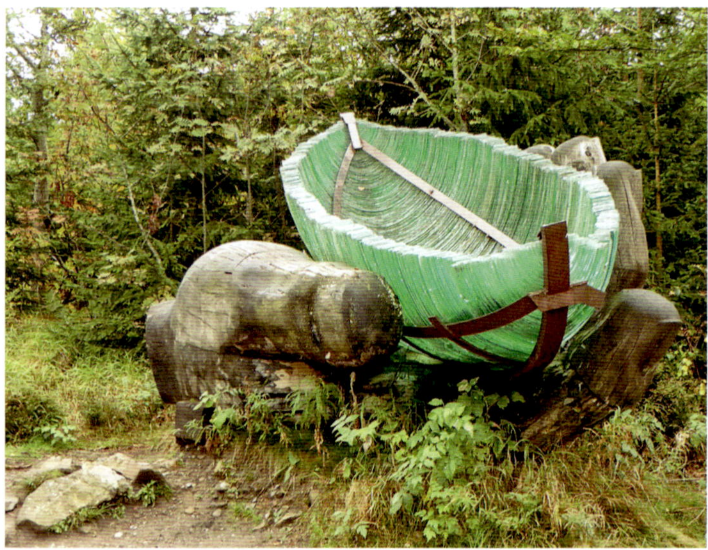

↳ Rechter Hand geht es über die ehemalige Gulden Straß (Böhmweg) hinunter zur Waldhausreibe (➲ 1 km).

Zunächst mäßig ansteigend und später durch eine flache Mulde führt der geschotterte Wanderweg für den nächsten Kilometer geradlinig direkt zum riesigen Blockmeer des Lusens. Für Kraxelfreunde steht nun der Höhepunkt des Tages bevor: Über zahllose Steinstufen steigen Sie über die steile Himmelsleiter zum Schuttkegel des Lusengipfels hinauf.

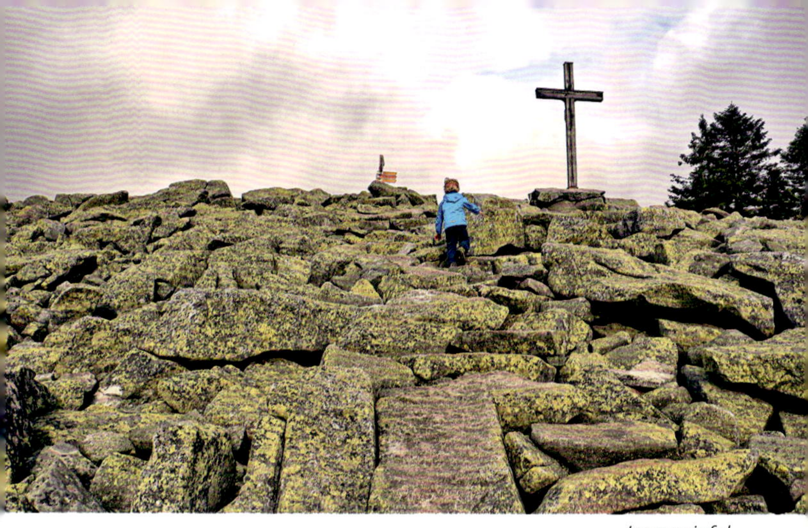

Lusengipfel

Das Gelände ist technisch nicht sonderlich anspruchsvoll, wenngleich der Anstieg konditionell eine kleine Herausforderung darstellt. Die Pflanzenwelt hat es in den harschen Klimabedingungen mit jedem Höhenmeter sichtbar schwerer, als wilde Waldnatur „wiederaufzuerstehen", und silbergrau glänzende Skelette abgestorbener Fichten zeigen die Dimension des Baumsterbens der letzten Jahrzehnte.

Starke Winde können einen regelrecht aus den Schuhen heben, spätestens dann, wenn die Baumgrenze erreicht ist. Über eine Halde aus großen, wild übereinander getürmten Granitbrocken, die mit gelbgrünen Landkartenflechten überzogen sind, erreichen Sie schließlich das schon seit geraumer Zeit sichtbare Gipfelkreuz des Lusens (1.373 m) ❷.

Während Sagen das Entstehen dieses eindrucksvollen Geotops auf den Teufel zurückführen, der seine Schätze hier vergraben haben soll, ist das Blockfeld geologisch betrachtet durch Verwitterung entstanden. Wasser ist in kleine Gesteinsrisse einer ursprünglich kompakten Felskuppe eingedrungen und gefroren und hat dabei über Jahrtausende das Granitgestein auseinandergesprengt. Von oben ist der Ausblick faszinierend, haben Sie doch eine weite Rundumsicht auf die lang gezogenen, sanft geschwungenen Bergketten und Talsenken des Bayerischen Waldes mit seinen verstreut liegenden Siedlungen. Der wie mit dem Lineal gezogene Aufstiegsweg ist deutlich erkennbar und im Nordwesten ragt mit dem Rachel der höchste Berg des Nationalparks empor. Der Nationalpark Šumava im Böhmerwald auf der tschechischen Seite rundet den Panoramablick vom Norden bis in den Osten perfekt ab.

Vom Gipfelkreuz weist ein Schild nach rechts zum Lusenschutzhaus und zur Waldhausreibe. Ersteres ist nicht weit entfernt und nach einem kurzen Abstieg über Granitblöcke können Sie es sich bei einer deftigen Brotzeit mit kühlen Getränken auf der Sonnenterrasse des über 80 Jahre alten Gasthauses gemütlich machen.

Lusenschutzhaus, ☏ 085 53/12 12, www.lusenwirt.de, Mai bis Okt. tägl. 10:00-18:00, außerhalb der Wandersaison wechselnde Öffnungszeiten, Übernachtung möglich

Gestärkt wandern Sie nun auf dem breiten Winterweg des Rundwegs Luchs rechts am Lusenschutzhaus vorbei hinunter zur Waldhausreibe. Nach Osten haben Sie noch einmal fantastische Blicke. Der Untergrund ist sehr einfach zu wandern, allerdings ist das Gefälle anfangs ziemlich steil.

Nach 2 km durch buchenreichen Bergmischwald trifft der Wanderweg auf eine Straßenkehre. Statt geradeaus weiterzulaufen, biegen Sie entsprechend der Luchs-Markierung kurz vor der großen Holzschutzhütte nach rechts ab. Der kleine Verbindungsweg mündet in die Straße Richtung Waldhäuser und Sie passieren die Buswendeschleife mit dem kleinen Lusenparkplatz in der Mitte sowie wenige Schritte später die Haltestelle „Waldhausreibe" ❸ auf beiden Seiten.

Um zurück zum Parkplatz am Ausgangspunkt zu gelangen, nehmen Sie hier entweder den stündlich abfahrenden Lusenbus (minus 2,4 km), laufen entlang der Straße (minus 0,7 km) oder biegen nach der Bushaltebucht links in den Wald ein (Wegweiser „Waldhäuser über Waldhäuserriegel", Markierung Fernwanderweg E6).

Der Weg mit dem grünen Dreieck als Symbol ist eine schöne Alternative zur langweiligen Straße. Er führt Sie im Bogen durch einen lichten Moorwald – vorbei an Felsen rund um die Erhebung des Waldhäuserriegels – wieder zurück zur Straße und schließlich in Straßenrandnähe in ein paar Hundert Metern zum Ziel. Aussichten sind kaum zu erwarten, denn der Bergrücken ist inzwischen wieder dichter bewachsen. Zwischendurch sind steinige und wurzelige Passagen zu meistern, die aber in puncto Anspruch keineswegs schwieriger sind als der bisherige Weg.

Ignorieren Sie kurz nach einem Felsen mit Steinstufen den beschilderten Pfad nach links.

2 Vom Reschbachtal auf dem Finsterauer Lusensteig zum Lusen

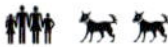

Tour für ausdauernde Wanderer

Wer eine ruhige Aufstiegsalternative zum Blockgipfel des Lusens sucht, wird mit dem Lusensteig von Osten über die Hänge des Schönbrunner Walds fündig. Die abwechslungsreiche Wanderrunde führt zu Beginn durch das hübsche Reschbachtal und folgt von Schustersäge bis zum Markfleckl kurz unterhalb des Lusens dem ausgeschürften Tal des Schwarzbachgletschers. Der Abstiegsweg wartet mit weiteren Höhepunkten wie der Schachtenwiese Tummelplatz und dem Aussichtsfelsen Großalmeyerschloß auf.

Start/Ziel: Rastplatz Sandriegel, Mauth, GPS N 48°53.445' E 013°34.303'

21,4 km

7 Std.

670 m/670 m

765-1.373 m

sehr gut ausgeschildert und markiert: Rundweg Eisvogel, Nationalpark-Hauptwanderweg, Soldanelle, E6/Goldsteig

bis Schwarzbachbrücke und ab Tummelplatz überwiegend einfacher, bequemer Weg, sonst eher steinig mit dem anspruchsvollsten Abschnitt zwischen Markfleckl und Lusen, beim Aufstieg wenig Schatten

Lusenschutzhaus (km 10,8)

Rastplatz Sandriegel (Start/Ziel), Schutzhütte Oberes Reschbachtal (20 m ab km 5,6), Parkplatz Schwarzbachbrücke (km 5,8), Plöchinger Säge (km 7,4), Lusengipfel (natürlicher Pausenplatz, km 10,6), Lusenschutzhaus (Bänke & Tische sowie Unterstand, km 10,8), Tummelplatz (Bänke & Tische sowie Schutzhütte, km 14,6), Schutzhütte Steinbachklause (km 18,7)

WC Rastplatz Sandriegel (Start/Ziel), Lusenschutzhaus (km 10,8)

nur für Kinder mit sehr guter Kondition geeignet, Vorsicht am Felsen des Großalmeyerschloßes

felsiges Gelände am Blockmeer des Lusens, Bachfurt am Kleinen Schwarzbach (km 9,2)

P Vom Nationalparkzentrum Lusen folgen Sie der Nationalparkstraße für 9 km, biegen vor der Brücke über den Reschbach beim Ortseingang von Mauth nach links ab und folgen der schmalen Reschbachstraße für 600 m. Der Parkplatz befindet sich auf der linken Seite.

Der Finsteraubus (Igelbus-Linie 603) fährt mehrmals tägl. von Spiegelau über das Nationalparkzentrum Lusen zum P&R-Parkplatz Dreikönigsloipe am Badesee (Haltestelle „Mauth P&R-Parkplatz"). Von hier sind es nur 300 m bis zum Parkplatz Jägerstraßl, von wo aus Sie sich an der Markierung des Rundwegs Eisvogel in Richtung Steinbachklause orientieren (☞ Wanderung 4). Nach 500 m treffen Sie am Abzweig zum Rastplatz Sandriegel auf den hier beschriebenen Weg.

Abkürzung: Sie können alternativ auch am Parkplatz Schwarzbachbrücke (km 5,8, GPS N 48°55.952' E 013°33.147') starten und beim Abstieg vom Lusen ab dem Tummelplatz (km 14,6) der Markierung Arnika folgen (minus 9,1 km). Bei Anreise mit dem Finsteraubus können Sie bis „Finsterau Freilichtmuseum" fahren und anhand der Beschreibung von ☞ Wanderung 3 ab km 1,7 ❶ bis zum Parkplatz Schwarzbachbrücke wandern. Kombinationen: Touren 1, 3 und 4, z. B. Streckenwanderung zwischen dem Reschbachtal und Lusen mit Abstieg zur Waldhausreibe

Wegen eines Betretungsverbots im Winter mit weiträumiger Umleitung für das Wildschutzgebiet Riedlhäng starten Sie im Zeitraum Dez bis März besser am Parkplatz Schwarzbachbrücke (☞ Abkürzung).

Vom Rastplatz Sandriegel orientieren Sie sich entlang der Markierung des Rundwegs Eisvogel in Richtung Steinbachklause. Nach einer flüchtigen Begegnung mit dem Steinbach nach 900 m biegen Sie über eine Holzbrücke ❶ über den Bach nach rechts auf den Nationalpark-Hauptwanderweg ab. Die nächsten Kilometer gen Norden sind mit dem dazugehörigen Symbol einer Baumgruppe aus Fichte, Buche und Tanne markiert und mit den Wegweisern zum „Siebensteinkopf, Oberes Reschbachtal" versehen.

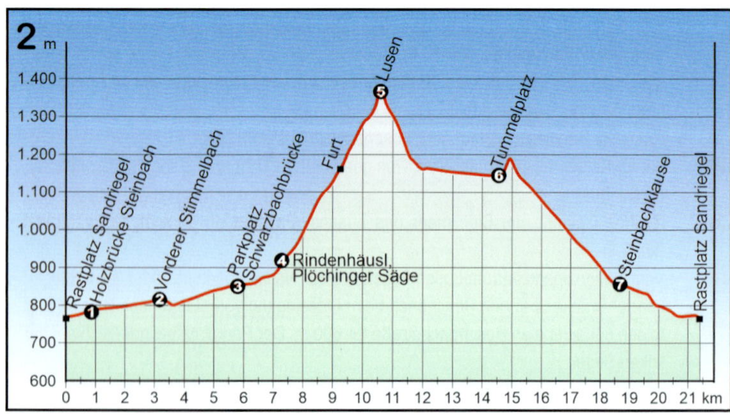

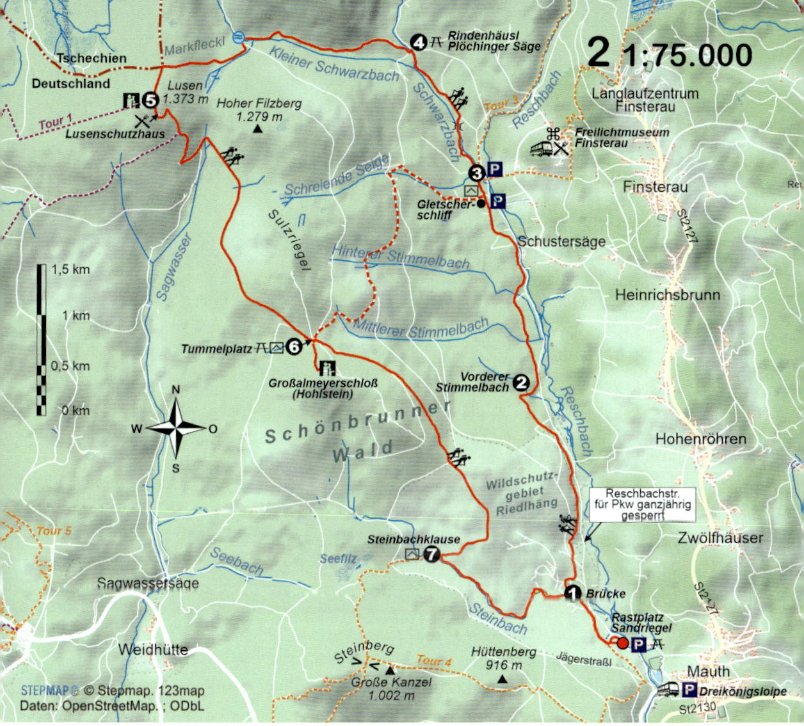

Der Jungwald entlang der überwiegend schmalen, einfachen Pfade und Wege etwas oberhalb des Reschbachtals ist facettenreich: Fichten und Buchen begleiten Sie ebenso wie Vogelbeerbäume, Birken und einzelne Bergahorne. Der Wegesrand ist von dichten Heidelbeersträuchern, Farnen, Moosen wie dem hübschen Goldenen Frauenhaarmoos und Blühern wie der Zweiblättrigen Schattenblume gesäumt. Dieser Abschnitt ist in den Morgenstunden besonders reizvoll. Auch die kleine und wenig befahrene Reschbachstraße, die mal näher, mal weiter entfernt vom Wanderweg verläuft, stört die Idylle nicht.

Später ändert sich die Umgebung und bei der kleinen Holzbrücke über den Vorderen Stimmelbach ❷ übernimmt älterer Mischwald das Zepter. Die Wege werden breiter und mitunter sind Flecken forstwirtschaftlicher Eingriffe sichtbar. Sie werden sich fragen, wie das im Nationalpark möglich ist, schließlich heißt es doch „Natur Natur sein lassen". Im Gegensatz zur Naturzone, die im Inneren des Nationalparks schon mehr als 70 % der Gesamtfläche ausmacht, ist der Randbereich eine der Ausnahmen. Zum Schutz der angrenzenden Privatwälder werden hier – wenn notwendig – Borkenkäfermaßnahmen durchgeführt.

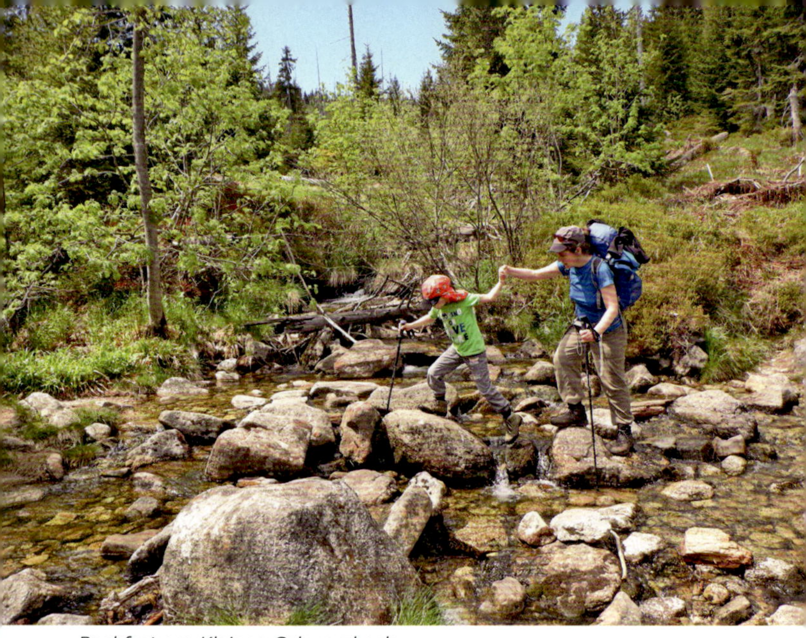

Bachfurt am Kleinen Schwarzbach

Zwischen Mittlerem und Hinterem Stimmelbach wechselt die Szenerie erneut: In einem zauberhaften Fichtenwald ist der Boden mit einem ausgedehnten Teppich aus Heidelbeersträuchern zugewachsen. Sie nähern sich über eine alte, zurückgebaute Trasse der Spiegelauer Waldbahn (☞ Wanderungen 3 und 9) der kleinen Ortschaft Schustersäge, die durch die Bäume auf der anderen Seite von Straße und rauschendem Reschbach zu erspähen ist. Etwa bis hierhin reichte in seiner Maximalausdehnung der eiszeitliche Schwarzbachgletscher vom Lusen herunter, in Zeiten, als das gesamte Böhmerwaldhochplateau unter einer geschlossenen Schneefläche lag und der Eispanzer im Inneren mindestens 100 m mächtig war. Die einsame Bergspitze des Lusen ragte damals als sogenannter Nunatak aus dem Eisschild heraus.

Einen halben Kilometer weiter befindet sich auf der linken Seite beim Parkplatz Oberes Reschbachtal mit einem großen, Millionen Jahre alten Granitbrocken mit Gletscherschliff ein steinerner Zeuge jener Kaltzeit. Nehmen Sie den linken Weg leicht bergauf und folgen Sie noch ein wenig der Route des Hauptwanderwegs. Sie passieren nacheinander den Abzweig nach links zum Tummelplatz und den Abzweig nach rechts zum Freilichtmuseum Finsterau und gelangen schließlich an den Parkplatz Schwarzbachbrücke ❸.

Biegen Sie vor der Brücke über den Schwarzbach nach links ab und verlassen Sie damit den Hauptwanderweg. Halten Sie nun stattdessen bis zum Lusen Ausschau nach der Markierung Soldanelle.

In der Nähe des Schwarzbachs wandern Sie zeitweilig über Bohlen und queren den Bach anschließend über eine Brücke. Es geht nach links ein Stück auf einem Forstweg entlang, an der nächsten Weggabelung nach 300 m halten Sie sich erneut links. Bald wird der Weg schmaler und erstmals seit dem Beginn der Wanderung ist das Vorankommen auf steinigem und wurzeligem Pfad etwas anspruchsvoller. Hier beginnen auch spürbar die ausstehenden fast 500 Höhenmeter Aufstieg. Entlang des wildromantischen, von Gischt aufgewühlten Schwarzbachs steigen Sie bis zu einer alten, mit Baumrinden verkleideten Hütte an der ehemaligen Plöchinger Säge hinauf.

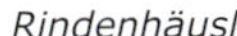
Rindenhäusl

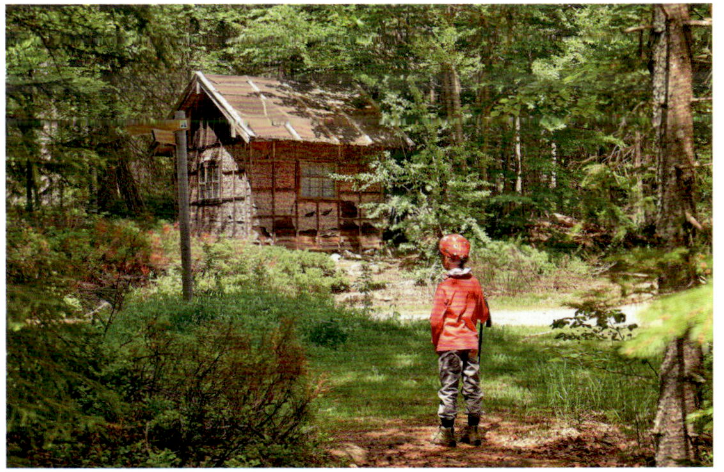

Wandern Sie vom „Rindenhäusl" ❹ links über die Brücke und unmittelbar danach wieder nach rechts in das Kerngebiet des Nationalparks und weiter bergauf. Nach einem einfachen Zwischenstück über breiten Weg wird der Bergmischwald lichter und für den Rest des Anstiegs geht es meist holprig über einige Steine empor. Wenn Sie über das Kerbtal des kleineren der beiden Schwarzbachzuflüsse hinweg zurückblicken, blitzt ab und zu der Mauther Ortsteil Finsterau durch die Bäume.

Nach knapp 2 km knickt die Routenführung nach links ab und über Steine hüpfend queren Sie den Kleinen Schwarzbach. Nach starkem Regen kann dieser entgegen seinem Namen mehr Wasser führen als erwartet und das Überwinden zu einem kniffligen Unterfangen werden.

Auf der anderen Hangseite wächst entlang des Weges neben üppigen Farnen und Heidelbeersträuchern auch die Soldanelle, die dem Weg seinen Namen gab, eine Art der Alpenglöckchen mit zerfranster, lila Blüte im späten Frühjahr. Wenn Sie auf die zurückliegende Landschaft achten, können Sie die Blockfelder des treffend als Steinfleckberg bezeichneten Rundgipfels sehen.

In Laufrichtung wird linker Hand der riesige, kahle Steinmeerkegel des Lusens mit seinem Gipfelkreuz erkennbar und es kommt wie gerufen, dass der Weg zur Verschnaufpause vor dem letzten Anstieg am sogenannten Markfleckl abflacht. Historische Grenzsteine mit Wappen von 1692 und 1772 zeugen davon, dass hier bereits früher Bayern und Böhmen nebeneinanderlagen, damals noch mit der zusätzlichen Abmarkung des Fürstbistums Passau.

Der Bohlenweg schwenkt nach Süden geradewegs auf den Lusen zu und wenig später beginnt die technisch leichte, aber mühsame Kraxelei mit einigen hohen Absätzen über eine Felsentreppe durch die spektakuläre Granithalde. Nutzen Sie die Pausen für einen Blick nach links gen Osten: Dort imponieren rechts vom Steinfleckberg und Siebensteinkopf (☞ Wanderung 3) die Böhmerwaldberge rund um das hervorstechende Massiv von Boubín (Kubany) und Bobík (Schreiner) und weiter südlich können Sie bis zu dem entfernten Dreisesselberg und dem Plöckenstein am Dreiländereck von Deutschland, Tschechien und Österreich schauen.

Bei einer Höhe von 1.373 m ist der Lusen am Gipfelkreuz ❺ dann erklommen und Sie können den vortrefflichen Panoramaausblick genießen – klares Wetter vorausgesetzt.

Steigen Sie anschließend nach links über das Blockfeld zum ✕ Lusenschutzhaus (☞ Wanderung 1) ab, wo Sie mit zünftigen Speisen auf der sonnigen Terrasse einkehren können.

Vom Gasthaus orientieren Sie sich bis zum Ende der Wanderung an den Markierungen der Fernwanderwege E6 und Goldsteig. Nach einem Stück auf dem breiten Winterweg des Rundwegs Luchs biegen Sie nach links zum Tummelplatz ab. Auf der 3,4 km langen Strecke dorthin wandern Sie zunächst durch dichten Buchenwald weiter steil bergab, dann aber flach über schmale Pfade am Hohen Filzberg und dem Sulzriegel vorbei, abwechselnd durch Jungwald aus Fichte und Eberesche sowie älteren Buchenbestand. Die Abzweigungen zur Sagwassersäge am Anfang und Ende des ebenen Abschnitts (Markierungen Rippenfarn bzw. Arnika) lassen Sie unbeachtet und setzen die Wanderung geradeaus fort.

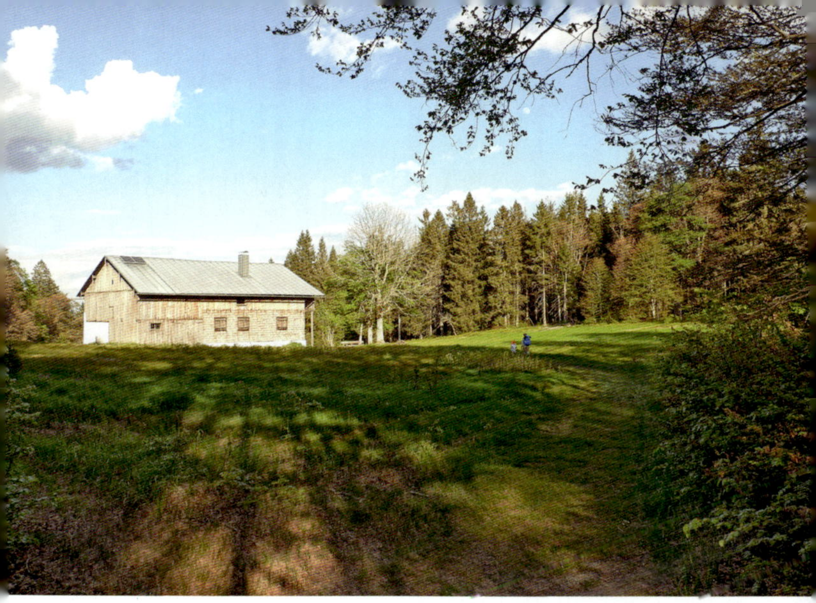

Tummelplatz

Am Tummelplatz ❻ wartet eine idyllische Waldwiese auf Sie, die früher während der Sommermonate als Weide (sogenannte Schachten) für Vieh genutzt wurde. Neben dem ehemaligen Forsthaus lädt eine Sitzgruppe unter zwei alten Ahornbäumen zur ausgedehnten Rast ein.

↳ Falls Sie sich für die Abkürzung mit Start am Parkplatz Schwarzbachbrücke oder Freilichtmuseum entschieden haben, dann gelangen Sie nach links nach etwa 3,5 km ins Obere Reschbachtal (Markierung Arnika).

Bevor es an der Wegkreuzung geradeaus weiter mit E6 und Goldsteig talabwärts zum Ausgangspunkt in Mauth zurückgeht, sollten Sie den kleinen Abstecher nach rechts zum Aussichtsfelsen des Großalmeyerschloßes (Hohlstein) unternehmen. Die ungewöhnliche Namensgebung und die geologische Entstehung der Felsenburg werden zu Beginn an einer Infotafel erläutert. Nach kurzem Aufstieg über einen Waldpfad führen in Stein geschlagene Stufen zum Gipfelkreuz hinauf. Der weite Blick nach Osten über das lang gezogene Reschbachtal und die Mauther Ortsteile hinaus in die sanfte Hügellandschaft des Böhmerwalds ist brillant. Linker Hand lugt der Lusen mit dem Lusenschutzhaus hinter dem Sulzriegel hervor.

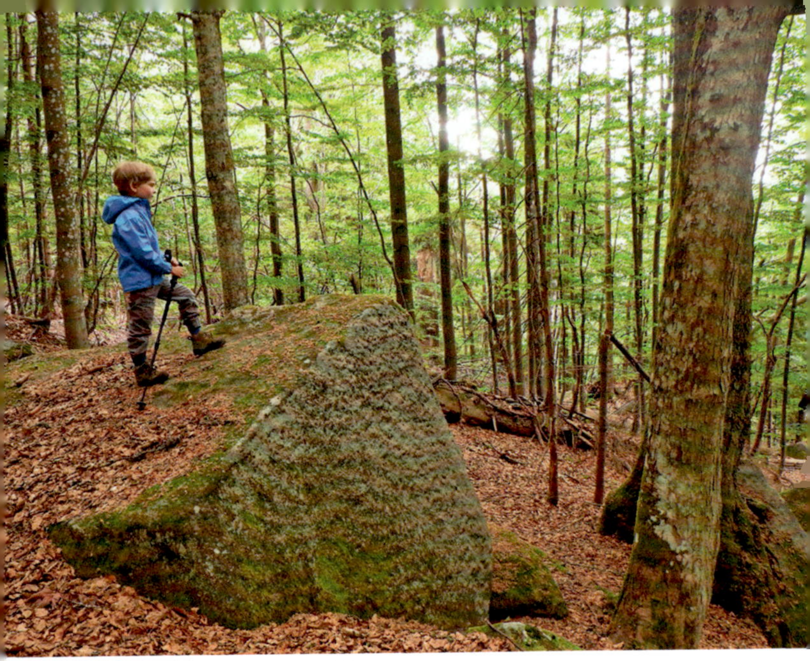

Auf dem Weg zur Steinbachklause

Die anstehenden 3,4 km zur Steinbachklause durch dichten Mischwald sind bequem und zügig zu wandern. Nach einem knappen Kilometer auf einem Forstweg verlassen Sie diesen nach links, passieren ein Gebiet mit verstreuten, bemoosten Steinbrocken und queren später geradeaus einen Forstweg.

An der Klause mit Schutzhütte ❼ biegen Sie nach links ab und lassen die Wanderung entlang des Steinbachs ausklingen. Die Umgebung der fast 2 km bis zur vom Start bekannten Brücke über den Bach ist malerisch und vermittelt eine entspannte Atmosphäre. Zu guter Letzt nehmen Sie von der Brücke ❶ den vertrauten Weg zurück zum Ausgangspunkt beim Rastplatz Sandriegel.

❸ Durch die Landschaften des Oberen Reschbachtals zum Siebensteinkopf

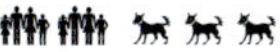

Tour für geschichtlich Interessierte und Wandereinsteiger

Auf „Wegen durch Natur und Zeit“ im Mauther Forst erkunden Sie das Gebiet um den nordöstlichen Zipfel des Nationalparks. Besuchen Sie einen alten Granitsteinbruch, Lesesteinwälle der einstigen Bauern sowie originalgetreue Höfe des Freilichtmuseums und wandern Sie durch eine vielfältige Natur- und Kulturlandschaft fernab von Hektik zu Relikten der Holztrift und Schienenresten der Spiegelauer Waldbahn.

Start/Ziel: Parkplatz Wistlberg, Finsterau, GPS N 48°56.494' E 013°34.263'

12,7 km

4 Std.

445 m/445 m

845-1.263 m

meist sehr gut ausgeschildert und markiert: Jugendsteig, Rundweg Waldschaf, Nationalpark-Hauptwanderweg, Rundweg Sperlingskauz, Rundweg Baummarder, unmarkierter Waldweg für 700 m, Rundweg Birkhuhn

überwiegend naturbelassene Wege mit mäßiger Steigung, abgesehen von kürzeren Abschnitten insgesamt wenige Steine und Wurzeln und keine großen Hindernisse sowie Absätze, längere schattige Abschnitte

Freilichtmuseum Finsterau (km 1,7)

Parkplatz Wistlberg (Unterstand, Start/Ziel), Parkplatz Schwarzbachbrücke (km 3,3), Alte Klause (km 6), Reschbachklause (Schutzhütte sowie Bänke & Tisch, km 7,4), Siebensteinkopf (natürlicher Pausenplatz, km 8,6), Parkplatz Schwellgraben (km 10,5)

WC Parkplatz Wistlberg (Start/Ziel), Freilichtmuseum (km 1,7)

durch Abkürzungsmöglichkeiten für Kinder gut geeignet, Achtung bei der Querung der Museumsstraße am Freilichtmuseum

schöne Runde für Hunde, steile Felsstufen beim Abstieg vom Siebensteinkopf

Der Parkplatz Wistlberg befindet sich auf der linken Seite der Buchwaldstraße wenige Meter oberhalb des Ortsausgangs von Finsterau, der nördlichsten Siedlung in der Gemeinde Mauth.

Der Finsteraubus (Igelbus-Linie 603) fährt mehrmals tägl. von Spiegelau über das Nationalparkzentrum Lusen zu den Haltestellen am Freilichtmuseum Finsterau (km 1,7), Wistlberg (Start/Ziel) und Schwellgraben (km 10,5).

Abkürzungen sind wie im Text beschrieben u. a. an der Alten Klause und an der Reschbachklause oder über die Busverbindung zwischen den drei oben genannten Haltestellen möglich. Kombination: Tour 2, z. B. Wanderung durch das komplette Reschbachtal von Mauth bis Siebensteinkopf und Rückfahrt mit dem Finsteraubus

Weitere Wanderideen im Gebiet um Finsterau auf deutscher und tschechischer Seite können Sie in der Broschüre „Wege durch Natur und Zeit“ nachlesen. Die Publikation kann auf der Website der Nationalparkverwaltung, www.nationalpark-bayerischer-wald.de, heruntergeladen werden.

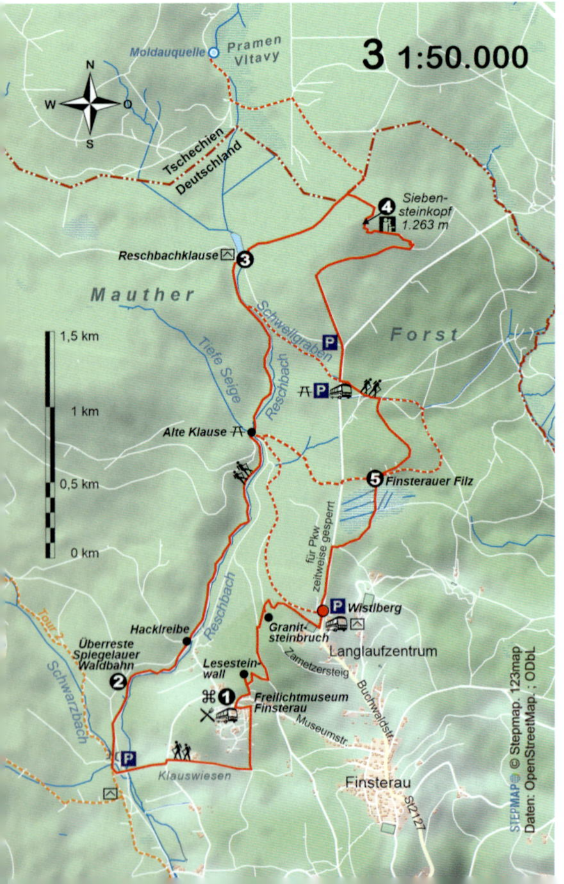

Zu Beginn Ihrer Wanderung laufen Sie vom Parkplatz Wistlberg für ein paar Meter auf der Straße zurück nach Süden. Noch vor dem Ortseingang Finsterau weist Sie eine hohe Metallsäule mit großen Lettern auf den Jugendsteig nach rechts.

Der anfangs schwer erkennbare Themenwanderweg zum Freilichtmuseum Finsterau verläuft zunächst an der Waldgrenze des Nationalparks entlang, passiert dabei über Wiese den Sportplatz des Feriendorfs Finsterau und führt Sie am Ende der Grünfläche geradeaus in Fichtenwald hinein.

Bald beginnt der Abstieg hinunter ins Reschbachtal und an der Kreuzung mit dem Zametzersteig, erkennbar an einer übergroßen

Schraubenfigur, wandern Sie geradeaus weiter bergab. Auf gleicher Route läuft ab hier auch der Granitweg mit Informationstafeln zum Gestein aus Feldspat, Quarz und Glimmer.

↳ Links befindet sich in 50 m Entfernung ein alter Granitsteinbruch.

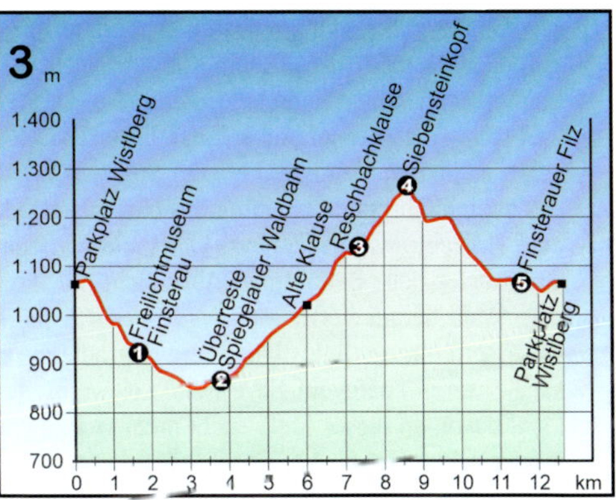

Über einen alten Waldsteig stoßen Sie auf einen Forstweg, dem Sie für 400 m nach links folgen, bevor es rechts wieder steil auf schmalem Waldweg hangabwärts geht. Unter Fichten und von Heidelbeersträuchern umringt biegen Sie an der nächsten Weggabelung für die letzten Schritte hinunter zum Freilichtmuseum nach links ab.

Von der Gabelung rechts können Sie nach 50 m ein Beispiel der sogenannten Lesesteinwälle besichtigen. Diese wurden früher von Bauern in beschwerlicher Arbeit an den Grundstücksgrenzen zusammen-„gelesen“, um die ihnen überlassenen, bandartigen Flurstücke landwirtschaftlich nutzbar zu machen.

Sie treffen auf die Museumsstraße und überqueren diese in Richtung Eingangsgebäude des Museumsdorfs ❶.

⌘ Freilichtmuseum Finsterau, Museumsstraße 51, 94151 Finsterau (Mauth), ☏ 085 57/960 60, 💻 www.freilichtmuseum.de, 🚪 tägl. 9:00-18:00 (außerhalb der Wandersaison verkürzte Öffnungszeiten, Nov-Dez geschlossen), € 5 mit Kurkarte, ✕ Tafernwirtschaft D'Ehrn, 🚪 Di-So 9:00-18:00, und Café Heimat, 🚪 Sa-Mi 12:00-18:00

Vor dem Museumskomplex beginnt nach links der mit dem Waldschaf markierte Lehrpfad, einer von mehreren „Wegen durch Natur und Zeit“ in der grenzüberschreitenden Gegend rund um Finsterau. Der Zugang liegt etwas versteckt: Steigen Sie nach dem kurzen Stück auf geteerter Straße die Stufen zum schmalen Pfad hinter der Scheune hinunter und achten Sie in der Folge auf die Wegweiser „Rund ums Freilichtmuseum“.

Nach der zweiten Rechtsbiegung entfernen Sie sich nach und nach aus der direkten Umgebung des Museumsgeländes und wandern flott für fast 1 km am Rande der Klauswiesen zur tiefsten Stelle der Tour, dem Reschbach. Hinter der Brücke kreuzen Sie die Reschbachstraße, gehen geradeaus auf dem schmalen Wiesenweg in den Nationalpark hinein und biegen anschließend nach rechts ab.

Auch wenn Sie der Themenweg Waldschaf noch ein bisschen begleiten wird, so orientieren Sie sich am besten schon ab hier an der Markierung des Nationalpark-Hauptwanderwegs (Baumgruppe). Nach der Brücke über den Schwarzbach beim gleichnamigen Parkplatz queren Sie die Straße ein weiteres Mal.

Nach 300 m erinnern auf der linken Wegseite Überreste von Schmalspurschienen an den „Endbahnhof" der Spiegelauer Waldbahn ❷. In der ersten Hälfte des letzten Jahrhunderts wurde das ehemals 100 km lange Eisenbahnnetz intensiv zum Holzabtransport genutzt. Der Wald von damals hatte für die Einheimischen eine existenzielle Bedeutung. Aber nicht nur die Bahn wurde zum Transport aus dem Wald heraus verwendet. Mitte des 19. Jahrhunderts begann man an Fließgewässern mit der Befestigung und Begradigung der Ufer. Die sogenannten Triftkanäle waren später im Bayerwald weit verbreitet, so auch hier am Reschbach. Dass davon an dieser Stelle nicht mehr viel zu erkennen ist, liegt in einem Hochwasser 1993 begründet.

Ein besonders schöner und längerer Abschnitt am Reschbach steht bevor. Im dichten Bergmischwald begeistern unzählige abgerundete, moosüberzogene Steine, die wild durcheinandergewürfelt im Bachbett liegen, welches Lebensraum für die lebhaft wippenden Gebirgsstelzen mit ihrer markanten gelben Unterseite bietet. Der Boden unter Ihren Füßen wird zeitweise etwas wurzeliger, ist aber weiterhin sehr einfach zu wandern und der beginnende Anstieg ist auch nur leicht.

Die beeindruckende Bergbachkulisse wird mit der letzten Querung der Reschbachstraße an der Hacklreibe nur kurz unterbrochen. Gleich danach geht es wieder durch überwältigendes Terrain in den Wald. Später wird die Vegetation allmählich lichter und die Szenerie sanfter und nach 3 km auf dem Hauptwanderweg empfängt Sie die ehemalige Alte Klause.

Von dem Triftspeicher ist heute nichts mehr erkennbar, wurde die Klause doch bereits vor über 150 Jahren von der oberhalb gelegenen Reschbachklause ersetzt. Zu dieser führt linker Hand Ihr Wanderweg durch Jungwald, weiter bergan und zum Teil steinig am begradigten Reschbach entlang.

↳ Wer abkürzen möchte, kann von der Alten Klause den Beschilderungen zum Finsterauer Filz (km 11,6) ❺ mit der Markierung Birkhuhn folgen (minus 4,5 km) oder gar direkt zum Parkplatz Wistlberg zurückkehren.

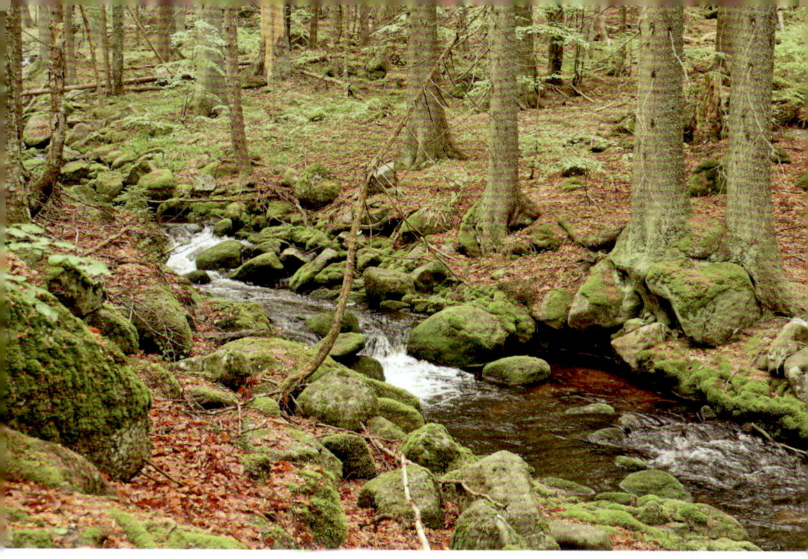

Reschbach

Nach einem guten Kilometer hat der Biber ein großes Werk vollbracht und kurz darauf erreichen Sie den größten von Menschenhand errichteten und höchstgelegenen Stauweiher im Nationalpark, die Reschbachklause ❸. Die Schwelle (so werden die Klausen auch genannt) aus dem Jahr 1860 liegt im früheren Quellbereich des Reschbachs und gleicht eher einem größeren See, auf dem die Wellen bei windigen Verhältnissen schon beachtliche Ausmaße annehmen können.

↳ Wenn Sie den Siebensteinkopf, dessen Besteigung nun ansteht, nicht erklimmen wollen, dann laufen Sie entlang der Markierungen Sperlingskauz und Baummarder von der Klause auf dem bekannten Weg 300 m zurück und folgen anschließend dem Schwellgraben nach links bis zum gleichnamigen Parkplatz und Haltestelle (km 10,5, minus 2,3 km).

Am anderen Ende der 1976 als Kulturdenkmal wiederhergerichteten Klausenmauer orientieren Sie sich links hinauf zum Siebensteinkopf noch immer an der Markierung des Hauptwanderwegs. Auf etwas steinigerem, aber einfach begehbarem Weg gelangen Sie zunächst nach 800 m an die Grenze zu Tschechien und biegen dann am zweiten Grenzstein für die letzten Höhenmeter der Wanderung nach rechts ab.

Die Markierung Baummarder bringt Sie auf tschechischer Seite zur Quelle des längsten Flusses des Landes, der Moldau (➲ 3,3 km, ↑ ↓ 70 m/70 m).

Die Aussicht vom Gipfel des Siebensteinkopfs (1.263 m) ❹, der nach den sieben Gneisfelsen unterhalb des höchsten Punkts benannt ist, steht ganz im Zeichen zunehmender Waldregeneration. Nur noch einzelne „Fenster" geben die Sicht in die Umgebung des Bayerwalds frei. Aber bekanntlich ist ja der Weg das Ziel und beim spannenden Abstieg über die Felsstufen des Südhangs gibt es dann doch noch schöne Blicke auf die Höhenrücken des Woids mit Finsterau und Dreisesselberg als markanten Punkten des Panoramas.

Siebensteinkopf

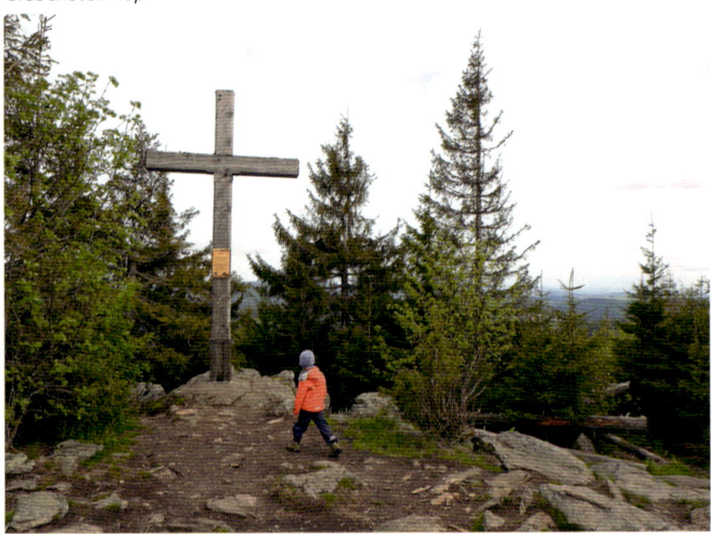

An der nächsten Weggabelung biegen Sie nach rechts mit der Markierung Sperlingskauz über die schmale Mauer eines alten Steigs gen Schwellgraben ab. Nach einem flachen Stück wandern Sie zwischen üppigen Wiesen und Heidelbeersträuchern gemütlich durch jungen Bergmischwald bergab und treffen bei einem unbenannten Parkplatz auf die Buchwaldstraße, die nach rechts auf direktem Weg den Ausgangspunkt Wistlberg zum Ziel hat.

Sie aber folgen der Straße nur 200 m bis zum nächsten Parkplatz und der Bushaltestelle am Schwellgraben und verlassen sie dort über die Stufen und den kleinen Steg nach links. Der Pfad in Richtung Teufelsbachklause mit der Markierung Baummarder führt zuerst nach 150 m über einen Forstweg hinweg und dann kaum 100 m später nach Überqueren des Schwellgrabens direkt auf einen solchen Weg. Der Schwellgraben wurde übrigens auch zu Zeiten der Trift ausgehoben, um Wasser vom Reschbach zur Teufelsbachklause abzuleiten.

Während der Baummarder-Weg diese Klause in etwa 1 km Entfernung anvisiert, biegen Sie nach wenigen Metern in einen geschotterten, später grasigen und unmarkierten Weg nach rechts am Waldrand entlang ab.

Wenn der Weg zugewachsen ist oder Sie sich nicht sicher sind und nach 100 m keinen Wasserbehälter passieren, dann folgen Sie stattdessen weiter der Markierung Baummarder und biegen an der Kreuzung nach 300 m nach rechts auf den Forstweg entlang der Markierung Via Nova ab.

Am Ende des schöneren Waldwegs treffen Sie nach 600 m auf den Via-Nova-Forstweg und schwenken kurz darauf zusammen mit der Markierung Birkhuhn nach links durch das Finsterauer Filz ❺.

Nach menschlichen Eingriffen in der Vergangenheit mit dem Ziel, das Hochmoor forstwirtschaftlich zu nutzen, z. B. dem Ziehen von breiten Entwässerungsgräben, wird in den letzten Jahrzehnten wieder eine Renaturierung des sensiblen Ökosystems vorangetrieben. Hochmoore werden übrigens nicht wegen ihrer Höhenlage so bezeichnet, sondern wegen der hochgewachsenen Torfschicht, die keinen Kontakt mehr zum Grundwasser hat. Da der Torfkörper nur noch vom Regenwasser gespeist wird, sind sie auch als Regenmoore bekannt.

Hinter dem Moor und nach einem kurzen Waldstück erreichen Sie bald wieder die Buchwaldstraße und wandern nach links auf dem Weg neben der Straße bis zum Parkplatz und zur Haltestelle Wistlberg.

4 Über das Felswandergebiet und die Große Kanzel zur Steinbachklause

Tour für kleine Abenteurer und große Naturliebhaber

Östlich vom Nationalparkzentrum Lusen vereinen sich zwei Rundwanderwege zu einer großen Acht und ergeben als kombinierte Tour ein Potpourri an Attraktionen. Zu Beginn kitzelt das urige Felswandergebiet den Forscherdrang aller junggebliebenen Wanderer heraus und gipfelt am Aussichtsfelsen der Großen Kanzel. Abseits der Besucherströme steigen Sie in Richtung Mauth ab und lassen sich nach einem Badeabstecher zu einem Naturweiher auf dem Rundweg Eisvogel durch die Idylle am Steinbach verzaubern. Der Deutsche Wanderverband hat die Runde zur „Traumtour" gekürt.

Start/Ziel: Parkplatz Felswandergebiet, Schönbrunn am Lusen, GPS N 48°52.792' E 013°31.758'

12 km

4 Std. 15 Min.

440 m/440 m

770-1.005 m

sehr gut ausgeschildert und markiert: Rundweg Haselhuhn, Eberesche, Rundweg Eisvogel, Eberesche

naturbelassene Wege und Pfade ohne größere Hindernisse, Ausnahmen: steinige Passagen durch das Felswandergebiet und der Aufstieg zur Großen Kanzel (Felsplateau ungesichert), viel Schatten

keine Einkehrmöglichkeit am Weg

Parkplatz Felswandergebiet (Start/Ziel), km 0,9, Große Kanzel (natürlicher Pausenplatz, km 2,6), Parkplatz Jägerstraßl (km 5,8), Rastplatz Sandriegel (150 m ab km 6,3), Steinbachklause (Schutzhütte, km 8,9)

WC Parkplatz Felswandergebiet (Start/Ziel), Rastplatz Sandriegel (50 m ab km 6,3)

Badesee Mauth (400 m ab Parkplatz Jägerstraßl, km 5,8)

Das Felswandergebiet ist ein Paradies für abenteuerlustige Entdecker ab ca. 6 Jahren. Vorsicht an der ungesicherten Großen Kanzel! Der Badesee Mauth und ein kleiner Spielplatz beim Rastplatz Sandriegel halten unterwegs die Motivation hoch.

Das Terrain ist gut für Hunde geeignet, abgesehen von der Großen Kanzel. Es gibt aber wenige Trinkmöglichkeiten.

P Fahren Sie vom Nationalparkzentrum Lusen 4 km entlang der Nationalparkstraße in Richtung Mauth. Der Parkplatz Felswandergebiet liegt auf der linken Seite gegenüber dem Jugendwaldheim.

Der Finsteraubus (Igelbus-Linie 603) fährt mehrmals tägl. von Spiegelau über das Nationalparkzentrum Lusen zur Haltestelle „Felswandergebiet" und zum P&R-Parkplatz Dreikönigsloipe am Badesee Mauth (Haltestelle „Mauth P&R-Parkplatz", ☞ Wanderung 2).

Abkürzung: Für eine kürzere, aber dennoch erlebnisreiche Tour bietet sich die kleine Runde durchs Felswandergebiet (Markierung Rundweg Haselhuhn) mit einem Abstecher zur Großen Kanzel an. Kombinationen: Tour 2 und 5 (Verbindungsweg zum Nationalparkzentrum)

Im Wildschutzgebiet Riedlhäng in der Gegend um die Steinbachklause besteht im Winter ein Betretungsverbot. Obwohl eine Umleitung ausgeschildert ist, ist von Dezember bis März nur die kleine Felswandergebietsrunde (☞ Abkürzung) sinnvoll. Von April bis Mitte Mai dürfen Sie im Wildschutzgebiet die markierten Wege nicht verlassen.

Nehmen Sie vom Parkplatz die Treppen hinauf und biegen Sie nach links entlang des Rundwegs Felswandergebiet mit der Markierung Haselhuhn ab. Durch hohes Gras und Gebüsch gelangen Sie auf einen schönen Waldweg mit lichtem Wald. Nach 500 m geht es nach rechts auf einen kleinen Forstweg, den Sie ziemlich bald erneut nach rechts über Stufen schon wieder verlassen, um mit dem Aufstieg ins Felswandergebiet an den Hängen des Steinbergs zu beginnen.

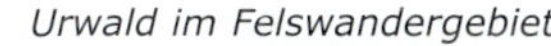

Urwald im Felswandergebiet

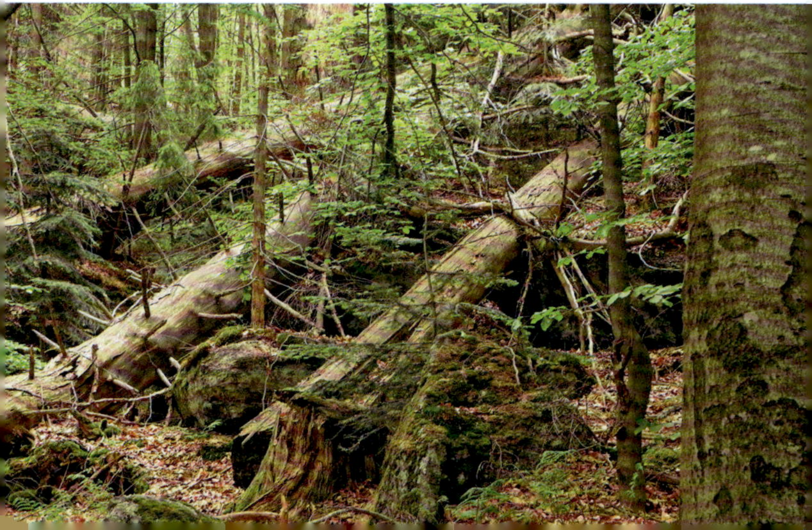

Es dauert nicht lange, dann windet sich der Steig in der wilder werdenden Umgebung unter dem Dach des Mischwalds über viele Steinstufen um bemooste, verstreute, kleine und große Felsbrocken, beeindruckende Wurzelteller und ineinander verwobene, stachelige Skelette umgestürzter Bäume herum. Laub, Steine und Wurzeln wechseln sich als Untergrund ab. Hier können Sie die Philosophie des Nationalparks, die Natur nicht zu bändigen, intensiv spüren, liegen doch Vergehen und Gedeihen des üppigen Waldes direkt beieinander. Die Herzen kleiner Kraxelmeister und Entdecker werden hier höherschlagen und kleine Höhlen am Fuß von Felstürmen und Steinhalden wollen erkundet werden. Planen Sie für den eindrucksvollen Erlebnisweg durch das Felswandergebiet genügend Zeit ein.

Nach 150 Höhenmetern treffen Sie auf den Nationalpark-Hauptwanderweg, der von links aus Richtung Nationalparkzentrum Lusen und Sagwassersäge kommt. Biegen Sie hier mit dem Rundweg Haselhuhn nach rechts ab und schlängeln Sie sich durch einen schmalen Felsgang um die Formationen der Kleinen Kanzel (keine Aussicht) ❶. Danach wird das Wandern durch urigen Wald über einen flachen Bergrücken trotz einiger Wurzeln einfacher.

Kleine Kanzel

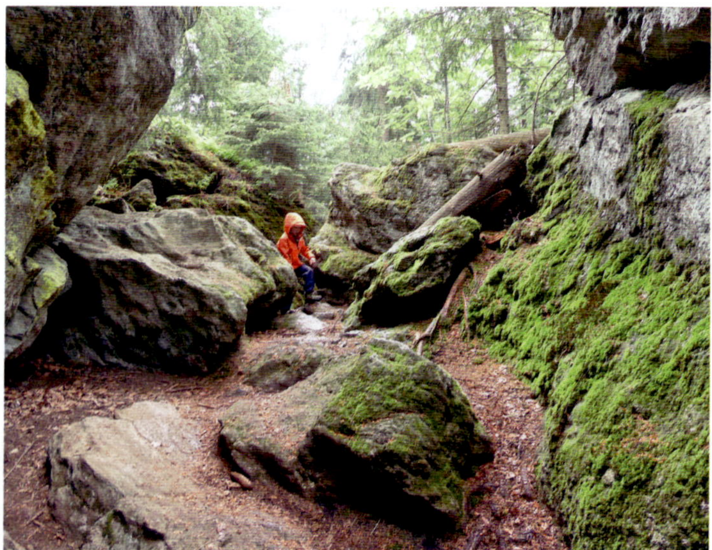

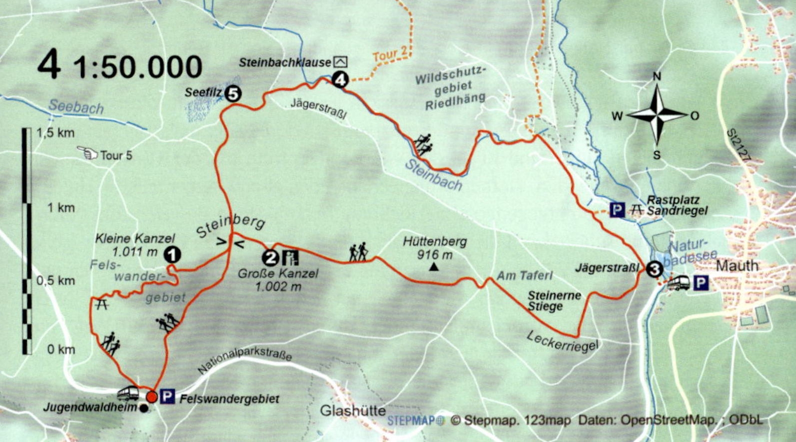

Am Ende des Felswandergebiets nach einem knappen halben Kilometer verläuft auf Höhe des Sattels zwischen den beiden Hauptgipfeln des Steinbergs, der Kleinen und Großen Kanzel, ein 100 m langer Verbindungsweg zwischen den Rundwegen Haselhuhn und Eisvogel. Halten Sie sich an den zwei aufeinanderfolgenden T-Kreuzungen erst links (Eberesche), dann rechts zur ausgeschilderten Großen Kanzel. Sie wandern damit gegen den Uhrzeigersinn entlang des Rundwegs Eisvogel.

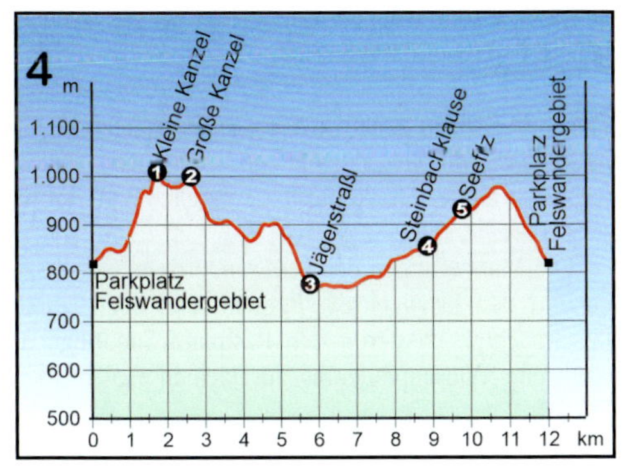

Schon nach 200 m zeigt ein Wegweiser zum unscheinbaren, von Schwefelflechten überzogenen Felsturm mit Gipfelkreuz nach rechts. Die Große Kanzel (1.002 m) ❷ ist auch für Wanderer ohne Kletterfähigkeiten erreichbar, allerdings sind auf den letzten Metern hohe Felsabsätze mithilfe der Hände zu überwinden.

Die breite Gipfelformation ist nicht gesichert und an den Seiten teilweise stark abschüssig. Bei Nässe ist besondere Vorsicht geboten.

Von oben haben Sie eine tolle Aussicht ins Gebiet rund um die Bayerwalddörfer Schönbrunn am Lusen und Kreuzberg. Letzteres liegt malerisch auf einem kegelförmigen Hügel und ist an den vom Dorfzentrum mit der Wallfahrtskirche St. Anna ausgehenden, sternenförmig verlaufenden alten Grenzstreifen („Hufen") erkennbar. In die entgegengesetzte Richtung blicken Sie in das Herz des Nationalparks und sehen durch die Bäume auch die Felsmeerspitze des Lusens.

Wieder zurück auf dem Weg lassen Sie bergab den Steinberg hinter sich und folgen durch Mischwälder einer Kammlinie mit weiteren Hügeln nach Osten. Nach einem flachen Stück vorbei am Hüttenberg durchschreiten Sie auf dem Weg zum Leckerriegel einen Sattel – hier wieder mit kurzem Links-Rechts-Schwenk („Am Taferl"). Am oberen Ende von Stufen der sogenannten Steinernen Stiege erreichen Sie den lang gezogenen Bergrücken mit kleinerer Felsgruppe.

Der Weg schwenkt nach links, Sie steigen steil nach Mauth hinab und queren dabei drei Forststraßen. Die asphaltierte dritte mit dem Namen Jägerstraßl kennzeichnet 3,1 km nach der Großen Kanzel das ersehnte Ende des Abstiegs. Rechts befindet sich ein Parkplatz ❸.

In 400 m gelangen Sie vom Parkplatz Jägerstraßl zum idyllischen Naturbadesee Mauth. Der Zugang zum kostenfreien Badevergnügen ist über den P&R-Parkplatz an der Dreikönigsloipe möglich (☞ Karte).

Die Markierungen des Fernwanderwegs E6 und Goldsteig begleiten vorübergehend den Eisvogelweg. Bequem und eben laufen Sie durch die Wälder im Reschbachtal, passieren den Rastplatz Sandriegel und schlendern über zugewachsene Wiesenpfade bis zur kleinen Holzbrücke über den Steinbach nach 1,2 km.

Für alle Romantiker und Ruhesuchenden steht nun nach links bis zur Steinbachklause ein Höhepunkt der Tour bevor: Der naturbelassene Pfad führt mit leichter Steigung neben dem mal sanften, mal in kleinen Kaskaden rauschenden Steinbach durch die verträumte, aber manchmal auch wilde Waldumgebung flussaufwärts – ein Genuss für Augen, Ohren und Seele. Die kurzen Umleitungen, welche neuere Biberbauten notwendig gemacht haben, stören kaum und zum Glück wird die friedliche Stimmung nicht mehr wie früher durch die Trift unterbrochen, als Baumstämme zum Transport durch den Wald polternd hinuntergeschwemmt wurden.

Damit genügend Wasser am teilweise noch sichtbar begradigten Bachlauf zur Verfügung stand, wurde eine Schwelle (Klause) errichtet. Den noch erhaltenen Speicherweiher, die Steinbachklause, die teilweise durch den Biber wieder aufgefüllt wurde, erreichen Sie nach entspannten knapp 2 km am Steinbach.

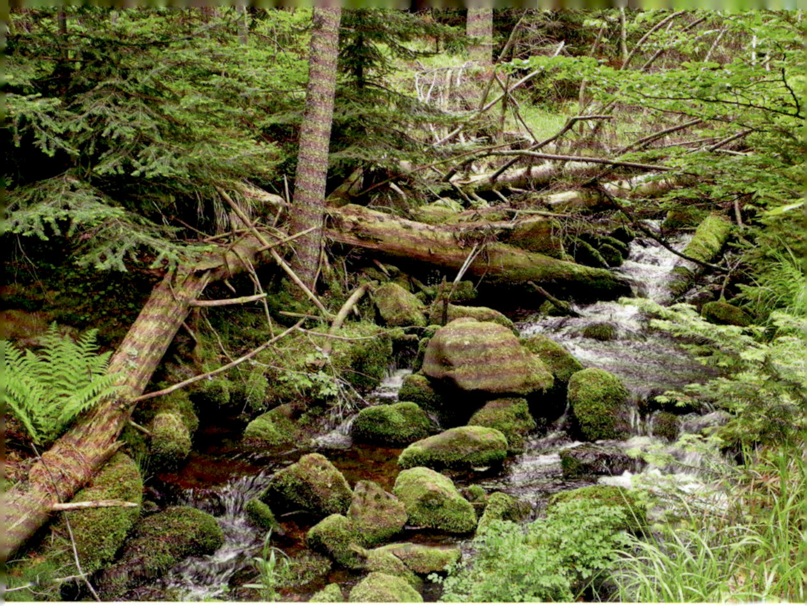

Steinbach

An der Gabelung vor der Schutzhütte bleiben Sie wie gewohnt auf dem Weg mit der Eisvogel-Markierung und gehen nach links über den Bohlensteg ❹.

Um den Rundweg zu vollenden, steigen Sie auf den nächsten 1,8 km durch dichte Fichten- und Buchenwälder noch gute 100 Höhenmeter auf. Etwa auf halber Strecke streifen Sie das Hochmoor Seefilz ❺, welches als solches jedoch kaum erkennbar ist. Ein breiter Entwässerungsgraben aus forstwirtschaftlicher Vergangenheit hat die Vegetation stark verändert und statt Bergkiefernmoorwald finden sich heute Fichte, Heidelbeere und Pfeifengras. Erst 2007 wurden umfangreiche Renaturierungsmaßnahmen eingeleitet, um einen Wiederanstieg des Wasserspiegels im Moor zu bewirken.

Sie biegen in Höhe des Seefilzes nach links ab und laufen später an den beiden vom Anfang bekannten Gabelungen beim Sattel zwischen Kleiner und Großer Kanzel geradeaus. Zügig gelangen Sie unter dem Blätterdach von Buchen am Rande des Felswandergebiets hinunter zum Parkplatz am Ausgangspunkt.

5 Tierfreigelände Nationalparkzentrum Lusen und Baumwipfelpfad

Tour für Tierfreunde ohne Menschenscheu

Etwa 50 heimische Tierarten sind im Tierfreigelände bei Neuschönau in naturnah gestalteten, weitläufigen Landschaftsgehegen und Volieren zu Hause. Viele von ihnen sind in der Natur sehr selten oder gar nicht anzutreffen und so bietet sich eine gute Gelegenheit, Luchs, Elch, Auerhühner & Co. von Nahem zu Gesicht zu bekommen. Vom Anspruch gleicht der Gehegerundweg einem längeren Spaziergang mit einer Prise Abenteuer auf dem Baumwipfelpfad hoch oben über dem Boden.

Start/Ziel: Parkplatz Altschönau Tierfreigelände P7, GPS N 48°54.251' E 013°28.197'

9,7 km

3 Std.

200 m/200 m

740-860 m

sehr gut ausgeschildert und markiert, fast vollständig mit der Markierung Gehegerundweg

buggytaugliche und breite Wege (ohne Baumwipfelpfad), viel Schatten

Waldstüberl am Parkplatz Nationalparkzentrum Lusen P1 (km 2,8 und km 4,7), Café Eisenmann (km 4,4) und Waldwirtschaft beim Hans-Eisenmann-Haus (km 4,5)

zahlreiche Bänke und Tische entlang des Weges

WC zahlreiche Toiletten entlang des Weges

Lehrreiche Wanderung, nicht nur für Kinder. Der (kostenpflichtige) Baumwipfelpfad hält für wagemutige Kids einige Mutproben parat. Spannend ist es, am Ende Wildschweinen und Rotwild Auge in Auge gegenüberzustehen – ohne trennende Absperrung.

Hunde dürfen angeleint mitgeführt werden. Ausnahmen: kein Zutritt zum Baumwipfelpfad sowie zum Wildkatzen-, Wildschwein- und Rothirschgehege (Umgehungen sind ausgeschildert). Viele Besucher.

P Der Parkplatz Altschönau P7 befindet sich von Spiegelau kommend auf der linken Seite der Nationalparkstraße, 2,3 km vor dem Nationalparkzentrum Lusen. Alternativ können Sie den Parkplatz P6 auf der anderen Straßenseite nutzen (beide € 2 Parkgebühr). Der nahe gelegene P8 ist ein Busparkplatz. Weitere große Parkplätze sind P1 und P2 am Nationalparkzentrum (beide € 1 pro Std., max. € 5 pro Tag) sowie P4 Böhmstraße (50 m ab km 5,6 bzw. 100 m ab km 6, April bis Okt, € 2 Gebühr).

Der Lusenbus (Igelbus-Linie 602) fährt stündl. die Haltestelle „Altschönau Tierfreigelände“ an. Der Bus stoppt in Höhe des Busparkplatzes P8 (von hier sind es 250 m bis zum Treffpunkt für Führungen, km 0,1 der Wegbeschreibung).

Abkürzungen: Zwei Verbindungswege sind ausgeschildert (☞ Karte), außerdem kann der Lusenbus für die Strecke vom Nationalparkzentrum zurück zum Parkplatz Altschönau genutzt werden. Kombinationen: Touren 6 und 4 (Verbindungsweg zum Felswandergebiet)

Das Tierfreigelände ist ein beliebtes Ausflugsziel. Warum nicht einmal die Tiere in den frühen oder späten Stunden des Tages beobachten, um den größten Andrang tagsüber zu meiden? Es gibt keine Schließzeiten, abgesehen davon, dass die Parkplätze nur zwischen 5:00 und 22:00 genutzt werden dürfen.

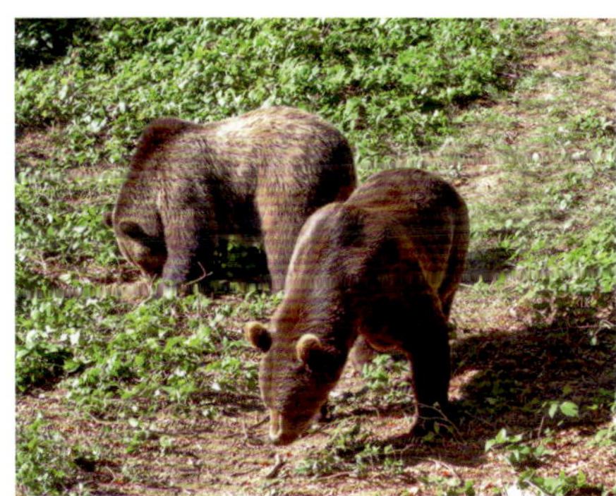
Braunbären

Vom Parkplatz folgen Sie zunächst den Markierungen Rehbock und Bärenpfad, passieren am Treffpunkt für Führungen das Eingangsschild zum Tierfreigelände und stoßen nach den ersten 200 m auf den ab hier durchgängig markierten Gehegerundweg. Orientieren Sie sich nach rechts, um die Runde gegen den Uhrzeigersinn zu gehen. Nach der Voliere für Waldkauz und Waldohreule wartet mit dem Bärengehege schon das erste, viel besuchte Highlight auf Sie. Meister Petz wurde im Bayerischen Wald zuletzt 1833 in freier Wildbahn gesehen. Braunbären wurden wie alle Beutegreifer intensiv gejagt und das Kraftpaket, das bis zu 300 kg wiegen kann, hatte die letzten 200 Jahre nicht mehr die benötigten großen Streifgebiete, in denen er ungestört war, zur Verfügung.

Es folgt das Vogelhaus für Greifvögel und anschließend können Sie das nächste imposante Großtier beobachten. Der Elch als größter Vertreter der Hirschfamilie galt in Mitteleuropa lange als ausgestorben. In den letzten Jahrzehnten kam es im Nationalparkgebiet sporadisch zu vereinzelten Sichtungen von Elchwild und auf tschechischer Seite beim Moldaustausee lebt eine kleine Population mit 15-20 Tieren. Die natürliche Wiederansiedlung entwickelt sich sehr zögerlich, trotz der wilden Natur im Nationalpark und obwohl 2008 sogar ein Elchplan für Bayern aufgestellt wurde.

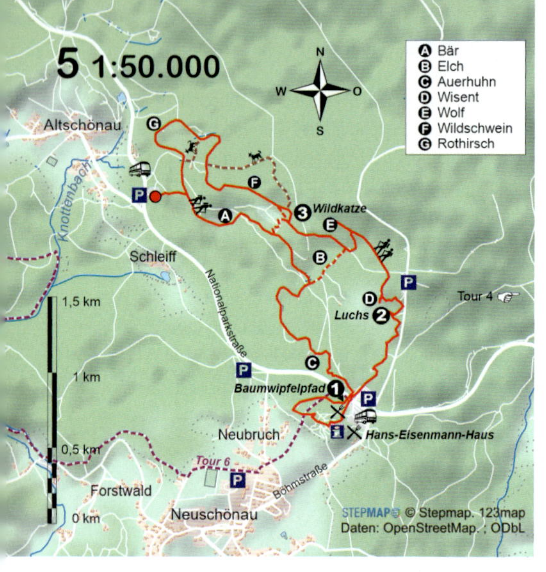

☺ Sollten Sie die scheuen Tiere nicht zu Gesicht bekommen, können Sie mit der Abkürzung Wolf nach links am Rand des Elchgeheges bis zum oberen Teil des Rundwegs laufen. Gleich nach 150 m befindet sich eine ruhig gelegene Bank mit Tisch und schönem Blick auf das Elchareal.

Für den eigentlichen Weg halten Sie sich allerdings rechts und statten nacheinander dem Marder, dem Biber am Ententeich und dem Kolkraben einen Besuch ab. An der nächsten Station besuchen Sie die seltenen Auerhühner. Zum Schutz der geschätzt etwa 600 Tiere, die im bayerisch-böhmischen Grenzgebirge leben, wurde nicht nur das Kerngebiet im Nationalpark geschaffen, sondern auch im Bereich der Bergwälder zwischen Mühlriegel und Großem Arber (☞ Wanderungen 18, 20 und 23) ein Auerwildschutzgebiet eingerichtet. In beiden Zonen dürfen Sie im Winter und in der Zeit der Balz und Brutaufzucht bis Juli markierte Wege nicht verlassen (☞ Wanderinfrastruktur).

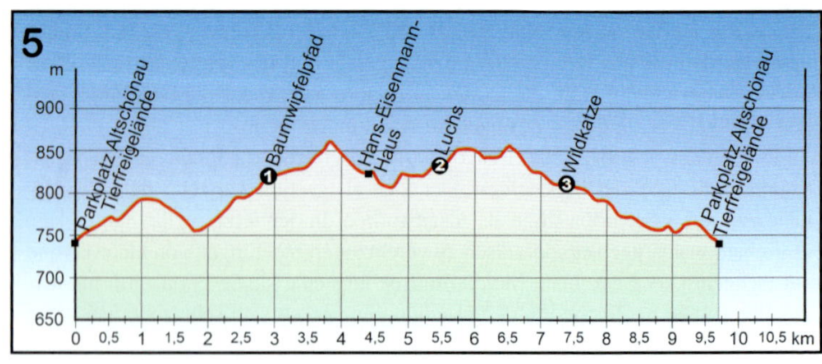

Im Anschluss an die Hühnervögel biegen Sie etwa 150 m später rechts auf den kleinen Lehrpfad über einen Holzsteg ab, an dessen Ende Sie wieder nach rechts direkt auf den Parkplatz P1 beim Nationalparkzentrum zusteuern. Links befindet sich das Waldstüberl.

Waldstüberl, Böhmstraße 41, 94556 Neuschönau, ☏ 085 58/26 47, tägl. 9:00-17:00, Imbiss, Kaffee und Kuchen

Gleich am Rande der großen Parkfläche steigen Sie über den Treppenturm auf der rechten Seite hinauf zur überdachten Fußgängerbrücke über die Nationalparkstraße und gelangen zum Eingang des Baumwipfelpfads ❶.

⌘ Baumwipfelpfad Bayerischer Wald, Böhmstraße 43, 94556 Neuschönau, www.baumwipfelpfade.de/bayerischer-wald, tägl. 9:30-19:00 (Okt bis April verkürzte Öffnungszeiten, letzter Einlass 1 Std. vor Schließung), Erwachsene € 10, Kinder (6 bis 14 Jahre) € 8

Baumwipfelpfad

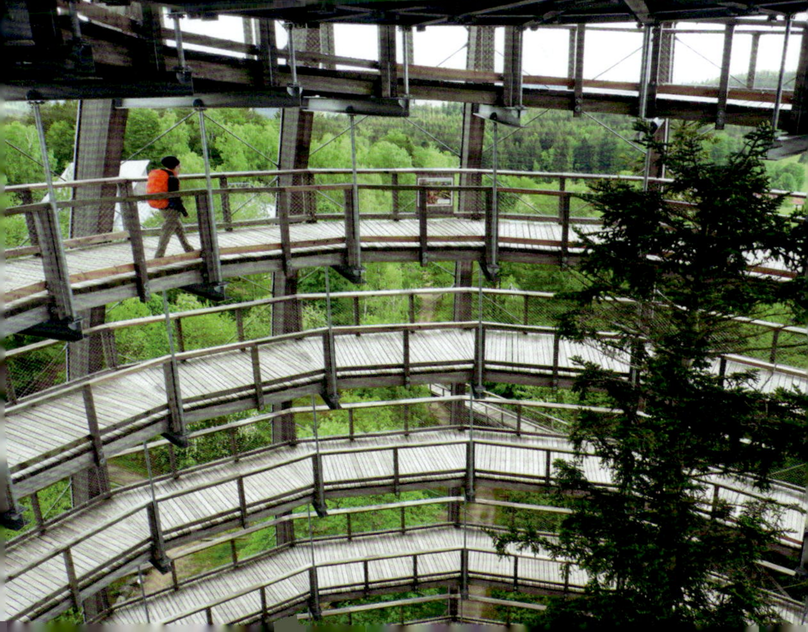

Der „Stelzenweg" mit einer Höhe von bis zu 25 m über dem Waldboden erlaubt eine für uns Menschen ungewohnte, neue Perspektive. Hoch oben in der Baumkrone wirken Bäume noch gigantischer und Formen von Zweigen und Ästen symmetrischer. Kurzweilige Lern- und Erlebnisstationen wie Balancierbalken oder Gitterliege runden den 1,4 km langen Pfad für Jung und Alt ab. Die größte Attraktion ist jedoch der Abschluss am Baum-Ei, dessen Plattform am Ende einer endlos anmutenden, aufsteigenden Spirale in Höhe von 44 m eine erstklassige 360-Grad-Aussicht in den Bayerwald gewährt.

Im Norden sind die weiten Bergwälder des Nationalparks mit Rachel und Lusen zu sehen, im Süden liegt Neuschönau idyllisch zu Ihren Füßen und an klaren Herbstagen reicht die Sicht über die niederbayerische Hügellandschaft hinaus bis in die Alpen.

Der Ausgang des Baumwipfelpfades durch das Drehkreuz mündet vor den Pforten des Besucherzentrums.

Hans-Eisenmann-Haus, Böhmstraße 35, 94556 Neuschönau, ☏ 085 58/961 50, tägl. 9:00-18:00 (Nov bis Weihnachten geschlossen), Infotheke sowie Dauerausstellung zum Nationalpark und Nationalparkladen, Café Eisenmann mit Sonnenterrasse, Jan bis Okt. tägl. 10:00-18:00

In der Umgebung des Gebäudes können Sie auf einem 4 Hektar großen Pflanzenfreigelände die Flora des Nationalparks erkunden. Auf dem kleineren Gesteinsfreigelände wird Erdgeschichte an Felsblöcken erlebbar gemacht.

Um wieder zurück zum Tierfreigelände zu gelangen, gehen Sie nach links hinunter zur Nationalparkstraße, vorbei am Lokal der Waldwirtschaft.

Waldwirtschaft, Böhmstraße 37, 94556 Neuschönau, ☏ 085 58/377, Jan bis Okt tägl. 10:00-16:30, Selbstbedienungsrestaurant

Sie queren die Straße über die Fußgängerampel. Laufen Sie geradeaus zum schon von Weitem sichtbar gekennzeichneten breiten Wegeeingang in den dichten Wald hinein. Wieder zurück auf dem Gehegerundweg sind am nächsten Vogelhaus wärmeliebende, am Waldrand lebende Arten wie Turmfalke oder Birkhuhn anzutreffen.

Wenn Sie die Wanderung mit Tour 4 kombinieren möchten, dann biegen Sie 100 m nach den Vögeln an einer Wiese auf den Hauptwanderweg (Markierung Baumgruppe) zum Felswandergebiet über Sagwassersäge nach rechts ab (➲ 4,2 km).

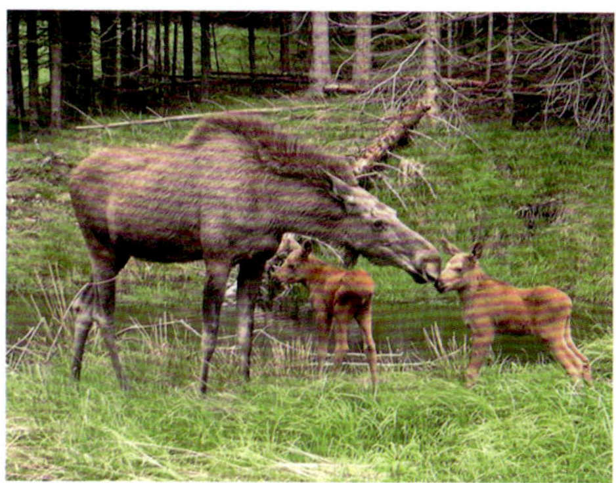
Elchkuh mit Kälbern

Anschließend umrunden Sie das große Weideareal der Wisente, der stattlichsten Landsäugetiere Europas, in dessen Mitte sich das Rückzugsgebiet des Luchses ❷ befindet. Nach über 150 Jahren konnte in den 1990er-Jahren erfolgreich eine kleine Population der scheuen Tiere im Grenzgebiet des Nationalparks wiederangesiedelt werden. Um die größte Raubkatze Europas in der Wildnis zu erspähen, bräuchten Sie ziemlich viel Glück und leise Sohlen, denn Luchse können sehr gut sehen und eine Maus in 65 m Entfernung rascheln hören. Hier im Tierfreigelände hingegen erhöhen mehrere Aussichtspunkte die Chance auf Sichtungen.

Nach der Uhuvoliere wandern Sie eine Weile durch dichten Mischwald zum Gehege des wohl am meisten von Mythen und Märchen behafteten Beutegreifers, des Wolfes. Die Rückeroberung von Gebieten in Deutschland durch den wilden Jäger Isegrim ist heute mehr denn je umstritten. 2017 wurden auch frei lebende Jungwölfe im Nationalpark nachgewiesen. Holztafeln in der Mitte des großen Aussichtsbereichs vermitteln Wissenswertes zur Lebensweise der Rudeltiere.

Anschließend geht es noch einmal bei den Elchen vorbei und Sie gelangen an den Abzweig nach rechts zum Wildkatzenrefugium ❸.

Hundebesitzer folgen stattdessen mit ihren vierbeinigen Begleitern der ausgeschilderten Umgehung geradeaus, die mit Hundesymbol in einem grünen Kreis gekennzeichnet ist. Da abgesehen vom Fischotterrevier der Zugang zu den Tiergehegen entlang des restlichen Weges mit Hunden verboten ist, können Sie mit Ihrem Hund auch die Abkürzung nach 20 m nach links hinunter zurück zum Bärengelände nehmen.

Für die nächsten 1,8 km wird es noch einmal spannend, da Sie nacheinander direkt durch das große Wildschwein- und nach dem Otter- durch das Rothirschgehege laufen. Anschließend ist an den folgenden Weggabelungen schon der Parkplatz Altschönau ausgewiesen, den Sie nach 500 m erreichen.

6 Am Knottenbach und an der Kleinen Ohe

(✕) ⼬ WC

Tour für Genießer idyllischer Bachlandschaften

Ganz nah und doch so unterschiedlich: Während das Tierfreigelände beim Nationalparkzentrum Lusen eine der meistbesuchten Attraktionen des Bayerischen Waldes ist, werden Sie auf der reizvollen Wanderung am Knottenbach häufig nur Einheimischen begegnen. Auch der weitere Weg entlang der Kleinen Ohe ist bis zur Fredenbrücke ein wenig begangener Geheimtipp. Die Strecke entlang romantischer Bachlandschaften kann spontan durch vielfältige Optionen abgekürzt oder kombiniert werden.

→ Start: Parkplatz Nationalparkzentrum Lusen P1, Neuschönau, GPS N 48°53.52' E 013°29.330'; Ziel: Bushaltestelle Waldhäuser Ausblick, GPS N 48°55.653' E 013°28.255'

14,1 km

4 Std. 30 Min.

↑↓ 415 m/180 m

⇧ 670-1.060 m

sehr gut ausgeschildert und markiert, abgesehen von kurzen unmarkierten Abschnitten: Rippenfarn, Bärenpfad, Fichte, Nationalpark-Hauptwanderweg, Ranne, Rundweg Zaunkönig

überwiegend Pfade und naturbelassene Wege, bis Fredenbrücke einfache Wegbeschaffenheit, anschließend etwas anspruchsvollerer Untergrund, viel Schatten

✕ Landhotel Moorhof (400 m ab km 6,7)

Kleine Ohe an der Bergerau (natürlicher Pausenplatz, km 6,1), Fredenbrücke (km 10,9), Martinsklause (km 12,5)

WC Parkplatz P1 (Start), Fredenbrücke (km 10,9), Waldhäuser Ausblick (Ziel)

Der Weg ist für Kinder gut geeignet, da die Länge flexibel mit Bussen oder Rückwegoptionen angepasst werden kann. Vorsicht an mehreren Straßenquerungen: Bergerau (km 5,6), Nationalparkstraße (km 8,6) und Fredenbrücke (km 10,9).

Die Tour ist sehr gut für Hunde geeignet. Es gibt viele Trinkgelegenheiten.

P Der ausgeschilderte Parkplatz P1 beim Nationalparkzentrum Lusen befindet sich im Osten von Spiegelau (12 km entlang der Nationalparkstraße, € 1 pro Std., max. € 5 pro Tag). Alternativ können Sie auch beim gebührenfreien Wanderparkplatz Neuschönau (GPS N 48°53.24' E 013°28.672', km 1,1) starten.

Das Nationalparkzentrum Lusen als Startpunkt ist hervorragend an das Igelbus- und Waldbahn-Netz angeschlossen. Lusenbus, Rachelbus, Finsteraubus und die Waldbahn-Linie RB36 sind aufeinander abgestimmt. Nahezu aus allen Himmelsrichtungen ist die Anreise mit öffentlichen Verkehrsmitteln unkompliziert und zügig möglich. Der Lusenbus bringt Sie vom Ziel stündlich zurück zum Ausgangspunkt.

Abkürzungen und Verlängerung zum Rundweg: An verschiedenen Stellen ist die Wanderung mit zusätzlichem Rückweg zum Ausgangspunkt als Rundweg gestaltbar. Überdies besteht an mehreren Haltestellen entlang des Weges die Möglichkeit, mit dem Bus zurückzufahren. Kombinationen: Touren 1, 5 und 7

Vom großen Parkplatz P1 queren Sie an der Ampel die Nationalparkstraße und folgen kurz dem parallel zur Straße verlaufenden Radweg in Richtung Spiegelau und Parkplatz Thaddäus. Bereits nach 100 m nehmen Sie den Weg nach links mit der Markierung Rippenfarn.

Unter den hohen Stützen des Baumwipfelpfads und am riesigen Baum-Ei vorbei (☞ Wanderung 5) treten Sie aus dem Wald und nähern sich über eine Wiese von Norden dem Ort Neuschönau. Sie gelangen an eine Straßenkreuzung und wandern geradeaus über die quer verlaufende Straße hinweg. Auf asphaltierter Nebenstraße laufen Sie durch eine Linkskurve und biegen am Ende der Kurve nach rechts in die Hochfeldstraße ab.

Kleiner Nebenarm der Kleinen Ohe, auf dem Bärenpfad

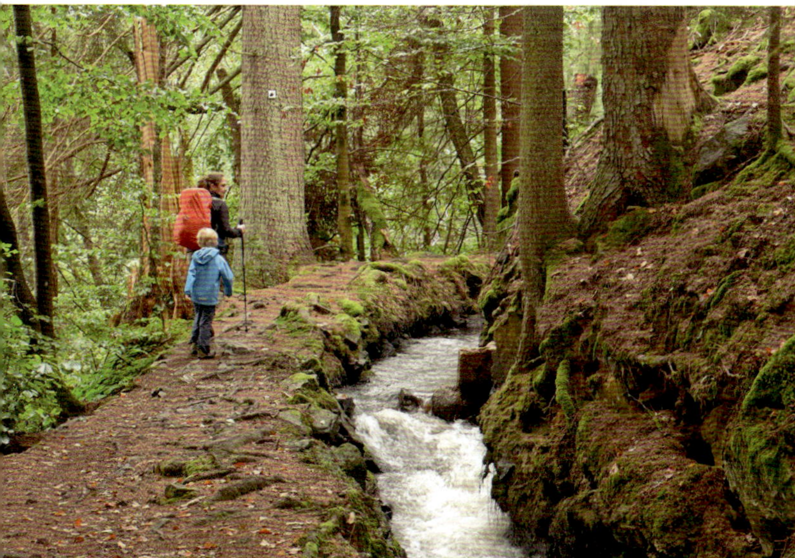

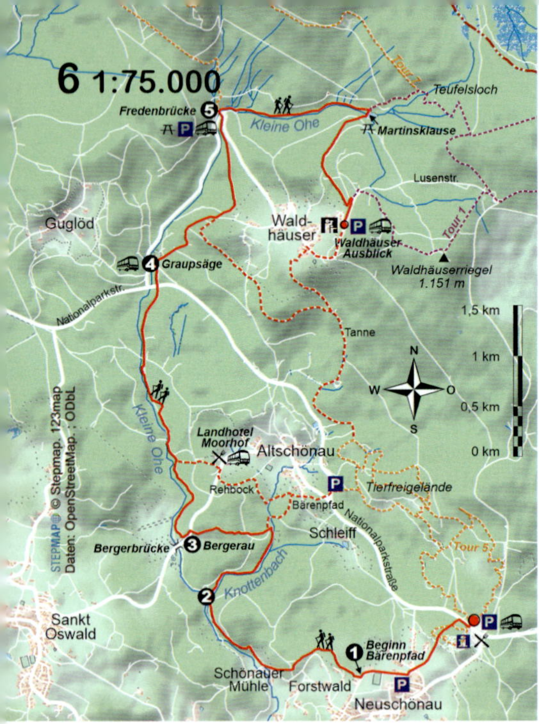

Auf Höhe des Wanderparkplatzes Neuschönau (nach 100 m auf der linken Seite) lassen Sie die Rippenfarn-Markierung hinter sich und bleiben geradeaus auf der Hochfeldstraße. Schließlich biegen Sie vor dem Sendemast beim Recyclinghof nach rechts am Wiesenrand entlang in den Wald ein.

Ab hier wird Sie die nächste Zeit der Bärenpfad – markiert mit einer Bärentatze und mit Wegweisern zum Tierfreigelände versehen – begleiten ❶. Durch Wald umgehen Sie im Norden den Neuschönauer Ortsteil Forstwald und treffen bei Schönauer Mühle auf eine Straße. Sie laufen nur noch kurz auf asphaltiertem Untergrund, dann steht hinter der kleinen Brücke über einen Mühlgraben nach rechts ein langer, reizvoller Abschnitt mit romantischen Bachlandschaften bevor.

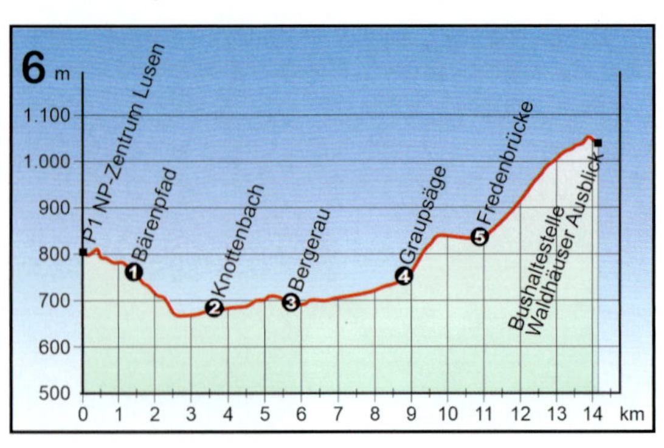

Sie wandern die erste Zeit in Schrittweite an einem kleinen Nebenarm der Kleinen Ohe, die verdeckt, aber ganz in der Nähe in der linken Talsenke fließt. Die Route verläuft nach einem Wiesenabschnitt über einen schmalen, teilweise wurzelig-steinigen Wall und in Höhe von einem Felsdurchbruch helfen Geländer und Stufen über die leicht abschüssige Stelle hinweg. Später führt ein kleiner Holzsteg auf die rechte Kanalseite, Sie aber bleiben auf der spannenden Spur geradeaus.

Der Bärenpfad zweigt schließlich auf einen breiten Waldweg nach rechts über den Mühlgraben ab und nach 200 m erreichen Sie eine Gabelung aus Wirtschaftswegen. Sie nehmen linker Hand die Brücke über den Knottenbach und biegen gleich danach vom Forstweg nach rechts ab ❷.

Es folgt ein einfacher, manchmal matschiger Uferpfad in der wunderschönen Umgebung des Knottenbachs. Das Farbenspiel des abwechslungsreichen Mischwalds und der Gräser wirkt entspannend für die Augen und an Ihre Ohren dringen beruhigende Klänge der Natur wie Vogelzwitschern und das Plätschern des Baches. Mit tiefen Zügen können Sie die klare Waldluft einatmen und Ihre Seele auftanken. Es fällt nicht mehr auf, dass in der Vergangenheit auch der Knottenbach für den Holztransport genutzt wurde. Als Teil des Ilztriftkomplexes wurde das Ufer vor mehr als 150 Jahren begradigt und befestigt, aber Renaturierungsmaßnahmen in letzter Zeit helfen dabei, langfristig wieder eine natürliche Gewässerdynamik herzustellen.

Nach 1,1 km schwenkt der Weg nach links vom Bachlauf weg und erreicht nach kurzem Anstieg eine Kreuzung an einem Forstweg. Halten Sie sich geradeaus in Richtung Waldhäuser und Bergerbrücke, ab hier der Markierung Fichte folgend.

↳ Nach rechts gelangen Sie weiter entlang des Bärenpfads zum Tierfreigelände (1 km zum Parkplatz Altschönau P7, dem Startpunkt für ☞ Wanderung 5).

Nach einem knappen Kilometer kreuzen Sie oberhalb einer baumfreien Mulde mit dem Namen Bergerau, einem Moorkomplex zwischen Altschönau und St. Oswald, die Straße und wandern dann nach links über die Wiese am Waldrand in Richtung Bergerbrücke ❸. Nur wenige Schritte und der Weiterweg nach Waldhäuser und Graupsäge biegt nach rechts wieder in den Wald ein. Der zugewachsene Forstweg ist mit größeren Steinen ausgelegt und daher etwas holprig zu laufen, bis Sie nach 300 m an der Kleinen Ohe an einem lauschigen Fleckchen einen Stopp einlegen können. Weiter geht es auf schmalem, naturbelassenem Pfad und später durch einen Hohlweg am Hang oberhalb der Kleinen Ohe. Bald stoßen Sie auf einen breiteren Waldweg, dem Sie nach links folgen.

Nach rechts treffen Sie nach 200 m unmarkiertem Weg auf eine Kreuzung. Wandern Sie über den Forstweg hinweg und folgen Sie dann dem als Rundweg Rehbock markierten Weg nach rechts. So erreichen Sie nach 1,9 km den Parkplatz Altschönau P7. Von dort können Sie mit ☞ Wanderung 5 über das Tierfreigelände zum Startpunkt zurückwandern.

Wählen Sie an der Kreuzung nach 200 m auf der anderen Seite des Forstwegs statt des rechten Weges den linken, unmarkierten Weg, wenn Sie im nahe gelegenen Landhotel Moorhof am Ortsrand von Altschönau einkehren oder zur Bushaltestelle des Finsteraubusses („Altschönau Moorhof", Igelbus-Linie 603, tägl. mehrmals zum Nationalparkzentrum) an der Straße weiterlaufen möchten.

Landhotel Moorhof, Schönauerstraße 42, 94556 Altschönau ☏ 085 52/18 33, www.hotelmoorhof.de, tägl. außer Di, warme Küche 11:30-14:00 und 17:30-20:00

Bezaubernder Fichtenauwald in der Nähe der Kleinen Ohe

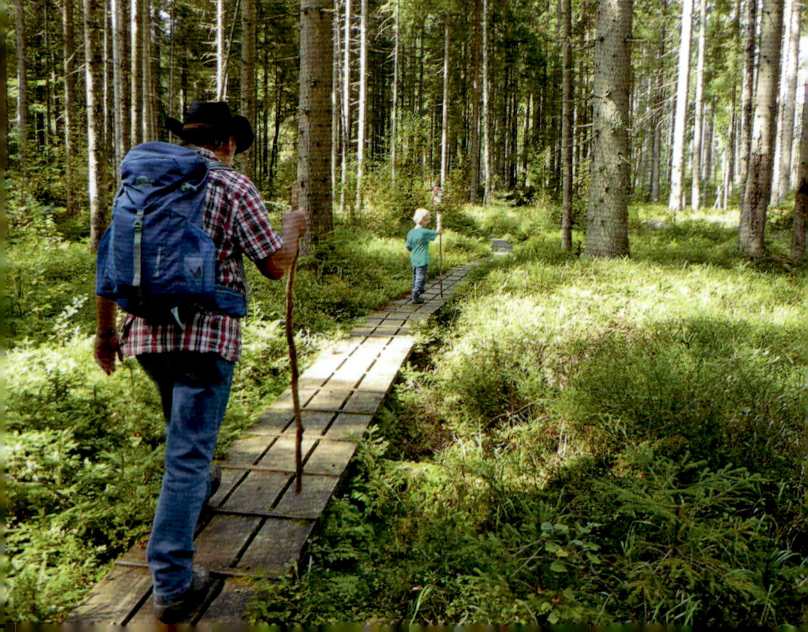

Auf dem weiteren Weg schlendern Sie durch bezaubernden Fichtenauwald über schmale Pfade und geschlängelte Bohlenwege. Jeder Zentimeter des feuchten Waldbodens ist von einem Teppich aus Moosen, Farnen, Pilzen, Gräsern, Sträuchern und jungen Fichten bewachsen.

An der kommenden Kreuzung halten Sie sich geradeaus auf einer Forststraße und queren später die Nationalparkstraße. Noch immer wandern Sie auf der Wanderroute mit der Markierung Fichte und wenden sich nach einem kurzen Waldstück bei Graupsäge halb rechts über die Asphaltstraße Richtung Scheune ❹.

100 m nach links befindet sich die Haltestelle „Graupsäge“. Stündlich bringt Sie der Lusenbus (Igelbus-Linie 602) von dort zurück zum Nationalparkzentrum.

Am Holzschuppen rechts vorbei steigt der Weg nun durch dichten Mischwald erstmals deutlicher an, aber auf den knapp 100 Höhenmetern Zwischenanstieg bis zur nächsten Wegkreuzung lenken üppig bemoostes Totholz, Wurzeln und Steine von der Anstrengung ab.

Sie treffen auf den Hauptwanderweg des Nationalparks und biegen nach links entlang der Markierung mit der Baumgruppe in Richtung Guglöd und Fredenbrücke ab.

Scharf rechts können Sie mit dem Hauptwanderweg über das Tierfreigelände (☞ Wanderung 5) zurück zum Nationalparkzentrum wandern (➲ 8 km).

Auf gleichbleibender Höhe wandern Sie für 1 km auf schmalem, ursprünglichem Pfad über Stock und Stein und kleine Bächlein hinweg bis zur Fredenbrücke. Dort liegt rechter Hand der Parkplatz und Sie kreuzen die Straße geradeaus zur Holzbrücke über die Kleine Ohe ❺.

Der Lusenbus stoppt auch bei der Fredenbrücke auf dem Weg zurück zum Nationalparkzentrum.

Wenn Sie noch genug Puste für weitere insgesamt 200 Höhenmeter Anstieg haben, dann sei Ihnen der wildromantische Abschluss der Wanderung zur Martinsklause und weiter zur Bushaltestelle bei Waldhäuser Ausblick ans Herz gelegt.

Folgen Sie dazu nach der Brücke rechts der Markierung Ranne am urigen Bachlauf der Kleinen Ohe entlang. Große, von Algen und Moosen bedeckte Steinbrocken liegen durcheinander im Bachbett und Totholz ist auf dem felsdurchsetzten Waldboden verstreut.

Die Umgebung des mal wurzeligen, mal steinigen Lehrpfads mit verschiedenen Informationstafeln zum Thema Bergbach scheint auf den ersten Blick ungeordnet, aber tatsächlich gelangt hier das Ökosystem wieder in natürliche Balance. Das Motto des Nationalparks, „Natur Natur sein lassen“, ist hier hautnah zu spüren.

Nach 140 Höhenmetern ist der Triftsee der Martinsklause erreicht.

Martinsklause

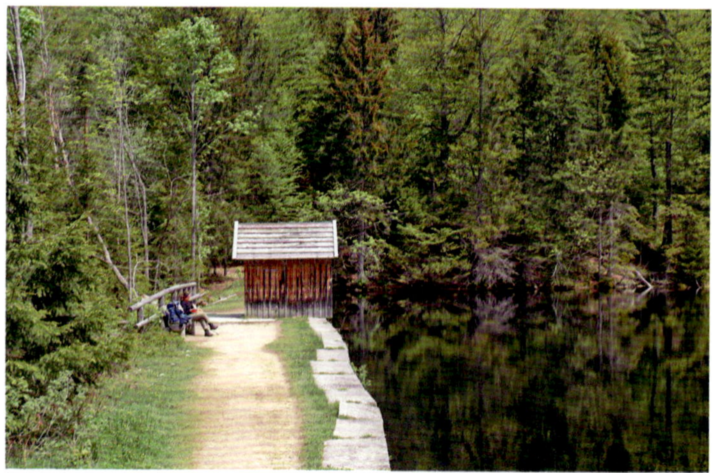

↳ Wer will, kann hier noch mit der Markierung Ranne über das Teufelsloch zur Glasarche hinaufsteigen und dann wieder bergab zur Bushaltestelle „Waldhausreibe“ wandern (Anschluss Lusenbus) oder gar die gesamte Runde über den Lusengipfel vollenden (☞ Wanderung 1).

Laufen Sie für den letzten Abschnitt der Tour nach rechts über die Klausenmauer und folgen Sie dem Weg bis zur nächsten Kreuzung mit einem Forstweg. Geradeaus führt Sie die Markierung des Rundwegs Zaunkönig zum Ziel bei Waldhäuser Ausblick.

↳ Ambitionierte Wanderer können die Zaunkönig-Runde bis zur Jugendherberge fortsetzen und gelangen dann links mit der Markierung Tanne über das Tierfreigelände (☞ Wanderung 5) zum Nationalparkzentrum (➲ 6 km).

7 Auf dem Oberen Horizontalsteig zum Rachelsee

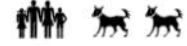

Tour für Ruhe suchende Waldliebhaber

Der mystische Rachelsee ist einer von acht eiszeitlich entstandenen Karseen im Bayerischen Wald und Böhmerwald. Verschiedene Wanderwege führen zum „dunklen Auge" im Waldmeer mit seiner steilen Felswand, etwa die klassische Rachelgipfel-Rundroute vom Gfäll aus (☞ Wanderung 11). Weit weniger bekannt ist der Zugang von Osten über leichte Horizontalsteige, die Rachel- und Lusengebiet geschickt miteinander verbinden und auch längere Touren im Altgebiet des Nationalparks erlauben.

- Start/Ziel: Parkplatz Fredenbrücke, Waldhäuser, GPS N 48°56.262' E 013°27.245'
- 17,6 km
- 6 Std.
- 485 m/485 m
- 835-1.150 m
- sehr gut ausgeschildert und markiert: Ranne, E6
- naturbelassene Waldwege und Pfade, Horizontalsteige überwiegend bequem ohne Steine und Wurzeln, schattige Waldwanderung
- Racheldiensthütte (km 14,5)
- Fredenbrücke (Start/Ziel), Martinsklause (km 1,6), Felsenkanzel (natürlicher Pausenplatz und Schutzhütte, km 9,4), Rachelsee (Bänke und Schutzhütte, km 11,1), Racheldiensthütte (km 14,5), Bushaltestelle Racheldiensthütte (Bank & Tisch sowie Unterstand, 150 m ab km 14,5)
- WC Fredenbrücke (250 m nach dem Start), Roßstall (100 m ab km 12), Racheldiensthütte (nur zu Öffnungszeiten, km 14,5)
- wegen der Länge nur für wandergeübte Kinder geeignet
- steinige Abschnitte beim Zustieg zum Oberen Horizontalsteig und im Nordosten der Racheldiensthütte
- P Für die Anfahrt zum Parkplatz Fredenbrücke biegen Sie von der Nationalparkstraße zwischen Spiegelau und Nationalparkzentrum Lusen nach Waldhäuser ab. Nach 2 km befindet er sich vor der scharfen Rechtskurve auf der linken Seite.
  An Wochenenden, in den Ferien oder an den Feiertagen ist der Parkplatz schnell voll.
- Die Bushaltestelle „Fredenbrücke" ist stündlich mit dem Lusenbus (Igelbus-Linie 602) und dem Rachelbus (Igelbus-Linie 601) erreichbar (☞ Wanderung 1).

↬ Abkürzungen: Für das letzte Stück von der Racheldiensthütte zurück zur Fredenbrücke ist eine Busfahrt möglich (minus 3,1 km). Für eine kürzere Runde bietet sich der vom Deutschen Wanderverband ausgezeichnete Rundweg Buntspecht mit Start- und Zielpunkt Racheldiensthütte an (➲ 7,4 km). Kombinationen: Touren 1, 6 und 11. ☺ Mit den hier beschriebenen zwei Querverbindungen zwischen Rachelsee (Tour 11) und Teufelsloch (Tour 1) ist für konditionsstarke Wanderer eine lange Tagestour über Rachel und Lusen möglich (➲ 21,5 km, 🡅 🡇 965 m/795 m (Oberer Horizontalsteig) bzw. ➲ 21,2 km, 🡅 🡇 1.110 m/940 m (über Racheldiensthütte und Fredenbrücke)). Stellen Sie dazu beispielsweise Ihr Fahrzeug vor 9:00 (!) am Lusenparkplatz (Waldhausreibe) ab, fahren Sie mit dem ersten Lusenbus bis Graupsäge und steigen Sie dort in den Rachelbus bis zum Startpunkt Gfäll von Tour 11 um. So können Sie an langen Sommertagen gemütlich zum Auto zurückwandern, ohne dass Ihnen die letzte Busabfahrt im Nacken sitzt.

Vom Parkplatz Fredenbrücke aus queren Sie die Brücke über die Kleine Ohe und wandern mit der Markierung Ranne an ihrer linken Seite bachaufwärts hinauf bis zur Martinsklause. Die Landschaft entlang des Lehrpfads am kühlen Bergbach mit Moosen und Farnen ist ein Schmankerl für alle, die es gerne naturbelassen und ursprünglich mögen. Entsprechend ist die Wegbeschaffenheit wurzelig und steinig, aber mit geeigneten Schuhen ein machbares Unterfangen. Mehrere kleine, mit Stegen überbrückte Rinnsale (Seigen) vom Grenzkamm sorgen zusammen mit dem Grundwasser dafür, dass die Kleine Ohe noch nie ausgetrocknet ist.

An der friedlichen Martinsklause ❶ können Sie für den bevorstehenden steileren Anstieg in Richtung Teufelsloch noch einmal tief Luft holen. Über teilweise hohe Absätze sind mühevolle 100 Höhenmeter zu überwinden, bis Sie am Ende von felsigen Stufen bei einer Weggabelung mit dem Fernwanderweg E6 (und dem Goldsteig) nach links auf den Oberen Horizontalsteig in Richtung Rachelsee abbiegen ❷.

↬ Nach rechts geht es in 100 m hinunter zum Teufelsloch (☞ Wanderung 1).

Den häufig zahlreichen Wanderern auf dem Weg zum Gipfel des Lusens kehren Sie den Rücken und können sich auf eine entspannte, flach verlaufende Wanderung durch die ausgedehnten Bergmischwälder am Südhang unterhalb des Bergrückens zwischen Lusen und Rachel freuen. Die Waldwildnis ringsum verändert ihr Bild ständig und dichte Buchenwälder wechseln sich mit Beständen von stattlichen jungen Bäumen und Sträuchern ab, die sich im Schutze von Bäumen, die der Sturm kreuz und quer geworfen hat, bereits entwickeln konnten.

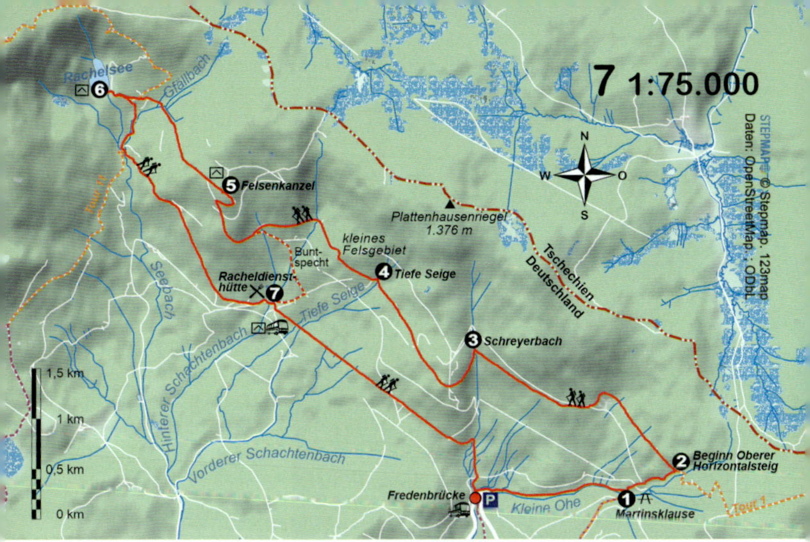

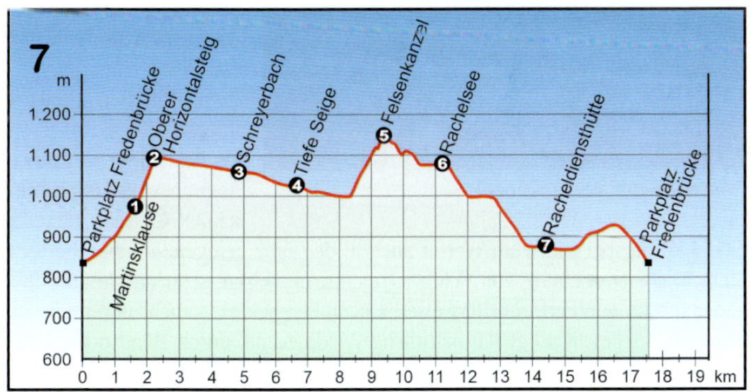

Der schmale Weg des alten Forststeigs ist abgesehen von steinigen Passagen überwiegend angenehm zu laufen. Zahlreiche kleine Wasserläufe und Bächlein queren Ihren Weg und mitunter ist der Waldboden aufgeweicht. Zwischendurch folgen Sie einem Forstweg, allerdings nur für wenige Schritte.

Nach 2,6 km überqueren Sie den Schreyerbach ❸, der weiter talwärts in Höhe der Fredenbrücke wie alle Bäche bisher in die Kleine Ohe mündet. An den steilen Hängen der Langen Schlucht dreht der Weg kurzzeitig gen Süden, um auf gleichbleibender Höhe einen Bergausläufer des Plattenhausenriegels zu umrunden.

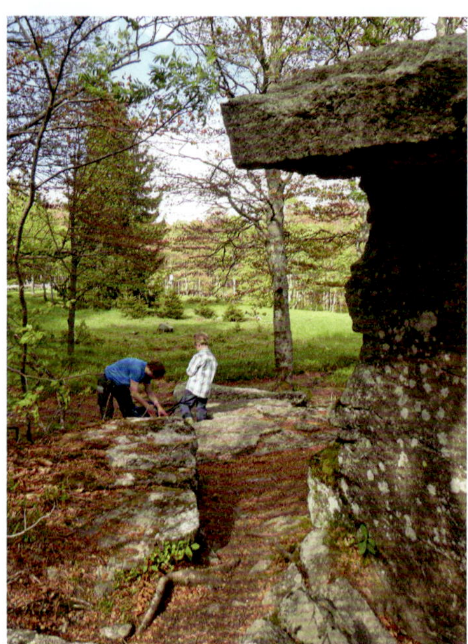

Pause an der Felsenkanzel

Auch im weiteren Verlauf wandern Sie durch vielfältige Waldnatur, kreuzen unter normalen Wetterbedingungen problemlos das wilde Bachbett der Tiefen Seige ❹, durchqueren ein kleines Felsgebiet und erreichen nach 3,5 km eine Weggabelung mit dem Rundweg Buntspecht.

Sie halten sich hier rechts und steigen nach längerer Zeit – aber auch letztmalig bei dieser Wanderung – wieder auf. Über steiniges Terrain sind es auf dem nächsten Kilometer fast 150 Höhenmeter bis zum höchsten Punkt des Tages.

An einer Waldwiese liegt links die kleine Felsenkanzel ❺. Hier bietet sich eine Rast an, bei widrigem Wetter auch in der nahe gelegenen Schutzhütte. Die Sicht in die Umgebung vom leicht erreichbaren Felsen ist in den letzten Jahren leider – oder auch erfreulicherweise, je nach Perspektive – mehr und mehr zugewachsen. Vielleicht sorgt die natürliche Walddynamik durch Wind oder Schneebruch irgendwann vorübergehend wieder dafür, dass wir Menschen freie Blicke in die Berg- und Tallandschaft genießen dürfen.

Als nächstes Etappenziel wartet ein beeindruckendes Relikt aus der Eiszeit auf Sie: Für die nächsten 1,7 km steigen Sie in einen mächtigen Talkessel hinab, dessen Ursprung in der letzten Kaltzeit vor 12.000 Jahren liegt. Als die Temperaturen später stiegen, hinterließen die ehemaligen Eisströme des Rachelgletschers im Osten des Großen Rachels drei ausgeschürfte Kare (halbrunde Talmulden). Zwei von diesen wurden mit Seen gefüllt. Während einer inzwischen zu einem Hochmoor verlandet ist, entstand in der mittleren Mulde mit dem Rachelsee der einzige natürliche See auf Nationalparkgebiet.

Auf dem Weg zu diesem idyllischen Juwel sind durch lichte Waldabschnitte der Gipfel des Rachels und mit gutem Auge das Waldschmidthaus zu erkennen. Sie queren ein feuchtes Quellgebiet mit Rinnsalen des Gfällbachs, dessen Wasser früher in den See abgeleitet wurde. Im dichter werdenden Wald ist der Graben neben dem Weg deutlich erkennbar. Auch der Rachelsee blieb nicht vom Holzhunger im 18. Jahrhundert verschont und war für 100 Jahre eine der wichtigsten Klausenvorrichtungen des Triftsystems, das vom bayerisch-böhmischen Grenzgebiet über die Ilz bis nach Passau führte. Der Wasserspiegel wurde durch Zuleitungskanäle und eine Dammkrone um sagenhafte 4 m angehoben.

Etwa 300 m vor dem Ufer zweigen der E6 und der Goldsteig nach rechts zur Rachelkapelle und zum Gipfel des Rachels ab (☞ Wanderung 11), Sie aber wandern weiter geradeaus zur verdienten Pause am wunderschönen, mystisch anmutenden See unterhalb des Großen Rachels im Westen ❻. Am Rande der felsigen Seewand im Norden können Sie auf einem Vorsprung die Rachelkapelle entdecken.

Rachelsee

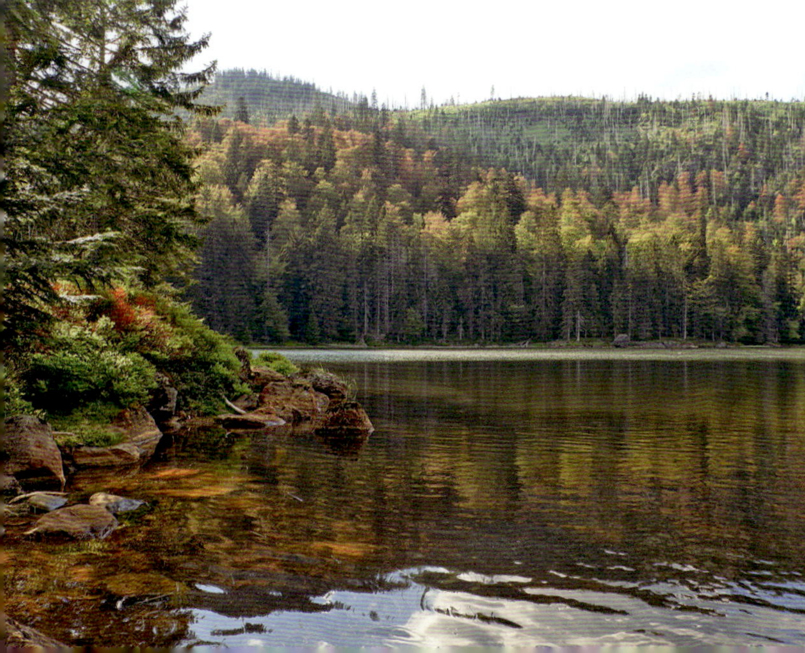

Lassen Sie sich für den Weiterweg nicht irritieren und folgen Sie nach dem kurzen Stichweg vom See in Höhe der Schutzhütte geradeaus zwar noch immer der grünen Dreiecksmarkierung des Fernwanderwegs E6, nun jedoch auf der alternativen unteren Route mit den Wegweisern in Richtung Waldhäuser und Racheldiensthütte. Beim Abstieg können Sie bei genauem Hinsehen die alten Moränenwälle des Gletschers erahnen, bevor Sie kurz vor der Brücke über den aus dem Rachelsee abfließenden Seebach nach links abbiegen. Mehrere Infotafeln berichten über die eiszeitliche Vergangenheit der Umgebung.

Sie tauchen in einen dunklen Bergmischwald ein und erreichen über meist steinigen Weg gut 3 km nach dem Rachelsee an der alten Schachtenbachklause die Racheldiensthütte ❼.

✕ Racheldiensthütte, 01 70/402 59 96, Mai bis Okt tägl. 9:30-18:00, traditionelle Gerichte, Brotzeit und Süßes

Racheldiensthütte

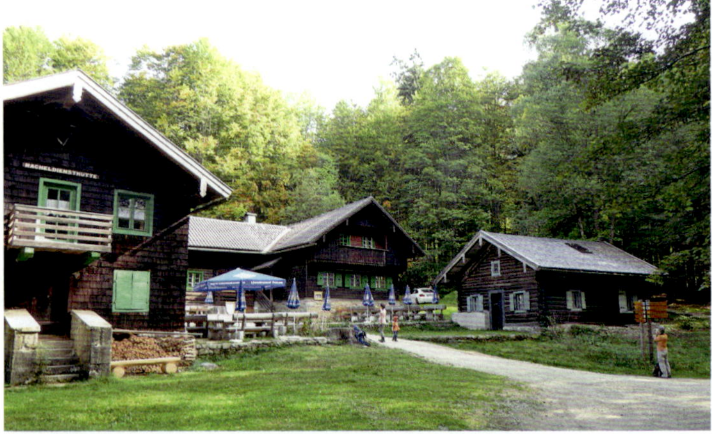

Von der Bushaltestelle (ausgeschildert in 200 m) können Sie zurück zur Fredenbrücke fahren (Rachelbus bis Graupsäge, dort in den Lusenbus nach Waldhäuser umsteigen).

Von der ehemaligen Waldarbeiterhütte sind es jetzt noch 3,1 km ohne größere Anstrengungen bis zum Ziel- und Ausgangspunkt Fredenbrücke.

8 Durch die Steinklamm bei Spiegelau

Tour für Bewunderer von wilden Wasserspektakeln

Etwas außerhalb des Nationalparks, südlich von Spiegelau, hat das Wasser der Großen Ohe eine eindrucksvolle Klamm in die Landschaft gegraben. Das Nass schlängelt sich in lebhaften Kaskaden durch die Schlucht aus imposanten, moosbedeckten Felsen talabwärts und sammelt sich immer wieder zum Zwischenstopp in ausgehöhlten, mit Sedimenten gefüllten Strudellöchern. An manchen Stellen hat das Wasser interessante Vertiefungen in Formen wie Herzen oder Spiralen ins Gestein geschliffen. Durch die Unterstützung einer Privatinitiative wurde der Weg aus dem 19. Jahrhundert wieder begehbar gemacht.

Start/Ziel: Parkplatz Steinklammstraße, Spiegelau, GPS N 48°54.707' E 013°21.640'

8,8 km

3 Std.

230 m/230 m

605-760 m

gut ausgeschildert und markiert: Marienkäfer, Wildschwein, Steinforelle

Es erwartet Sie eine große Bandbreite von schmalen, felsigen Pfaden bis zu bequemen, breiten Wegen oder Straßen, der Weg durch die Klamm stellt den anspruchsvollsten Abschnitt dar. Festes Schuhwerk wird empfohlen. Es gibt längere schattige Abschnitte.

keine Einkehrmöglichkeit am Weg

mehrere Bänke entlang der Wanderung, z. B. Marienhöhe (km 1,6), Stausee Großarmschlag (km 4,7 bis km 5,3)

WC keine Toiletten entlang des Wanderwegs

Naturfreibad (km 0,4)

Trittsichere Kinder werden die Steinklamm mit viel Freude meistern. Vorsicht am Aussichtsfelsen in der Klamm – Absturzgefahr!

Da fast die gesamte Tour durch das Landschaftsschutzgebiet Große Ohe verläuft, sollten Sie Ihre Hunde anleinen. In der Steinklamm ist eine kleine Metallgittertreppe zu überwinden.

P Am östlichen Ortsrand von Spiegelau zweigt die Steinklammstraße in Höhe der Sparkasse von der Hauptstraße ab, genau dort, wo auch die Schienen der Waldbahn die Straße kreuzen. Nutzen Sie die ausgewiesenen Parkplätze auf der rechten Seite nach 300 m oder noch einmal 100 m später gegenüber der Pension Steinklamm. (Die beiden Parkplätze davor sind auf 1 Std. Parkdauer begrenzt bzw. gehören zu einer Arztpraxis.) Beim Naturfreibad (km 0,4) befindet sich als Alternative ein größerer Parkplatz.

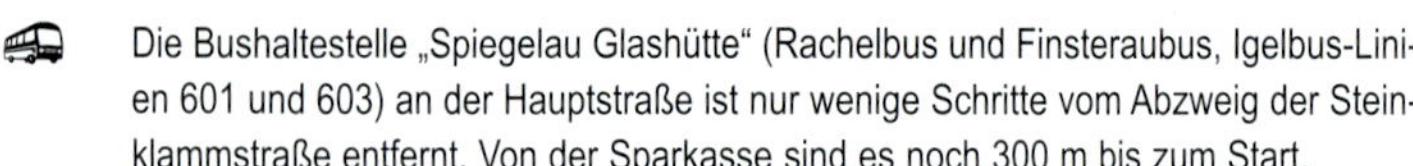

Die Bushaltestelle „Spiegelau Glashütte“ (Rachelbus und Finsteraubus, Igelbus-Linien 601 und 603) an der Hauptstraße ist nur wenige Schritte vom Abzweig der Steinklammstraße entfernt. Von der Sparkasse sind es noch 300 m bis zum Start.

Die Waldbahn-Linie RB36 zwischen Zwiesel und Grafenau fährt tägl. im 2-Stunden-Takt den Bahnhof Spiegelau an. Folgen Sie von dort der Bahnhofstraße nach rechts und nach dem Bahnübergang erneut nach rechts dem ausgeschilderten Weg mit der Markierung Echtes Springkraut (1,3 km bis zum Start).

Abkürzung: Sie können auch ohne die Runde über das Naturbad und den Aussichtsfelsen Marienhöhe direkt zur Steinklamm wandern (minus 1,3 km). Kombination: Tour 9

Die beste Wanderzeit für die Steinklamm ist nach der Schneeschmelze von etwa Mai bis Oktober. Außerhalb der Wandersaison sollten Sie bei Eis und Schnee auf die Tour verzichten. Erhöhte Vorsicht ist allgemein bei Nässe und damit rutschigen Felsen geboten.

Achten Sie in der Steinklamm bei Abstechern hinunter zum Ufer darauf, dass beim Öffnen des Notüberlaufes der Wasserspiegel plötzlich ansteigen kann.

Vor der Pension Steinklamm wandern Sie mit der Markierung Marienkäfer nach rechts die schmale Straße des Kränkwegs hinauf.

Geradeaus gelangen Sie auf direktem Weg vorbei an einem Stauwehr in 500 m zum Steinklammzugang (km 1,9).

Nach 300 m wenden Sie sich links in die Waldschmidtstraße. Rechts befindet sich das Gelände des Naturfreibads.

Naturfreibad Spiegelau, ab Ende Mai tägl. 9:00 bis 19:00 (außer an Schlechtwettertagen), Erwachsene € 2,60, Kinder € 1,80, Ermäßigung mit Nationalpark-Card

Am Ende des Freibadparkplatzes biegen Sie nach links von der Straße in den Wald hinein ab. Auf angenehmem Weg beginnt bald ein längerer, aber gemütlicher Abstieg. Für den Fall, dass Markierungen oder Wegweiser fehlen, halten Sie sich an den zwei kommenden Gabelungen links bzw. geradeaus.

Sie gelangen an eine Straße am Rand der Siedlung Reuteck und folgen dieser nach links weiter hinunter. Wandern Sie im Verlauf immer geradeaus bis zum Ortsausgang, wo die Straße in einen Waldweg übergeht. Die Markierung Marienkäfer ist kurz vorher nach rechts abgezweigt, Sie orientieren sich vorübergehend an den Markierungen Wildschwein, Ahorn und Pandurensteig.

Noch ein paar Schritte und es erwartet Sie eine schöne Aussicht auf die bewaldete Schlucht der Steinklamm. Nach rechts führt ein Pfad als kurzer Abstecher zum Aussichtsfelsen Marienhöhe ❶, wo abschüssige Stellen durch Geländer gesichert sind. Das Rauschen der Großen Ohe etwa 50 m unter Ihnen ist deutlich zu hören, und obwohl die Sicht auf den felsigen Bachlauf etwas verdeckt ist, können Sie anhand des tief eingeschnittenen Tals gut die enorme Kraft des Wassers erahnen, die hier über Jahrtausende gewirkt hat. Ein herrlicher Platz für eine Rast, wenngleich bisher nur 1,6 km hinter Ihnen liegen.

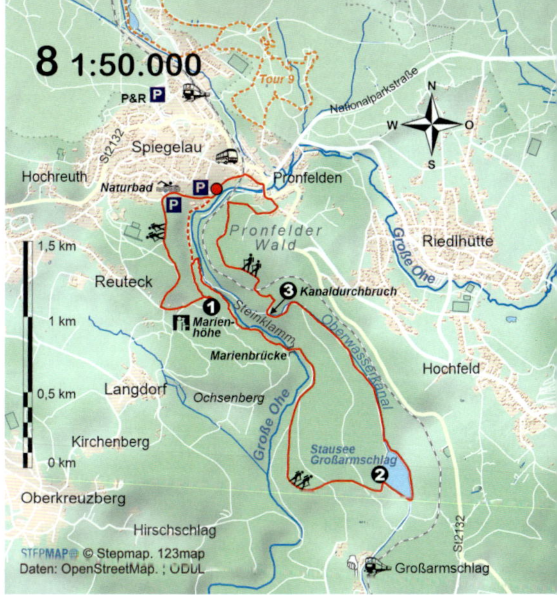

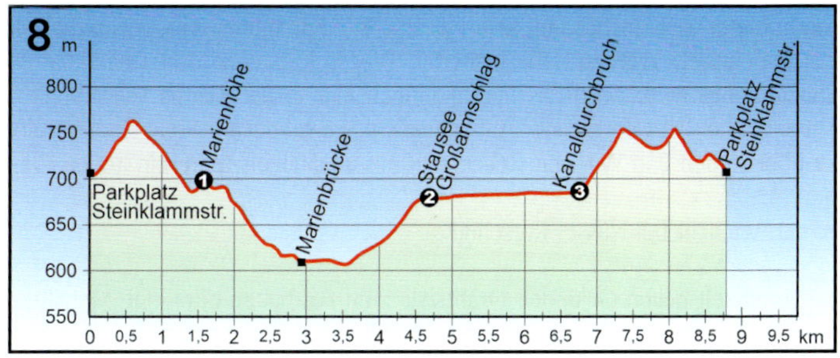

Anschließend gilt es die Klamm von Nahem zu erkunden. Nach nur 200 m gelangen Sie zum schmalen Zugangspfad. Halten Sie fortan nach der Markierung Steinforelle Ausschau. Zweimal kurz nacheinander geht es nach rechts und dann beginnt am wilden Ufer der spannendste Abschnitt der Wanderung.

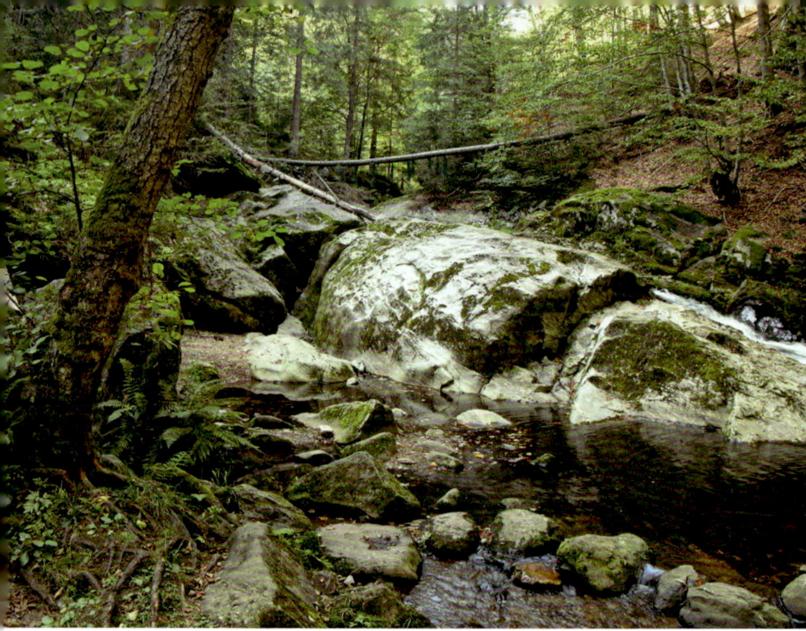

Steinklamm

Obwohl im Oberlauf der Großen Ohe zur Stromerzeugung reichlich Wasser in einen Stollen und Kanal zum Stausee Großarmschlag abgezwackt wird (Rückweg), bietet sich insbesondere im Frühjahr noch immer ein beeindruckendes Naturspektakel. Während die bisherige Wegstrecke eher den Charakter eines Spaziergangs hatte, wird das Vorankommen hier in der Klamm schwieriger und Trittsicherheit ist erforderlich. Auf schmalem, gewundenem Steig sind Felsblöcke zu überwinden und Wurzeln stellen sich mit unzähligen Tentakeln in den Weg.

Vorsicht bei Nässe. Rutschig!

Vereinzelt helfen Geländer, Drahtseile zum Festhalten oder eine Metalltreppe beim Passieren von abschüssigen oder kniffligen Stellen. Mehrfach haben Sie die Möglichkeit, direkt hinunter zum Ufer zu kraxeln, und ziemlich am Anfang weckt ein mit Geländer gesicherter, bugförmiger Fels Erinnerungen an eine Filmszene aus „Titanic".

Achtung: Kleine Kinder können leicht durchrutschen und von der Kanzel in die Tiefe stürzen.

Nach etwa 50 Höhenmetern Abstieg wird das Gefälle zunehmend flacher und der Weg einfacher. Aus dem tosenden und schäumenden Wildbach ist ein zahmes Fließgewässer geworden. Am Abzweig nach Langdorf mit der Markierung Marienkäfer gehen Sie weiter geradeaus in Richtung Stausee Großarmschlag und queren über die Marienbrücke die Große Ohe.

Der Weg mündet in einem Forstweg, auf dem Sie für 1,5 km leicht bergan wandern. An einer Kreuzung mit einem weiteren Wirtschaftsweg nehmen Sie entgegen der Beschilderung den Waldweg geradeaus, um kurz darauf an das Ufer des ruhigen und unerwartet idyllischen Speichersees von Großarmschlag zu gelangen ❷. Sie umrunden den 10.000 m³ fassenden See gegen den Uhrzeigersinn und stoßen nach der Stauschleuse wieder auf den Weg mit der Steinforellen-Markierung.

Am nördlichen Ende des Sees treffen Sie auf den Zufluss des von der Großen Ohe gespeisten Oberwasserkanals. Nach dem Eintritt in den Wald überqueren Sie den Graben aus dem Jahr 1922 über eine Brücke und wandern für 1,3 km an dessen linker Seite entlang, bis der Wasserlauf bei einem Kanaldurchbruch in einem 600 m langen Stollen verschwindet ❸.

Auf den letzten 1,5 km nach Spiegelau sind noch einmal einige Höhenmeter durch den Pronfelder Wald zu absolvieren und Sie kreuzen die Schienen der Waldbahn-Linie. Zuletzt gelangen Sie über den kleinen Kapellenweg zur Hauptstraße bei der Bärwurzerei Gerl und biegen unmittelbar vor dem Kreisverkehr nach links auf den Ludwig-Stangl-Weg ab. Am Ende der kurzen Verbindungsstraße sind es nur noch 200 m nach links entlang der Steinklammstraße bis zum Ausgangspunkt.

Steinklamm

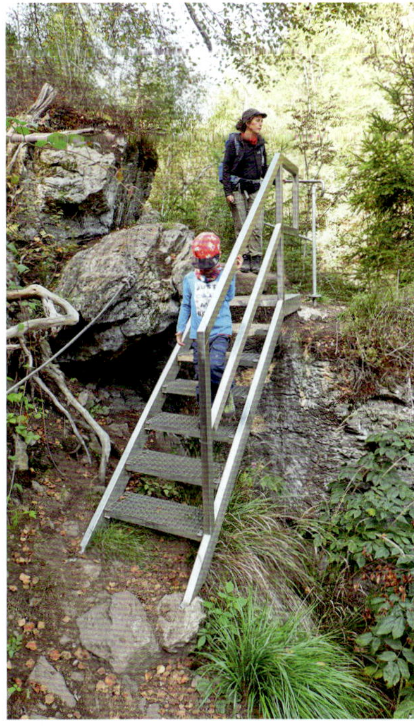

⑨ Kurpark und Waldspielgelände Spiegelau mit Naturerlebnispfad

Tour für Kinder und Junggebliebene

Die kleine Wanderung am Ortsrand von Spiegelau wird Kindern wohl lange in Erinnerung bleiben, denn hinter fast jeder Wegwindung verbirgt sich eine neue Überraschung für die kleinen Forscher. Nach einem Abstecher zum Aufichtenwaldsteg und einer Naturkneippanlage und dem bezaubernden Kurpark Spiegelau zur Einstimmung können die Kids entlang des Naturerlebnispfads an zehn Spiel- und Erlebnisstationen die Natur spielend begreifen. Der weiträumige Waldspielplatz zum Schluss ist in seiner Vielfalt und Kreativität einzigartig. Auch für Erwachsene wird die abwechslungsreiche Rundwanderung bestimmt nicht langweilig.

Start/Ziel: Parkplatz Neuhütte, Spiegelau, GPS N 48°55.634' E 013°21.334'

6 km

2 Std.

130 m/130 m

730-765 m

gut ausgeschildert, aber nicht durchgängig markiert: anfangs meist unmarkiert, Eichhörnchen, Rundweg Tagpfauenauge, Hauptwanderweg

Der Naturerlebnispfad selbst verläuft auf naturbelassenen, teilweise wurzeligen Wegen und Pfaden, ansonsten abgesehen vom Abstecher Aufichtenwaldsteg barrierearme Wege, die auch mit Buggy und Kinderwagen geeignet sind, überwiegend schattig.

keine Einkehrmöglichkeit am Weg

zahlreiche Bänke entlang der Wanderung, besonders schöne Pausenplätze: Naturkneippanlage (km 0,6), Lauschecke (km 2,1), Waldwiese am Ende des Naturerlebnispfads (km 3,7); wettergeschützte Unterstände: Kurpark (km 0,6 bis km 1,3), Baumpavillon (km 2,4), „Hexenhäusl" (km 2,7)

WC Waldspielplatz (km 1,5/km 4,8), Waldwiese (km 3,7)

Für wissbegierige Kinder ab Vorschulalter ist der Naturerlebnispfad eines der Highlights im Nationalpark – Schatzsuche und Märchenwald inklusive. Wer alle Aufgaben im Heft (☞ Infos in der Wegbeschreibung) gewissenhaft lösen möchte, der sollte wirklich viel Zeit einplanen und je nach Alter ggf. zur Unterstützung einen Erwachsenen zur Seite haben. ☺ Die Lösungen finden Sie auf den hinteren Seiten. Der Waldspielplatz hat Suchtpotential.

Im Kurpark und im Waldspielgelände müssen Hunde angeleint werden. „Dog Stations“ zur Entsorgung von Hundekotbeuteln stehen vereinzelt zur Verfügung (Beutel bitte selbst mitbringen).

P Biegen Sie von der Hauptstraße in Spiegelau in die Bahnhofstraße ab und folgen Sie dem Straßenverlauf über die Bahnlinie hinweg (Beschilderung Neuhütte, Jägerfleck), nach 1 km befindet sich die Zufahrt zum Parkplatz links direkt vor dem Ortseingang Neuhütte. Zahlreiche alternative Parkplätze (alle kostenfrei) finden Sie wie in der Karte dargestellt.

Der Rachelbus (Igelbus-Linie 601) fährt von Spiegelau Bahnhof und Spiegelau P&R halbstündlich in Richtung Gfäll und stoppt am Aufichtenwaldsteg, wo Sie alternativ starten können.

Die Waldbahn-Linie RB36 zwischen Zwiesel und Grafenau fährt tägl. im 2-Stunden-Takt den Bahnhof Spiegelau an. Von dort besteht Anschluss an den Bus zum Aufichtenwaldsteg.

Abkürzungen: Der Kurpark sowie das Waldspielgelände mit Naturerlebnispfad sind auch als einzelne Runden möglich. Kombinationen: Touren 8 und 10

Vom Parkplatz Neuhütte laufen Sie zurück zur Straße und orientieren sich nach rechts leicht bergab in Richtung Spiegelau. Nach nur knapp 200 m verlassen Sie die Straße schon wieder und biegen scharf rechts in einen zauberhaft wirkenden Mischwald ein (Wegweiser Naturkneippanlage).

Sie wandern nun entlang der alten Schienenführung der Spiegelauer Waldbahn. Das Schmalspurbahnnetz wurde ab Anfang des 20. Jahrhunderts eigens für den Holztransport bis in die Mauther Wälder im Osten des heutigen Nationalparks (☞ Wanderung 3) errichtet und erreichte zu Blütezeiten eine Gesamtlänge von über 100 km. Nach knapp 60 Jahren wurde allerdings der Betrieb schon wieder eingestellt und die Anlagen nahezu vollständig zurückgebaut.

Bevor es jedoch auf dem bald deutlich erkennbaren alten Bahndamm an einer Kreuzung geradeaus zur Naturkneippanlage geht, sollten Sie einen Abstecher in Betracht ziehen.

Nach rechts geht es zum Aufichtenwaldsteg in der Nassen Au (➲ 1,2 km, ☞ Wanderung 10).

Sie überqueren – wie früher auch die Waldbahn-Lokomotiven – über eine schmale Brücke die Schwarzach und gelangen am Bach an eine hübsch gestaltete Naturkneippanlage ❶ mit kleinem Wasserspielplatz in ruhiger Lage mit Bänken und Tisch. Hier lohnt sich ein längerer Zwischenstopp.

Der Kurpark blitzt in Fließrichtung der Schwarzach schon durch die Bäume und mit gut durchbluteten Füßen geht es nach nur wenigen Schritten entweder über eine weitere Brücke oder gleich auf der linken Uferseite zum charmanten Parkgelände. Von Wäldern eingerahmte, saftige, farbenprächtige Blütenwiesen und kleine idyllische Teiche mit Holzstegen und -brücken versprühen ein ländliches und vor allem entspanntes Ambiente. Durchqueren Sie den Kurpark am besten auf der unteren rechten Seite zwischen den Teichen und dem Schwarzachbach.

Am Südende des Parks nach 700 m queren Sie geradeaus die Straße nach Neuhütte in die Sackgasse des Trosselwegs hinein und passieren kurz darauf die großen Parkplätze vom Waldspielgelände. Jetzt heißt es aufgepasst, damit Sie den Einstieg zum Naturerlebnispfad nicht verpassen. Schnappen Sie sich vorab noch eines der liebevoll erstellten Hefte vom Nationalpark für junge und jung gebliebene Forscher, die Sie kostenfrei aus der Prospektbox direkt beim Treffpunkt für Führungen (roter Kreis mit „T") entnehmen können.

Kurpark Spiegelau

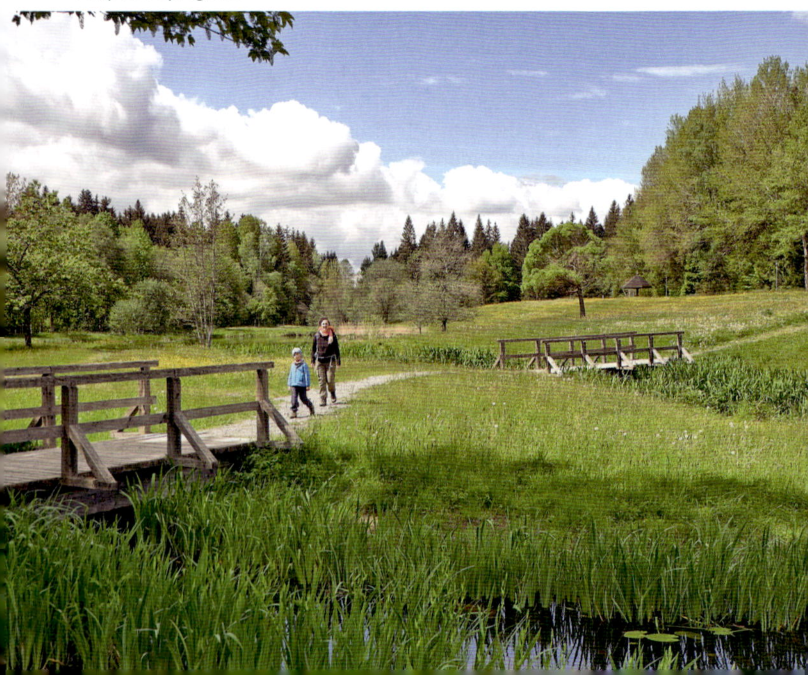

Während sich rechter Hand das weite Spielplatzareal befindet, zweigt der Lehrpfad gleich hinter der Sammelstelle nach links ab, dort wo eine große Eichhörnchen-Skulptur neben einer Bank den Beginn anzeigt.

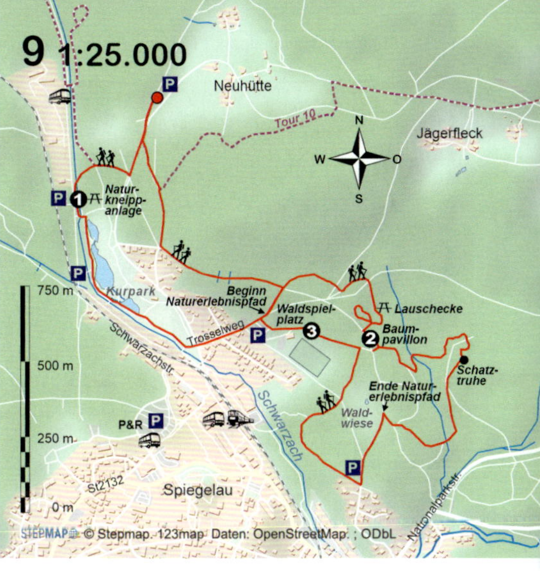

Das putzige Nagetier wurde als Symbol des Erlebniswegs auserkoren und führt nun auf Markierungstafeln durch das manchmal etwas unübersichtliche Gelände.

Bevor Sie die erste von insgesamt zehn Stationen erreichen, überschreiten Sie während des einzigen nennenswerten Anstiegs des Tages bei einer Holzsäule mit Drehpuzzle den Hauptwanderweg. Merken Sie sich die nicht beschilderte Kreuzung schon einmal für den Rückweg!

An der ersten Station symbolisieren Partnerschaukel, Impulskugeln und Balancierscheibe spielerisch den Fakt, dass in der Natur alles mit allem zusammenhängt.

Weiter geht es dann nach der erneuten Querung des Hauptwanderwegs zu den Klängen des Waldes mit Objekten wie Summstein oder Baumtelefon und nach der Lauschecke, einem tollen Rastplatz mitten im Wald, rechts hinauf zum kleinen Barfußrundweg und zahlreichen Holztafeln mit Abbildungen von Bäumen und Sträuchern im Nationalpark. Es folgen eine große Fichte und der große Baumpavillon mit Wissenswertem zu den drei Hauptbaumarten des Bayerischen Waldes: Fichte, Buche und Tanne ❷.

☺ Um spätere Tränen vor einer verschlossenen Schatztruhe zu vermeiden, sollten Sie sich die Jahreszahl der Gründung des Nationalparks, die auf einem der Baumstümpfe neben dem Pavillon zu finden ist, merken.

Egal auf welcher Seite Sie den Baumpavillon im Anschluss passieren, biegen Sie danach auf den linken Weg ab und gelangen hinunter zur Märchenwaldpforte.

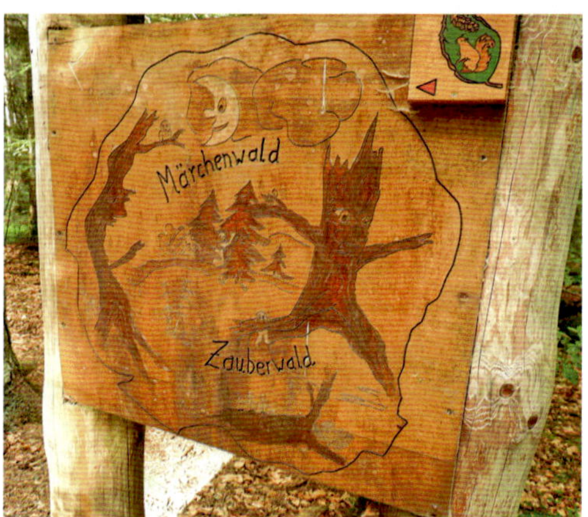

Naturerlebnispfad

Bei einem hölzernen Fabelwesen halten Sie sich wieder links und laufen zwischen einer Tanne und Fichte hindurch. Der kühle Aufichtenwald wird nun wahrlich märchenhaft. Auf schmalen Pfaden schlängeln Sie sich an plätschernden Bächlein mit sattgrünen Ufern vorbei und in einem kleinen „Hexenhäusl" können Sie mit kurzen Märchen müde Beine vergessen machen.

Nach einer Spurensuche nach Tieren an angeknabberten Fichtenzapfen, einem hohlen Stamm zum Durchkrabbeln und einer Balancierbrücke veranschaulichen verschieden alte tote Stämme, wie Totholz in den Lebenszyklus Wald eingebunden ist. Eine Besonderheit ist der ca. 170 Millionen Jahre alte versteinerte Baum.

Die folgende Schatzsuche ist sicher der sehnlichst erwartete Höhepunkt für alle kleineren Kinder, vorausgesetzt, Sie kennen den Code für das Zahlenschloss. Nach einer Weitsprunggrube runden noch drei weitere Stationen zum Boden, Ökosystem und Nationalpark das Erlebte ab und Sie erreichen bei der Waldwiese das Ende des Lehrpfades.

Ab hier folgen Sie nach links der Rundwegmarkierung Tagpfauenauge und gelangen nach der Umrundung der Waldwiese über den Rastplatz Hüttenberg einen guten Kilometer später zum riesigen, kreativ gestalteten Waldspielplatz auf der rechten Seite ❸. Spätestens hier werden Familien wohl jegliche Zeitpläne über Bord werfen müssen, es gibt einfach so viel zum Probieren und Austoben.

Der Rückweg zum Parkplatz ist weiterhin einfach zu laufen. Die Markierung Tagpfauenauge führt Sie weiter zum bereits bekannten Treffpunkt für Führungen am Trosselweg. Von hier gehen Sie erneut das kurze Stück des Naturerlebnispfads bis zum Drehpuzzle hinauf, biegen dann aber nach links auf den Hauptwanderweg ab. Der breite Waldweg geht nach 300 m in eine kleine geteerte Straße über. An der kommenden Kreuzung nehmen Sie den rechten Weg nach Neuhütte (keine Markierung). Nach 500 m haben Sie den Parkplatz Neuhütte erreicht.

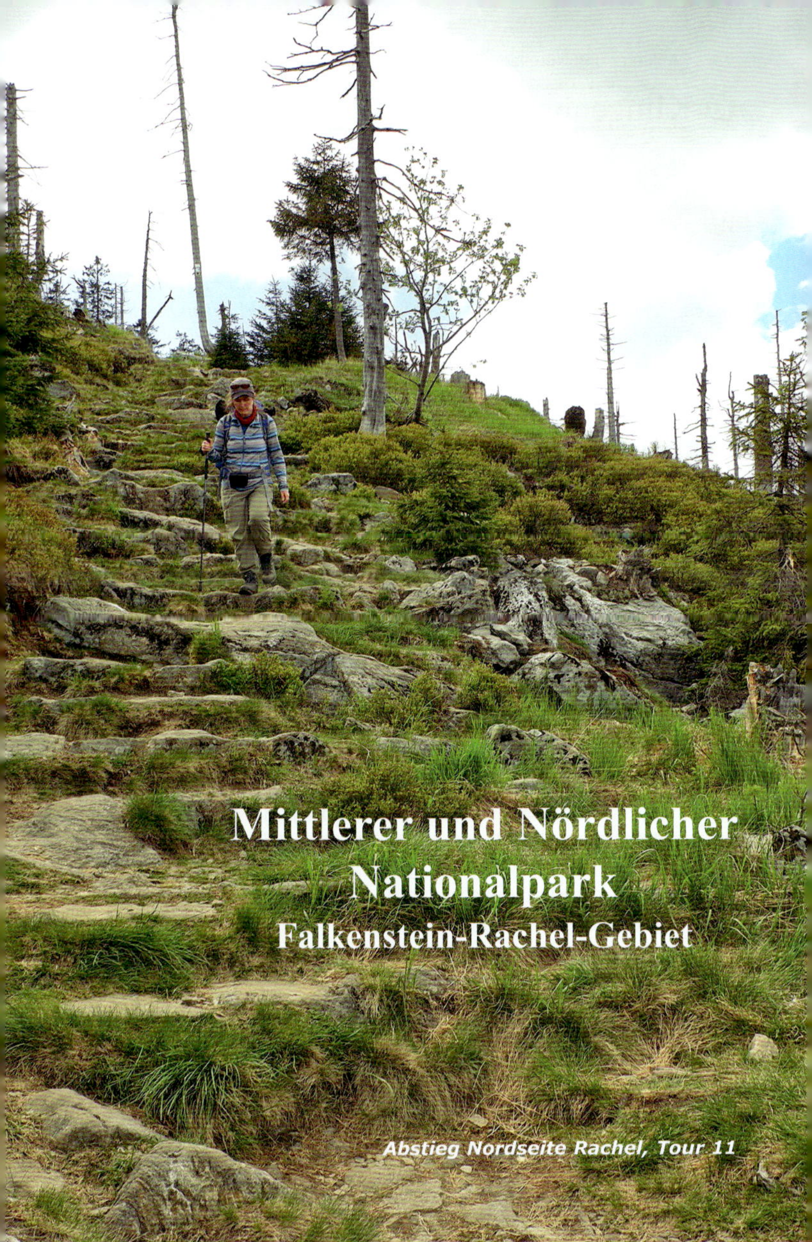

Mittlerer und Nördlicher Nationalpark

Falkenstein-Rachel-Gebiet

Abstieg Nordseite Rachel, Tour 11

⑩ Klingenbrunner Waldrunde

Tour für Freunde ausgedehnter Waldspaziergänge

Wer auf Spektakuläres aus ist, wird auf dieser Rundwanderung durch die Tallagen im Süden vom Großen Rachel enttäuscht werden. Sind Sie aber auf der Suche nach einer einfachen und bequemen Waldwanderung, um die Seele baumeln zu lassen, dann ist die Tour durch den Klingenbrunner Wald genau das Richtige. Sie bietet eine gute Option für Schlechtwettertage und kann auch als Verlängerung des Rachelklassikers vom Gfäll herangezogen werden.

Start/Ziel: Parkplatz Neuhütte, Spiegelau, GPS N 48°55.634' E 013°21.334'

16,4 km

4 Std. 30 Min.

310 m/310 m

730-980 m

sehr gut ausgeschildert und markiert: Hauptwanderweg, Bärlapp, Rundweg Auerhahn, Ahorn, unmarkierter Waldweg für 350 m, Rundweg Kolkrabe

einfache Wegbeschaffenheit, nur wenige Wurzeln oder Steine und kaum steile Abschnitte, keine exponierten Lagen, dauerhaft schattig

keine Einkehrmöglichkeit am Weg

Parkplatz Neuhütte (Start/Ziel), Rastplatz Lotzerbach (km 1,8), Parkplatz Flanitzebene (km 4,2), Gfäll (Unterstand, km 9), Feistenberg (Schutzhütte, km 10,7), Föhraufilz (geschützter Hochstand, km 12)

WC Parkplatz Flanitzebene (km 4,2), Gfäll (km 9)

lange, aber einfache Wanderung, für fitte Kinder gut geeignet

schöne Waldrunde für Hunde, wenig Trinkgelegenheiten in der zweiten Hälfte

P Parkplatz Neuhütte, Anfahrt ☞ Wanderung 9

Rachelbus (Igelbus-Linie 601), ☞ Wanderung 9

Die Waldbahn-Linie RB36 verkehrt tägl. im 2-Stunden-Takt zwischen Zwiesel und Grafenau und stoppt nicht nur in Spiegelau (☞ Wanderung 9), sondern auch in Klingenbrunn-Bahnhof (Bedarfshaltestelle). Von hier sind es nur 400 m entlang der Markierung Bärlapp in Richtung Rachel bis zum alternativen Startpunkt beim Parkplatz Flanitzebene (km 4,2).

Abkürzung: Nach der Hälfte der Strecke können Sie von Gfäll mit dem Rachelbus jede halbe Stunde mit Stopp am Aufichtenwaldsteg (km 0,7) zurück nach Spiegelau fahren. Die Zufahrt zum Parkplatz Gfäll am Ende der Schwarzachstraße ist in der Zeit vom 15. Mai bis zum 30. Oktober zwischen 8:00 und 18:00 für den Privatverkehr gesperrt (☞ Verkehrsmittel). Kombinationen: Touren 9 und 11

Der Weg gleicht anfangs der ☞ Wanderung 9: Wandern Sie vom Parkplatz Neuhütte nach rechts leicht bergab Richtung Spiegelau und biegen Sie nach nur knapp 200 m von der Straße scharf rechts in den Waldweg ein. Die Orientierung erleichtert ab hier die Markierung des Hauptwanderwegs mit Wegweisern nach Klingenbrunn-Bahnhof.

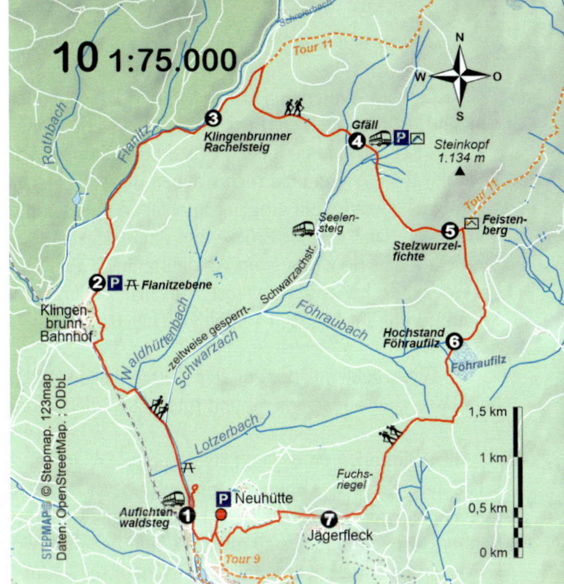

Sie zweigen an der nächsten Kreuzung nach rechts ab und gelangen über schmalen Pfad durch einen wunderschönen Aufichtenwald mit moorigem Untergrund zum entsprechend benannten Erlebnisweg ❶.

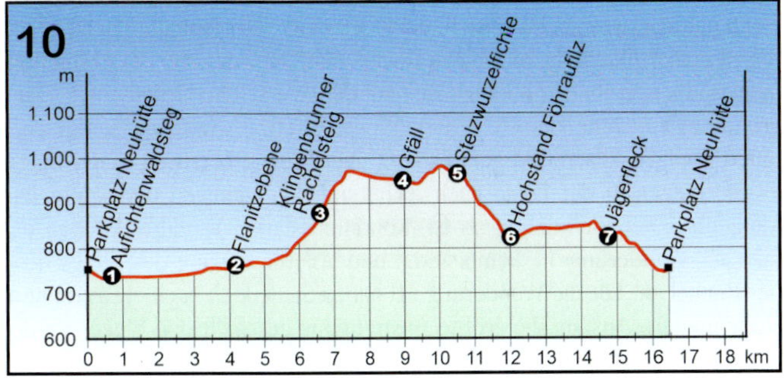

Auf dem 600 m langem Abstecher mit Holzsteg (✋ bei Nässe sehr rutschig) durch die Nasse Au wird die natürliche Entwicklung der Fichtenwälder in den kalten und nassen Talmulden aufgezeigt. Auf Lehrtafeln erfahren Sie Näheres zum strukturreichen Lebensraum und lernen u. a., was ein Wurzelkolk ist.

Da seit dem Wüten von Orkan Kyrill 2007 schon einige Jahre ins Land gegangen sind, ist hier auch eindrücklich die Waldverjüngung nachvollziehbar.

Im Anschluss queren Sie die Holzbrücke über die Schwarzach und folgen dem Bach auf dem Wiesenpfad rechts neben der verkehrsberuhigten Straße. Sie passieren nacheinander ein großes Nationalparkschild und den Rastplatz Lotzerbach und biegen dann vor der Brücke und dem nächsten Parkplatz nach links von der Straße auf den Bohlenweg am Waldhüttenbach ab.

Wo sich früher ein ehemaliger Triftkanal schnurgerade entlangzog, ist seit der Renaturierung im Jahr 2014 ein idyllischer Bachlauf im Moorwald entstanden.

Leider fehlen Gitter auf dem 400 m langen Holzbohlenstück, sodass diese bei Nässe ziemlich schmierig und rutschig werden können.

Mit Waldboden unter den Füßen queren Sie anschließend einen kleinen Wirtschaftsweg geradeaus und nach einem Knick nach links verläuft der schmale Weg eine Weile parallel zur Waldbahn, bevor Sie im Osten die Ortschaft Klingenbrunn-Bahnhof streifen, ohne es zu merken, und über eine Wiese den Parkplatz Flanitzebene erreichen ❷. Übrigens: Der „Kaltluftsee" vom Rachel hat hier an einer Messstation des Deutschen Wetterdienstes schon für einige Kälterekorde gesorgt. Rechnen Sie also lieber mit ein paar Grad weniger als vorhergesagt.

Folgen Sie quer über den Parkplatz nunmehr der Markierung Bärlapp in Richtung Rachel. Sie gehen erst parallel zu einer, dann nach links direkt auf einer Forststraße, bevor die Wegführung erfreulicherweise nach 700 m wieder auf einen naturbelassenen Weg nach rechts abzweigt. Der lebhafte Bach Flanitz konnte seit seiner Quelle beim Kleinen Rachel (☞ Wanderung 12) etwas Kraft sammeln und leistet Ihnen für einige Zeit auf der linken Seite Gesellschaft. Der Untergrund des zunehmend ansteigenden Weges ist etwas wurzeliger und nach 1,4 km durch üppigen Mischwald geht es kurz über breiten Forstweg weiter bergauf.

Sie biegen in der Folge nach rechts auf den steinigen und kräftezehrenden Klingenbrunner Rachelsteig ab ❸. Konditionsstarke Wanderer können den Weg mit ☞ Wanderung 11 kombinieren und visieren entlang des Steigs den Gipfel des Rachel an. Für die Wanderung 10 haben Sie jedoch nach etwas mehr als 200 Höhenmetern Anstieg die größte Anstrengung geschafft und biegen an der kommenden Kreuzung scharf rechts auf den flach verlaufenden Forstweg nach Gfäll ab. Die 1,5 km bis zum Parkplatz und der Igelbus-Haltestelle Gfäll (Rachelbus-Linie 601) sind schnell gewandert ❹.

Queren Sie das Parkplatzareal geradeaus und bleiben Sie kurz auf dem Rundweg Auerhahn in Richtung Rachelsee. Der Forstweg ist an den Seiten zugewachsen und fügt sich somit gut in das Bild des Mischwalds mit vielen Buchen ein.

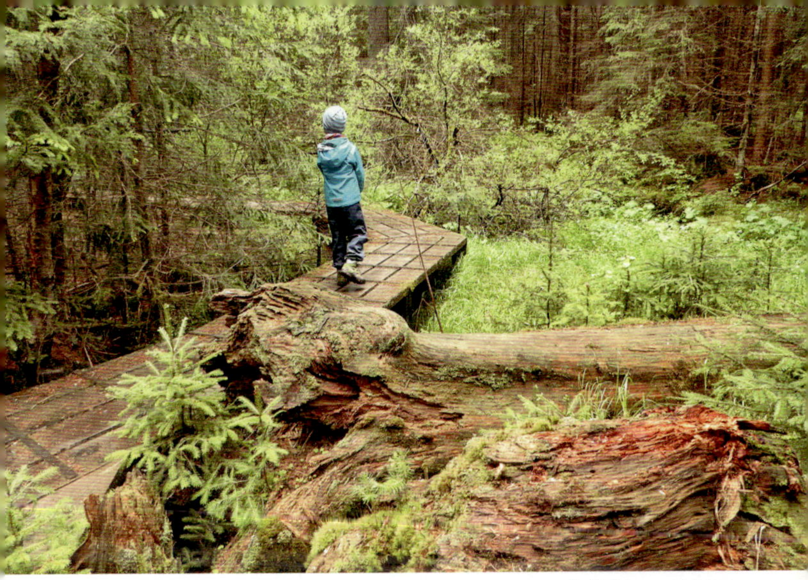

Aufichtenwaldsteg

Halten Sie nach 1,5 km – der Weg ist schmaler geworden und durchschreitet eine kleine, unscheinbare Senke – Ausschau nach einer Fichte mit riesiger Stelzwurzel ein paar Meter im Wald auf der linken Seite ❺. Einst hat sich ein tapferer Fichtensämling auf dem Totholz eines abgestorbenen Baumes angesiedelt und seitdem prächtig entwickelt, während sein Leben spendender Vorgänger inzwischen längst vermodert und zersetzt ist. Stelzwurzeln sind meist ein Zeichen für naturnahen Wald, in Wirtschaftswäldern können sie sich kaum entwickeln.

100 m später erreichen Sie die Schutzhütte Feistenberg und schwenken für den weiteren Weg hinunter bis Spiegelau mit der neuen Markierung Ahorn nach rechts. Der Name der früher als Ochsenklavier bekannten Strecke hat seinen Ursprung im Moorgebiet Föhraufilz, das nach längerem Abstieg durch teils dichte Vegetation am Fuß des Hüttenriegels beginnt. Auf kürzestem Wege und damit quer durch das Hochmoor mit einer bis zu 8 m mächtigen Torfschicht wurde bis Mitte des 20. Jahrhunderts das Vieh in die Hochlagen beim Rachel getrieben. Weil die Querhölzer des angelegten Knüppeldamms der Klaviatur eines Tasteninstruments ähnelten, kam es zur eigentümlichen Namensgebung. Die alte Wegführung wurde aus Naturschutzgründen in den 90ern aufgegeben und an den Niedermoorrandbereich verlegt. Von einem hölzernen Aussichtsstand ist der Blick aufs Moorzentrum kaum noch möglich, denn Bäume haben die Sicht inzwischen verstellt ❻.

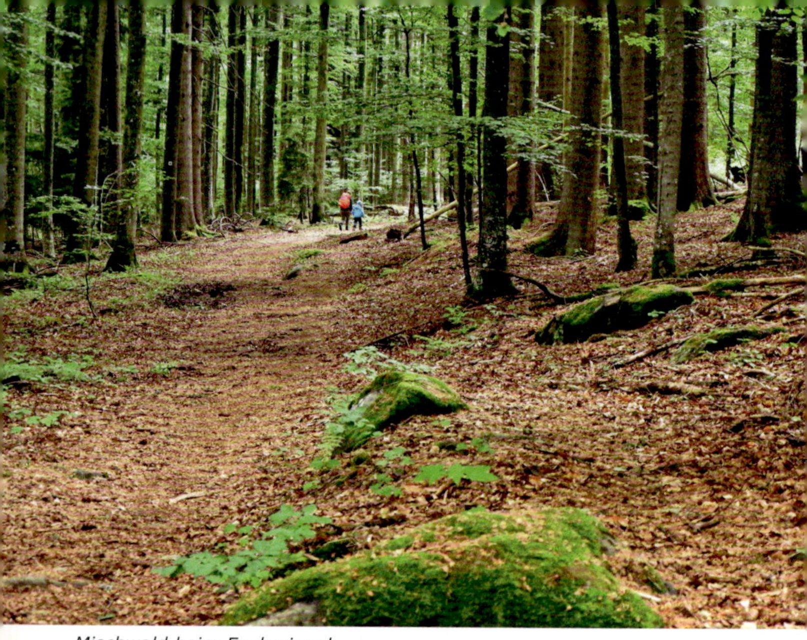

Mischwald beim Fuchsriegel

Die weitere Route schlängelt sich in S-Form durch die Talebene. Es geht rechts auf einen kleinen Fahrweg und im Anschluss nach links wieder auf die ursprüngliche Spur von damals. Durch ansehnlichen Mischwald um den Fuchsriegel herum bringt Sie der Weg schließlich an den nördlichen Rand der kleinen Siedlung Jägerfleck ❼.

Halten Sie sich rechts und bleiben Sie an den nächsten kreuzenden Straßen und Weggabelungen für die kommenden 500 m immer geradeaus auf dem breiten Waldweg, auch wenn die Markierung Ahorn nach links abzweigt und später keine Wegweiser mehr in Ihre Richtung zeigen. Sie stoßen auf den Rundweg Kolkrabe, der Sie nach links im Süden von Neuhütte hinab bis zum Parkplatz vom Start lotst.

⑪ Zum Großen Rachel mit Rachelkapelle und Rachelsee

(✕) WC

Tour für Gipfelaspiranten

Die Rundwanderung vom Gfäll hinauf zum Gneisgipfel des Großen Rachels, des höchsten Bergs des Nationalparks, und der anschließende Abstieg über die Rachelkapelle an der steilen Seewand in die Gletschermulde zum sagenumwobenen Rachelsee gehört zu den erlebnisreichsten Wandertouren im Schutzgebiet. Auf dem Rückweg ist der Mischwald besonders geheimnisvoll und eine imposante, kaum beachtete Fichte mit riesigen Stelzwurzeln wartet auf ihre Entdeckung.

Start/Ziel: Parkplatz Gfäll, GPS N 48°57.642' E 013°22.475'

12,6 km

5 Std.

560 m/560 m

945 m-1.453 m

sehr gut ausgeschildert und markiert: Bärlapp, Auerhahn

anspruchsvolle Wanderung auf vorwiegend naturbelassenen Wegen mit vielen Steinen als Untergrund (teilweise lose), jedoch kaum hohe Absätze, vom Waldschmidthaus bis zur Rachelkapelle exponierte Lage ohne Schatten

✕ Waldschmidthaus, (km 4, 2021 wegen Sanierung geschlossen, bitte erkundigen Sie sich vorab, ob wieder geöffnet ist)

Gfäll (Unterstand, Start/Ziel), Emeiriegel (Schutzhütte, km 2), Waldschmidthaus (km 4), Seeblick (natürlicher Pausenplatz, km 4,1), Großer Rachel (natürlicher Pausenplatz, km 4,6), Rachelkapelle (km 6,1), Rachelsee (Bänke und Schutzhütte, km 7,7), Feistenberg (Schutzhütte, km 10,9)

WC Gfäll (Start/Ziel), ggf. ab 2022 am Waldschmidthaus (km 4), Roßstall (km 8,7)

Bergerfahrene Kinder mit Lust auf felsiges Terrain und tolle Aussichten kommen auf ihre Kosten.

wenig pfotenfreundlicher Untergrund und kaum Trinkmöglichkeiten

P Folgen Sie in Spiegelau der Beschilderung zum großen P&R-Parkplatz auf der Konrad-Wilsdorf-Straße. Von dort nehmen Sie den Bus zum Startpunkt bei Gfäll. Die Zufahrt zum Parkplatz Gfäll am Ende der Schwarzachstraße ist in der Zeit vom 15. Mai bis zum 30. Oktober zwischen 8:00 und 18:00 für den Privatverkehr gesperrt (☞ Verkehrsmittel).

Der Rachelbus (Igelbus-Linie 601) verkehrt halbstündlich zwischen Spiegelau Bahnhof sowie Spiegelau P&R und dem Start- und Zielpunkt Gfäll.

Die Waldbahn-Linie RB36 zwischen Zwiesel und Grafenau fährt tägl. im 2-Stunden-Takt den Bahnhof Spiegelau an.

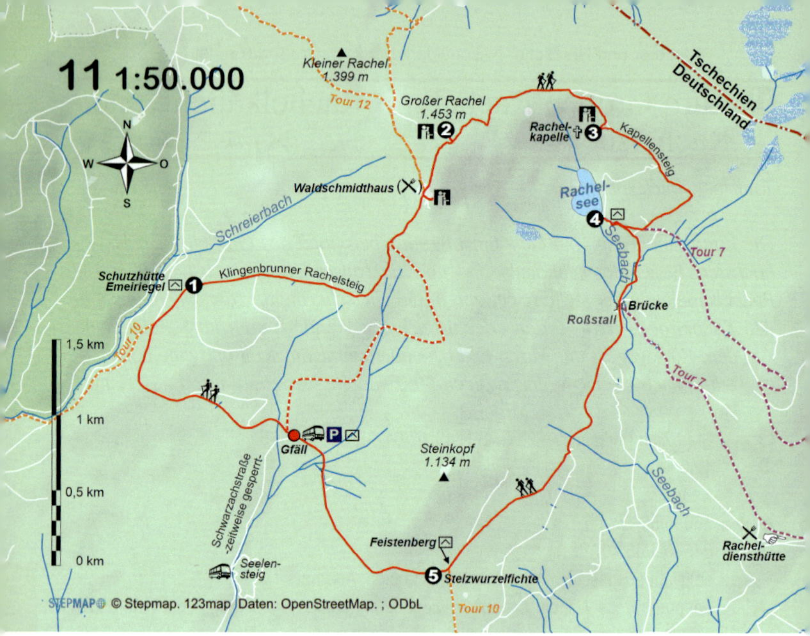

11 1:50.000

Abkürzungen: Statt über den westlich gelegenen Klingenbrunner Rachelsteig aufzusteigen, können Sie von Gfäll auch den direkteren Schotterweg nach Norden mit der Markierung Auerhahn wählen (minus 1,3 km). Darüber hinaus können Sie aus der Rundtour eine Streckenwanderung machen und nach dem Rachelsee mit der Markierung Buntspecht zur Racheldiensthütte wandern (☞ Wanderung 7, minus 1,5 km). Von dort bringt Sie der Rachelbus stündlich nach Spiegelau zurück. Kombinationen: Touren 7, 10 und 12

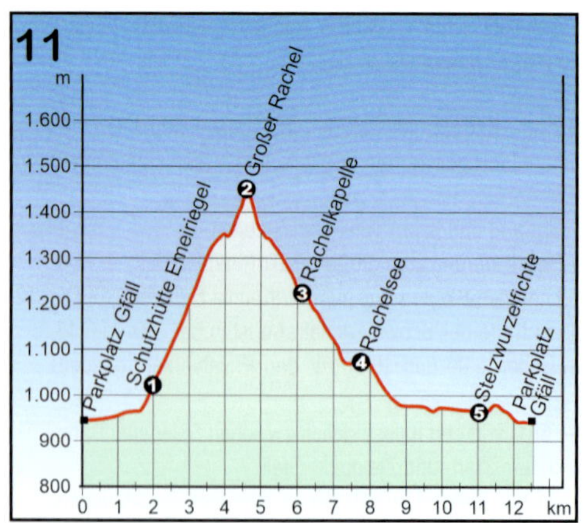

Wie viele Gipfel im Bayerischen Wald ist auch der Rachel ein beliebtes Wanderziel. Rechnen Sie entsprechend mit einigen Wanderern, vor allem am Wochenende und an Feiertagen.

Vom Parkplatzgelände Gfäll mit Bushaltestelle wandern Sie zum Warmwerden zunächst gemütlich ohne Steigung auf einem Forstweg nach Westen. Die Markierung Bärlapp mit Wegweisern zum Rachel zeigt Ihnen die Richtung an.

Das einfache Laufen dauert nicht lange, denn nach 1,6 km biegen Sie an der nächsten Wegkreuzung nach rechts bergan auf den Klingenbrunner Rachelsteig ab. Der Weg ist nun nicht nur wegen des steten Anstiegs anspruchsvoller. Vorbei an der Schutzhütte Emeiriegel ❶ wird es über Steine – zum Teil lose – und Wurzeln, Fichtenzapfen und abgebrochene Zweige unter Buchenlaub holpriger. Der naturbelassene Waldweg ist mit festen Schuhen allerdings problemlos zu meistern, da kaum hohe Absätze zu überwinden sind. Im Verlauf werden die Steine größer und der Steig schmaler, bis sich schließlich nach etwa 250 Höhenmetern die Waldumgebung relativ abrupt ändert.

Es begann mit einem verheerenden Gewittersturm am 1. August 1983: Böen bis zur Windstärke 9 fegten über den Bayerischen Wald und warfen fast 100 Hektar mit 30.000 Festmetern Holz in den Hang- und Tallagen südlich des Rachels zu Boden. Trockene Witterung und weiterer Windwurf lösten eine Massenvermehrung des Buchdruckers, eines auf Fichten spezialisierten Borkenkäfers, aus und setzten im Laufe der darauffolgenden Jahre und Jahrzehnte, vor allem auch in den 90ern, den Wäldern in den Hochlagen des Rachel-Lusen-Gebiets stark zu. Große Flächen der Fichtenbestände zwischen Rachel und Lusen fielen dem Buchdrucker zum Opfer.

Inzwischen ist heute im Übergangsbereich vom Mischwald zum Bergfichtenwald das neue Leben junger Bäume an den lichten, grasbedeckten Hängen bereits unübersehbar. Je höher Sie aber kommen, desto schwerer hat es der Wald ohne Kronendach, sich unter den harschen Bedingungen wieder „aufzubäumen“. Grausilberne Skelette toter Fichten, stehend oder in Bruchstücken liegend, mit ihren einst ausladenden Astquirlen prägen das Bild.

Und so gehört auch der mitunter schaurige Anblick der Überreste des ehemals stolzen und dunklen Waldes rund um den Rachel zum teilweise immer noch kontrovers diskutierten Kernprinzip des Nationalparks: Werden und Vergehen nach den Regeln und dem Tempo der Natur und nicht nach Ästhetikverständnis und Nutzenoptimierung des Menschen. Aus eigener Kraft entsteht hier still und leise ein Urwald für unsere Kinder und Kindeskinder, wie es Staatsminister Dr. Hans Eisenmann einmal formulierte. Die Entscheidung des Nationalparkbeirats, auf menschliches Eingreifen in der ausgewiesenen Naturzone zukünftig zu verzichten, wird von einigen als die wahre Geburtsstunde des Nationalparks angesehen.

100 Höhenmeter nach dem Verlassen des Mischwalds stößt der Wiesenpfad auf den grob geschotterten Fahrweg mit der Auerhahn-Markierung, der Sie ab hier für die restliche Wanderung folgen können. Sie gelangen zum nahe gelegenen Waldschmidthaus.

✕ Waldschmidthaus, mindestens noch 2021 wegen Generalsanierung geschlossen! Bis zur Wiedereröffnung kein Zugang zu Toiletten oder Einkehr möglich. Jedoch stehen zahlreiche Bänke und Tische im Umkreis des Gebäudes für die Rast mit eigener Verpflegung zur Verfügung. Ab 2022 erfragen Sie bitte die aktuelle Lage vorab bei der Touristinformation Spiegelau, ☏ 085 53/891 91 10. Dann sind ggf. auch Übernachtungen möglich.

Waldschmidthaus

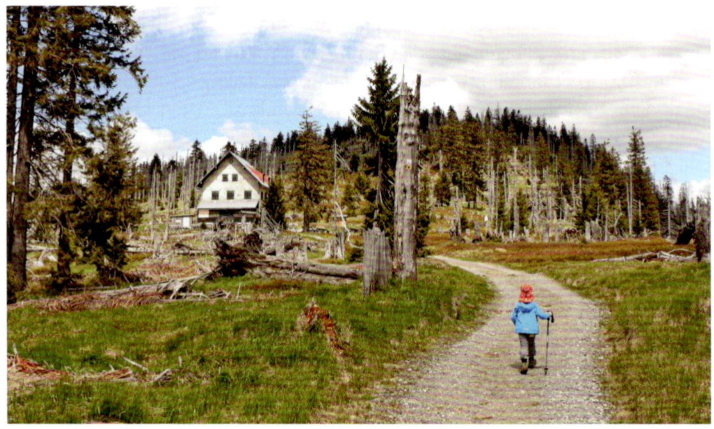

Obwohl hinter dem geheimnisvoll wirkenden Haus die Kuppe des Großen Rachels schon hervorlugt, sollten Sie zunächst für einen Abstecher knapp 100 m nach rechts zum Seeblick schwenken. Der Blick in das weite, von Gletscherströmen der letzten Eiszeit ausgeschliffene Tal mit dem Rachelsee als „dunklem Auge" inmitten urwüchsiger Wälder ist sehr beeindruckend. Wenn Sie genau hinschauen, erkennen Sie sogar drei separate Mulden (Kare) an den Osthängen des Rachels und linker Hand schimmert die kleine Rachelkapelle oberhalb der felsigen Seewand. Im Hintergrund verläuft der Bergrücken an der Grenze zu Tschechien über den Plattenhausenriegel bis zur kahlen Kuppe des Lusens und rechts vom Blockmeergipfel ist weiter entfernt der Dreisesselberg am Dreiländereck erkennbar.

Weiter auf dem Hauptweg zweigt hinter dem Waldschmidthaus nach links der Goldsteig und Fernwanderweg E6 zur Rachelwiese und nach Frauenau ab (☞ Wanderung 12). Sie aber nehmen den höchsten Berg des Nationalparks ins Visier und steigen über die lang gezogene Steinerne Treppe hinauf zu den aus Gneis bestehenden Gipfelklippen des Großen Rachels (1.453 m), welche Sie nach links über einfache Kraxelei erreichen ❷. Die Rundumperspektive ist durch heranwachsende Fichten etwas eingeschränkt, die beste Sicht in den Nordwesten auf die Gipfel von Falkenstein, den Doppelhöckerberg Osser, den nur 3 m höheren Großen Arber und seinen kleinen Bruder (von rechts nach links) haben Sie von den Felsblöcken hinter dem Gipfelkreuz.

Gehen Sie vom felsigen Gipfel für den Weiterweg an der Bergwachthütte links vorbei. Der beginnende, beschwerliche Abstieg mit vielen Steinen erfordert Konzentration und für die freien Blicke über die Nordhänge des Rachels hinaus sollten Sie besser kleine Stopps einlegen. Die Aussicht auf die Höhenzüge des Böhmerwalds mit dem Mittagsberg (Poledník) und seinem markanten, halbrunden Aussichtsturm im Norden ist „dank“ abgestorbener Fichten grandios. Junge, emporstrebende Fichten gewinnen zunehmend die Oberhand. Nach 1 km am Abbruchrand des gletschergeformten Talkessels erblicken Sie ein zweites Mal den mystischen Rachelsee.

Ab hier führt Sie der als Kapellensteig bekannte Weg für die nächsten 2 km im großen Bogen über die lehnsesselförmigen Gletscherrückwände zum Karsee hinunter. Gleich zu Beginn ist der kurze „Umweg“ nach rechts zum Felsvorsprung mit der fotogenen Rachelkapelle 140 m über dem See ein absolutes Muss ❸. Der Erstbau des kleinen hölzernen Gotteshauses datiert auf das Jahr 1885, musste aber mehrfach nach Bränden wieder originalgetreu aufgebaut werden. Es wird erzählt, der damalige Forstmeister habe sich im Nebel verirrt, als plötzlich sein Pferd das Weitergehen verweigerte und ihn damit vor dem Absturz in die Seewand bewahrte. Aus Dank für sein „zweites“ Leben ließ er die Kapelle auf der Felskanzel errichten. In der zweiten Hälfte des Weges von der Kapelle bis zum Rachelsee dominiert dichter, von Menschenhand unberührter Bergmischwald, der seit 1950 als Schutzgebiet ausgewiesen ist. Auf dem Weg liegen nun etwas weniger Stolperfallen als bisher verteilt.

Sie gelangen an den Rachelsee ❹, den einzigen natürlich entstandenen See im Nationalpark. Je nach Wetterstimmung können Sie vielleicht nachfühlen, warum die vielen Sagen entstanden sind, die sich um den manchmal stillen, in Nebelschleier gehüllten See ranken. So wurde der bis zu 13,5 m tiefe See inmitten seines urwaldartigen Tals mitunter auch als Zugang zur Hölle angesehen. Geologisch betrachtet können Sie an der Steilwand gegenüber nachvollziehen, wie die Eismassen vor Jahrtausenden mit gewaltiger Kraft ins Tal drückten und das muldenförmige Kar erschufen.

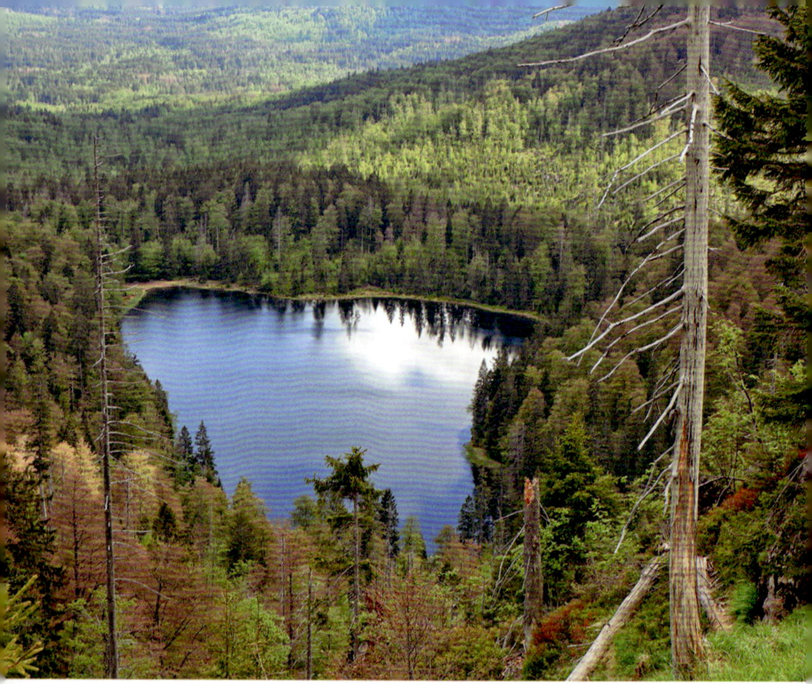

Blick auf den Rachelsee vom Kapellensteig

Vom Rachelsee zurück zum Gfäll – weiterhin mit der Markierung des Rundwegs Auerhuhn – bleiben noch knapp 5 km überwiegend einfach zu wandernde Strecke. Zunächst steigen Sie an den noch erkennbaren Moränenwällen des vergangenen Rachelgletschers weiter bergab, bis Sie am sogenannten Roßstall nach der Brücke über den Seebach eine Wiese erreichen.

↳ Wanderer mit dem Ziel Racheldiensthütte zweigen kurz zuvor mit der Markierung Buntspecht nach links ab (☞ Wanderung 7).

Auf einem flach verlaufenden Wirtschaftsweg geht es zügig weiter und nach 1 km biegen Sie nach rechts auf den schmalen Waldweg ab. Der abwechslungsreiche und zwischendurch felsige, von Moos bewachsene Steigabschnitt bis zur Schutzhütte Feistenberg lässt keine Langeweile aufkommen. Achten Sie kurz nach der Schutzhütte auf die Fichte mit imposanter Stelzwurzel am rechten Wegesrand ❺ (☞ Wanderung 10), bevor Sie auf den letzten 1,5 km zurück zum Ausgangspunkt die Wanderung entspannt ausklingen lassen.

⑫ Von Oberfrauenau zum Großen Rachel

(✕) ⛼ 

Tour für Fans wilder Wege

Der Aufstieg zur Rachelwiese und weiter zum Großen Rachel von der westlichen Flanke aus Oberfrauenau beinhaltet eine der spannendsten Passagen, die der Nationalpark zu bieten hat. Im felsigen und wurzeligen Terrain am schmalen Hangsteig oberhalb des gletschergeformten Tals des Kleinen Rachelbachs ist Trittsicherheit notwendig, jedoch ist der Abschnitt nicht gefährlich im Sinne abschüssiger Stellen und auch für Wanderer mit Respekt vor Höhe geeignet. Der Rückweg begeistert mit einer einzigartigen Aussicht auf die Täler und Berge des Zwieseler Winkels.

- Start/Ziel: Wanderparkplatz Oberfrauenau, GPS N 48°59.906' E 013°19.546'
- 17,8 km
- 7 Std.
- ↑↓ 735 m/735 m
- 740-1.453 m
- gut ausgeschildert und markiert: Siebenstern, E6
- lange, anspruchsvolle Wanderung auf mehrheitlich naturbelassenen Wegen und Pfaden, vor allem der Aufstieg durch das Rachelbachtal mit vielen Steinen und Felsbrocken, Wurzeln und hohen Absätzen erfordert Trittsicherheit, ca. 4 km auf Forstwegen, in den höheren Lagen der Wanderung exponiert ohne Schatten
- ✕ Waldschmidthaus (km 10,2/km 11,1, ☝ 2021 wegen Sanierung geschlossen, bitte erkundigen Sie sich vorab, ob wieder geöffnet ist), Gutsgasthof Oberfrauenau (↪ 400 m vor dem Start/Ziel)
- Trinkwassertalsperre Frauenau (km 1,7 und km 3,4), Waldschmidthaus (km 10,2/km 11,1), Seeblick (natürlicher Pausenplatz, ↪ 100 m ab km 10,2), Großer Rachel (natürlicher Pausenplatz, km 10,6)
- WC keine Toiletten entlang der Wanderstrecke, ggf. ab 2022 am Waldschmidthaus (km 10,2/km 11,1)
- Der Weg ist nur für trittsichere, konditionsstarke Kinder geeignet, die sich auch in anspruchsvollem Gelände sicher fühlen.
- Für Hunde ist der Abschnitt oberhalb des Rachelbachtals ungeeignet.
- P Biegen Sie in Frauenau von der Hauptstraße in die Badstraße ab (Schilder „Zum Rachel" und „Oberfrauenau") und folgen Sie dem Straßenverlauf für 2 km. An der Straßengabelung 400 m nach dem Gutsgasthof Oberfrauenau geht es nach rechts zum Wanderparkplatz.

Die Waldbahn-Linie RB36 zwischen Zwiesel, Spiegelau und Grafenau fährt tägl. im 2-Stunden-Takt den Bahnhof Frauenau an. Vom Bahnhof führen Sie die Markierung des Gläsernen Steigs und die rote 5 in 2,7 km zum Startpunkt. Folgen Sie anfangs der Hauptstraße in Richtung Zwiesel für 500 m und biegen Sie dann rechts in die Badstraße ab (ab hier auch die Wanderlinie Siebenstern des Nationalparks).

Kombinationen: Touren 11 und 13. ☺ Eine fantastische Streckenoption bietet sich, wenn Sie den hier beschriebenen Aufstieg zum Rachel mit dem Abstieg von Tour 11 via Rachelkapelle und Rachelsee verbinden. Egal ob Sie die Wanderung bei Gfäll oder der Racheldiensthütte beenden: In beiden Fällen ist der Rachelbus, Igelbus-Linie 601, mit den Waldbahn-Abfahrten von Spiegelau nach Frauenau abgestimmt.

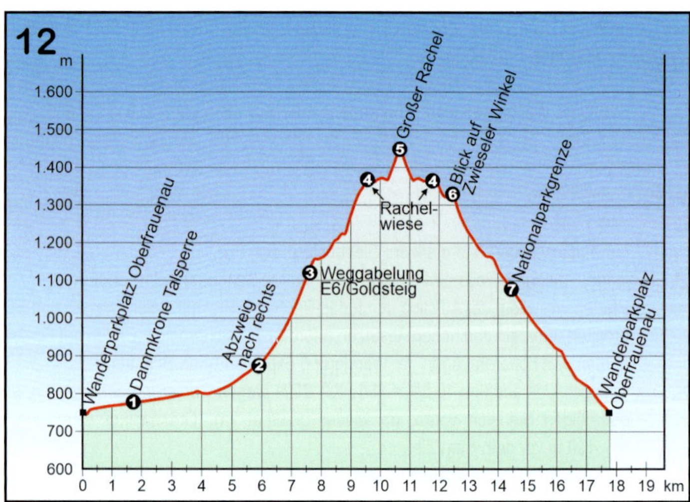

Laufen Sie vom Parkplatz das kurze Stück zur Straßengabelung zurück und biegen Sie hinter der Scheune nach rechts auf die Forststraße ab. Wenngleich der Wegweiser anfangs nur die Trinkwassertalsperre mit der lokalen Frauenauer Markierung der roten 5 anzeigt, so befinden Sie sich ebenfalls bereits auf der Nationalparkwanderlinie Siebenstern, die Sie bis zum Gipfel des Großen Rachel hinaufführt.

Nach 1,2 km stoßen Sie auf die asphaltierte Schachtenstraße und gelangen nach 500 m zur Dammkrone der Trinkwassertalsperre ❶.

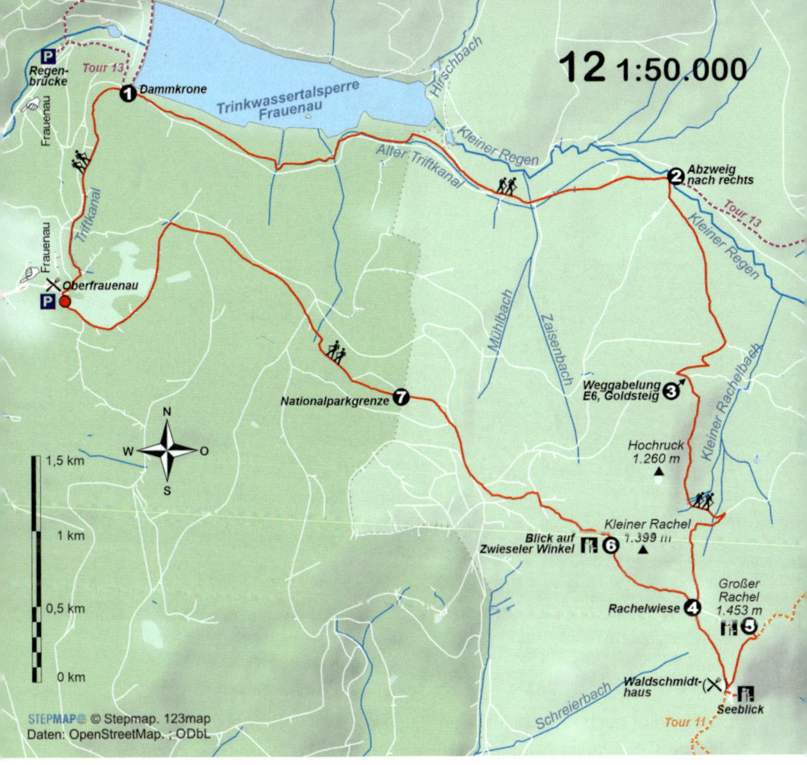

☺ Ein deutlich schönerer, unmarkierter Waldweg zur Talsperre verläuft im Osten etwas oberhalb der Straße entlang eines alten Triftgrabens. Der Zugang ist nicht leicht zu finden: Nach den ersten 100 m auf der Forststraße, dort, wo die Linkskurve auszulaufen beginnt, liegt rechts versteckt ein kleiner Trampelpfad, dem Sie für nicht ganz 100 m bergan folgen und der Sie dann nach links zu einem Teich führt. Ab hier ist die Wegführung neben dem Schwellgraben eindeutig. Sollten Sie den ersten Abzweig von der Forststraße nicht finden, dann versuchen Sie es mit einem weiteren Verbindungsweg nach rechts nach 600 m noch einmal. Dort verlaufen Straße und Waldweg sehr nah beieinander. ✋ Der Freiherr von Poschinger hat seine Zustimmung zur Nutzung des Weges durch seinen Privatwald für Sie als Leser gegeben. Da aber keinerlei Maßnahmen zur Verkehrssicherung erfolgen, benutzen Sie bei Bedenken lieber die offizielle Strecke entlang der Forststraße.

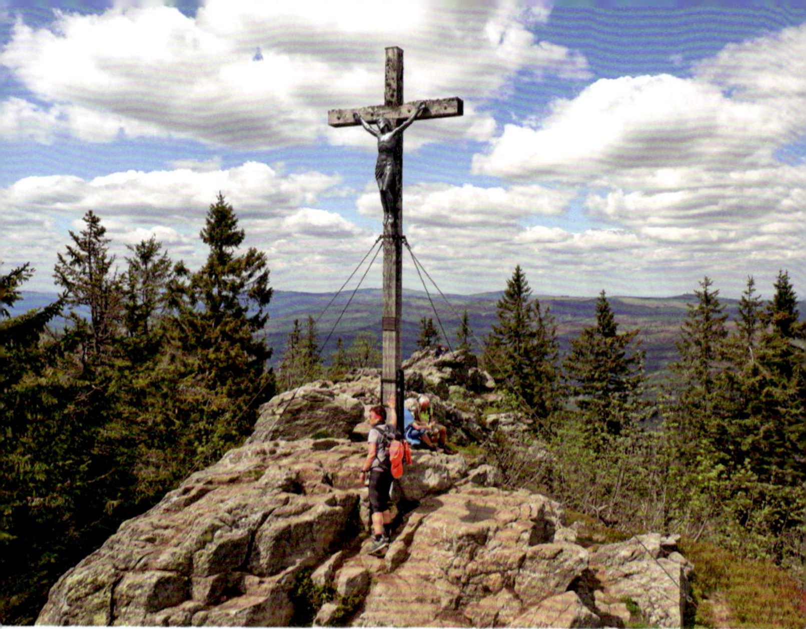

Großer Rachel

↳ An der Talsperre lohnt sich ein kleiner Abstecher auf die Staumauer. Der Damm ging nach fast zehn Jahren Bauzeit 1983 in Betrieb, seitdem versorgt der Stausee Gemeinden Niederbayerns mit Trinkwasser. Um die Dimensionen besser zu verstehen, genügt ein Blick auf den Entnahmeturm, der über und unter Wasser eine Höhe von insgesamt 85 m aufweist. Von der anderen Seite der Dammkrone sehen Sie übrigens den Kleinen Rachel mit dem Hochruckhöhenzug zur Linken, an dessen dahinterliegender Flanke Sie später zum Großen Rachel hinaufsteigen, der von hier aus verdeckt ist.

Setzen Sie Ihre Wanderung auf der Südseite des Stausees zunächst geradeaus auf der Straße fort. Bei einem Gedenkkreuz lädt ein schattiger Platz mit Bänken und Tisch und freiem Blick auf den See zur Rast ein. Verlassen Sie wenige Schritte danach die Schachtenstraße nach links auf einen Waldweg.

Durch dichten Mischwald wandern Sie ohne größere Aussichten auf das Wasser entlang des ehemaligen Triftkanals, den Sie schon vom unmarkierten Weg am Anfang kennen. Ist der trockene Graben von damals noch nicht zugewachsen, dann lässt es sich darin meist angenehmer laufen als auf dem häufig wurzeldurchsetzten Erdwall daneben.

Bitte bleiben Sie auf dem Weg, denn zum Schutz der Trinkwasserqualität ist der Zugang zum Ufer der Talsperre verboten.

Im weiteren Verlauf queren Sie zwei Bäche über Holzbrücken und gelangen nach 2 km links über einen kleinen Pfad hinunter auf einen Forstweg, dem Sie dann nach rechts folgen.

Hier an der Nationalparkgrenze füllen am östlichen Ende des Stausees die zwei Zuflüsse des Kleinen Regens und etwas weiter nördlich der Hirschbach das bis zu 22 Mio. Kubikmeter fassende Reservoir. Der Forstweg stößt wenig später auf die von links unten kommende, asphaltierte Uferstraße. An der folgenden Spitzkehre gehen Sie geradeaus weiter und treffen damit wieder auf die bis dahin parallel am oberen Hang verlaufende Schachtenstraße.

Auf unbefestigtem Untergrund heißt es noch ein bisschen durchhalten für all diejenigen, die Forstwegen nur wenig abgewinnen können. Die Steigung zieht ein wenig an, aber noch ist der Anstieg in Anbetracht der bevorstehenden Herausforderung eher einer zum Aufwärmen.

Nach 1,2 km biegen Sie vor der Brücke über den Kleinen Regen ❷ nach rechts gen Süden auf den vorerst letzten Wirtschaftsweg und schon nach 100 m nach links auf einen naturbelassenen Waldweg ab. Durch ausgewachsene Fichten- und Buchenbestände steigen Sie immer kräftiger bergauf. Nach 1 km und gut 100 Höhenmetern lichtet sich der Wald und der bislang breite Weg geht in einen zugewachsenen Wiesenpfad über. Halten Sie aufmerksam in der Umgebung nach Wegweisern Ausschau, denn nach 50 m schlägt die Route einen Haken nach rechts.

Im Zickzack bahnen Sie sich durch wechselnde wilde Waldlandschaften am Ausläufer des Hochrucks, des nördlichen Bergrückens des Kleinen Rachels, Ihren Weg, bis Sie sich nach weiteren 100 Höhenmetern von Richtungsweisern geleitet nach links an dessen Flanke in das Tal des Kleinen Rachelbach wenden und kurze Zeit später an einer Gabelung auf die Fernwanderwege E6 und Goldsteig treffen ❸.

Sie befinden sich auf einem der wildesten und damit auch anspruchsvollsten Steigabschnitte im Nationalpark. Es ist erfreulich zu sehen, wie kraftvoll sich die Vegetation zu einem artenreichen Naturwald regeneriert, nachdem in der Vergangenheit kaum einer der älteren Bäume vom Angriff der Borkenkäfer verschont geblieben ist. Über verstreut liegende Steine und Felsbrocken und mitunter ein Wirrwarr an Wurzeln kraxeln Sie mit einigem Hoch und Runter auf dem schmalen, zugewachsenen Pfad entlang des Steilhangs mit Blicken über das Rachelbachtal weiter aufwärts. Trittsicherheit und geeignetes Schuhwerk sind erforderlich und obwohl die Distanz gering ist, geht es nur langsam voran.

Zwischenzeitlich ist der unscheinbar wirkende Große Rachel bereits zu sehen. An einer Stelle erfordert ein etwa 4 m hoher, glatter Fels etwas Geschick. Ein Sicherungsseil gibt Ihnen dabei besseren Halt, vor allem, wenn Nässe den harten Untergrund glitschig werden lässt. Später durchschreiten Sie den Talschluss mit mehreren kleinen Quellläufen des Kleinen Rachelbachs in einer Serpentine und steigen schließlich über einen gras- und farngesäumten, bequemen Pfad durch entstehenden Pionierwald hinauf zur Rachelwiese ❹.

Bevor es vom höchstgelegenen Schachten des Nationalparks beim Sattel zwischen Großem und Kleinem Rachel an einer T-Kreuzung zurück nach Frauenau nach rechts geht, wandern Sie erst einmal weiter mit der Markierung Siebenstern nach links zum 1912 errichteten Waldschmidthaus (☞ Wanderung 11). Durch ein gespenstisch wirkendes Meer an abgestorbenen Fichten ist das „Märchenhäusl" schnell erreicht. Von dort sind es noch knapp 100 Höhenmeter links hinauf über die Felsstufen zum Großen Rachel (1.453 m) ❺.

Blick auf Zwieseler Winkel beim Abstieg

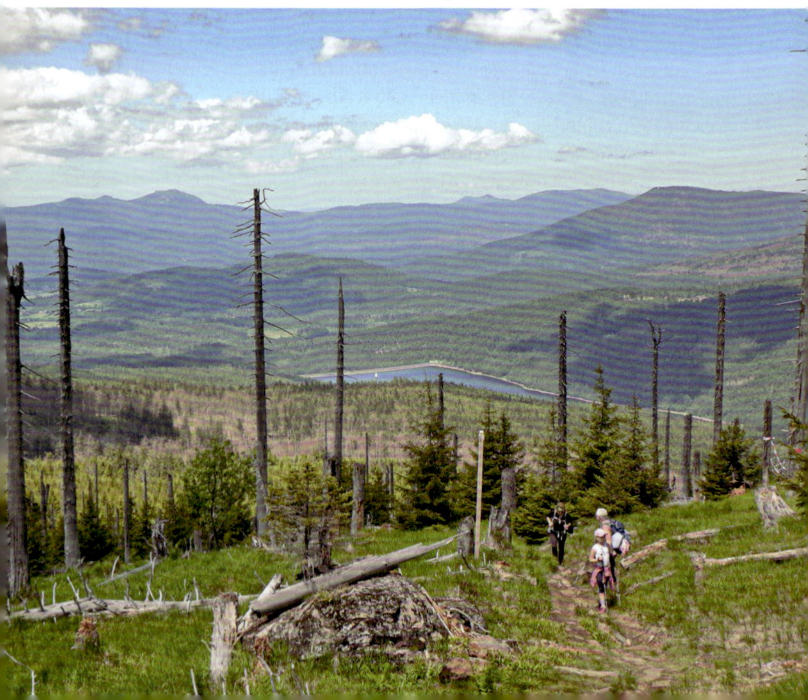

➪ Lassen Sie sich beim Hin- oder Rückweg auf keinen Fall den Abstecher zum Seeblick entgehen (☞ Wanderung 11).

Zurück an der Rachelwiese orientieren Sie sich für den Abstieg an der grünen Dreiecksmarkierung des Fernwanderwegs E6. Sie wandern über die Südhänge des Kleinen Rachels und haben linker Hand eine schöne Sicht auf Bergzüge bis zum Vorderen Bayerischen Wald. Bald schon öffnet sich das Panorama mit grandiosem Blick weiter nach Nordwesten ❻. Ähnliche Aussichten hatte wohl auch der Dichter und Maler Adalbert Stifter im 19. Jahrhundert vor Augen, als er schrieb: „Waldwoge steht hinter Waldwoge, bis eine die letzte ist und den Himmel schneidet."

Die Bilderbuchszenerie des Zwieseler Winkels beinhaltet einige markante Bayerwaldberge wie den Kleinen und Großen Arber, weiter entfernt die Doppelspitze des Kleinen und Großen Ossers sowie den Falkenstein mit seinem lang auslaufenden Südkamm (von links nach rechts). Vor dem Falkensteinmassiv sind mit Adleraugen die steilen Wände des Höllbachgsprengs zu erkennen (☞ Wanderung 16) und zu Ihren Füßen ist das Nordufer der Talsperre sichtbar.

Noch 5,3 km und 570 Höhenmeter Abstieg entlang des Frauenauer Rachelsteigs liegt der Wanderparkplatz Oberfrauenau entfernt. Eine Weile können Sie die Aussichten noch genießen. Über eine Serie von Abzweigungen und kurzen Forststraßenabschnitten oder -querungen werden Sie von Wegweisern an allen wichtigen Stellen durch den später dichter werdenden Wald zuverlässig hinabgeleitet (anfangs „Frauenau", später „Glasmuseum über Oberfrauenau"). Auch abseits der Wirtschaftswege ist die naturbelassene Wegbeschaffenheit bei Weitem nicht so anspruchsvoll wie auf dem Hinweg zum Rachel. Sie verlassen den Nationalpark ❼ und schließlich bringt Sie eine letzte Forststraße in 1,2 km direkt zum Ausgangspunkt.

✕ 400 m entfernt liegt der Gutsgasthof Oberfrauenau. Oberfrauenau 13, 94258 Frauenau, ☏ 099 26/180 93 00, Mi-So 11:30-20:30, traditionelle bayerische Küche, hausgemachte Kuchen

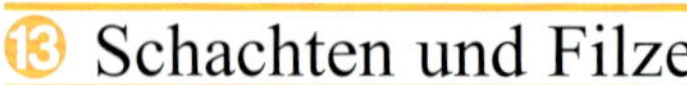

13 Schachten und Filze

Tour für fitte Romantiker

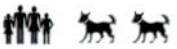

Als Schachten werden ehemalige, waldfreie Viehweiden in den oberen Hang- und Hochlagen des Bayerischen Walds bezeichnet. Von den schätzungsweise einst hundert bewirtschafteten Weiden sind heute im Gebiet des Nationalparks und in der Arberregion noch etwa 30 Freiflächen erhalten. Auf dieser reizvollen Wanderung nahe der tschechischen Grenze besuchen Sie fünf der größten Waldwiesen mit bezauberndem Charme und queren „zwischendurch" zwei interessante Moorgebiete (Filze) mit faszinierenden Mooraugen am Wegesrand.

Start/Ziel: Wanderparkplatz Buchenau, GPS N 49°01.931' E 013°19.630'

21,2 km

6 Std.

510 m/510 m

730-1.175 m

sehr gut ausgeschildert und markiert: Gläserner Steig, Borstgras, Pestwurz

lange Wanderung auf mehrheitlich naturbelassenen Wegen und Pfaden, etwa ein Viertel der Wanderstrecke auf Forstwegen oder Straßen, im Bereich der Schachten und Filze häufig Bohlenwege und wenig Schatten

keine Einkehrmöglichkeit am Weg

zahlreiche Bänke entlang des Weges, empfehlenswerte Pausenplätze: Dammkrone Talsperre (km 2,6 und km 3,3), Verlorener Schachten (km 9,9), Schutzhütte Almschachten (km 11), Hochschachten (km 12,8), Latschensee (nur Holzplattform, km 13,3), Hirschbachschwelle (km 15,5), Lindberger Schachten (mit Diensthütte, 600 m ab km 17,6)

WC keine Toiletten entlang der Wanderstrecke, ggf. am Parkplatz Regenbrücke (500 m ab km 2,1, Karte)

aufgrund der Länge nur für Kinder mit Ausdauer geeignet

abgesehen von Bohlenabschnitten im Bereich der Schachten und Filze (Lücken zwischen Balken ungünstig für kleinere Pfoten) gut für Hunde geeignet, vereinzelt Trinkmöglichkeiten

P 2 km östlich von Zwiesel auf der Straße nach Frauenau (oder alternativ am südlichen Ortsausgang von Ludwigsthal an der B11) zweigen ausgeschilderte Nebenstraßen nach Buchenau und Spiegelhütte ab. Nach 5 km (9 km) fahren Sie in Buchenau in der scharfen Linkskurve (Rechtskurve) geradeaus (nach links) zu den beiden Wanderparkplätzen in 100 m bzw. 200 m. Alternative: Von Frauenau aus führt der Wasserhäuslweg in 3 km zum Parkplatz Regenbrücke in der Talsohle unterhalb der Talsperre.

Der Falkensteinbus (Igelbus-Linie 7149), www.lambuerger.de, fährt mehrmals tägl. von Zwiesel nach Buchenau und zurück. Für die letzte Verbindung des Tages (gegen 18:00) zurück nach Zwiesel ist der Zustieg nur nach telefonischer Bestellung möglich, ☏ 099 22/841 20.

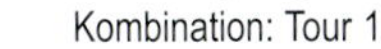

Kombination: Tour 12

Im Hochmoorgebiet des Latschenfilzes und Zwieselter Filzes besteht ein striktes Betretungsverbot. Bleiben Sie unbedingt auf dem markierten Wanderweg, um Trittschäden am sensiblen Biotoptyp zu vermeiden und sich selbst nicht in Gefahr zu bringen.

Vom Wanderparkplatz in Buchenau orientieren Sie sich an der Markierung des Gläsernen Steigs in Richtung (Talsperre) Frauenau. Sie passieren nacheinander auf der linken Seite eine Kirche, den Gasthof Zum Latschensee und direkt danach den Schlossgarten Buchenau. An der Grundstücksgrenze des Schlosses der Glashüttendynastie derer von Poschinger aus dem Jahr 1840 entlang biegen Sie von der asphaltierten Straße nach links ab. An der Gabelung 100 m später halten Sie sich rechts und lassen damit die Rundwege Fledermaus und Waldschnepfe sowie den Ort Buchenau hinter sich.

Schloss Buchenau

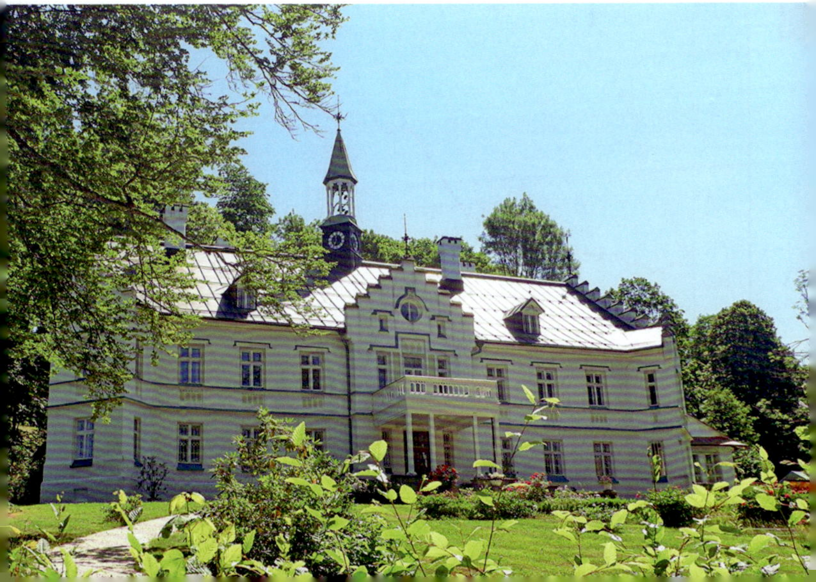

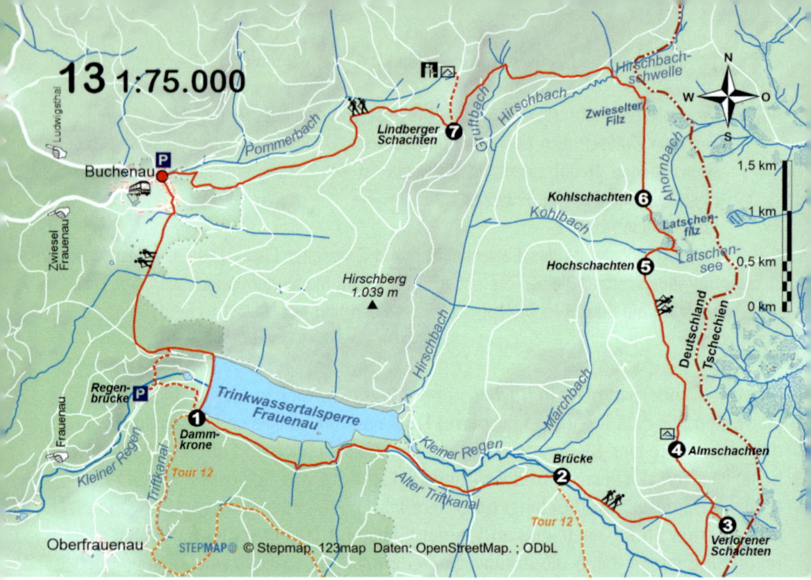

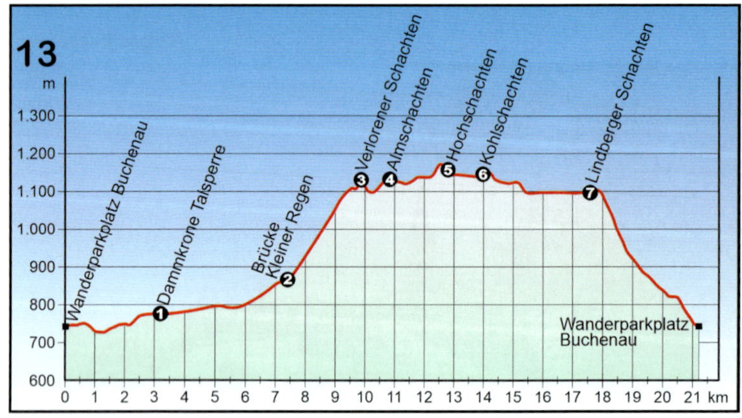

Eine kleine Allee bringt Sie durch hügeliges Weideland nach Süden, auf der rechten Seite ist hinter dem Jungmaierberg und dem Riesberg die entfernte Kuppe des Hennenkobels (☞ Wanderung 15) zu sehen (von rechts nach links). Am Standort ehemaliger Totenbretter von Buchenau – einem Brauchtum aus Zeiten bis etwa 1970, als die Verstorbenen darauf zu Hause aufgebahrt wurden und die

Bretter nach der Beerdigung wie Grabsteine beschriftet wurden – betreten Sie ein kurzes, dichtes Waldstück. An der nächsten Lichtung nehmen Sie den linken Verbindungsweg zu einer Forststraße, der Sie nun ebenfalls nach links gen Osten folgen. 2,6 km nach dem Start der Wanderung erreichen Sie die mächtige Dammkrone am Nordufer der Talsperre und überqueren diese nach rechts. Linker Hand ergibt sich ein schöner Blick über den großen Stausee hinauf zum Kleinen Rachel mit dem auslaufenden Hochruckbergkamm (der Große Rachel ist hinter dem kleinen Bruder versteckt) und etwa ab der Mitte der Staumauer öffnet sich nach rechts die Sicht auf den Großen Arber, den höchsten Berg des Bayerischen Waldes.

Auf der südlichen Seite der Talsperre ❶ zeigt Ihnen nun die Markierung Borstgras mit Ziel Hochschachten und Verlorener Schachten die weitere Wegführung an. Für die nächsten 4,1 km verläuft die Tour auf derselben Strecke wie die Markierung Siebenstern und so laufen Sie wie bei ☞ Wanderung 12 nach Osten zunächst an einem alten Triftkanal entlang und für die zweite Hälfte über Forststraßen bis zur Brücke über den Kleinen Regen ❷.

Sie wandern dann aber anders als bei der Rachelwanderung geradeaus über den Bach und biegen nach dem alten Forsthaus Schachten links auf einen Waldweg ab. Dieser ist etwas steiniger als bisher und noch sind es stramme 200 Höhenmeter bis zum ersten Schachten. Nach einem knappen Kilometer stoßen von rechts der Goldsteig und der Fernwanderweg E6 hinzu, Sie queren die Forststraße und gehen geradeaus weiter bergauf durch dichten Wald. Eine Kehrtwende nach links mit leicht verdecktem Blick auf das Rachelmassiv läutet langsam den Weg durch das interessante Schachtengebiet in der Nähe zur tschechischen Grenze ein, der Sie ohne größere Steigungen nach Norden führt.

Vom 17. bis Mitte des 20. Jahrhunderts wurden in den Sommermonaten Jungrinder in die Mittelgebirgszüge über 1.000 m Höhe aufgetrieben. Die im Laufe der Zeit aufgelichteten und später offenen „Inseln im Waldmeer", die Schachten, dienten dabei vor allem als Rast- und Übernachtungsplätze für die Herden, die tagsüber in den angrenzenden Wäldern weideten. Verstreute Bäume wie Bergahorne und Rotbuchen blieben als Schattenspender für Vieh und Hirten stehen und faszinieren heute mit ihren bizarren Formen. Über die blumenreichen Wiesenflächen hinaus bieten sich außerdem häufig gute Aussichten in die Umgebung.

Die Weiden von damals sollen im Nationalpark als kulturhistorisch wertvolle Flächen und Lebensraum für Flora und Fauna möglichst in ihrem ursprünglichen Charakter erhalten bleiben. Um ein Zuwachsen der noch existierenden Weideschachten vom Waldrand her zu verhindern, werden regelmäßig Pflegemaßnahmen wie Entbuschung und Mahd durchgeführt.

Vereinzelt tragen Schachten auch die Bezeichnungen „Platzl“, „Fleckl“ oder schlicht „Wiese“ im Namen, z. B. Mittagsplatzl (☞ Wanderung 20), Tummelplatz und Markfleckl (☞ Wanderung 2) oder Rachelwiese (☞ Wanderung 12).

Als Erstes erreichen Sie den Verlorenen Schachten nach 500 m, der noch heute zum Besitz der Gutsfamilie Poschinger von Frauenau gehört (daher auch Poschinger-Schachten genannt) ❸. Nehmen Sie nach rechts den kleinen Abstecher (200 m) zur wiedererrichteten Hirtenhütte. Dort wartet ein toller Pausenplatz mit Bänken, Sitzgruppe und einem Tisch auf Sie. Hier können Sie auch die größte Seegrasfläche aller Schachten bewundern (Zittergras-Segge, die „Wirbel“ erinnern an die Wogen einer rauen See).

Beim Weg zurück zum Hauptweg ragen der Große und Kleine Arber hervor. Sie queren im weiteren Verlauf über ein paar Steinblöcke den Verlorenen Schachtenbach und im Anschluss an eine kleine Lichtung geht es durch dichten Wald zur nächsten Bergweide.

Sie kreuzen den malerischen Almschachten (auch Frauenauer Alm genannt) ❹ mit seinen kräftigen Solitärbäumen und können reizvolle Aussichten auf das Arbermassiv und den Falkenstein genießen, während beim Blick zurück die Rachelgipfel erkennbar sind. Früher wurde auf der Alm trotz des wenig nahrhaften Futters Milchwirtschaft betrieben. Wie der vorherige Schachten gehörte auch dieser zum Glashüttengut Oberfrauenau, ging aber 1997 in das Nationalparkgebiet über.

Weiter geht es entlang schmaler Wege oder Bohlenplanken immer wieder abwechselnd durch Wälder und alte Windwurfflächen mit den stacheligen Baumüberresten abgestorbener Fichten, bevor Sie nach 2 km zum Hochschachten (Großer Schachten) ❺ gelangen. Der Name ist Programm, denn höher werden Sie auf dieser Wanderung nicht mehr steigen. Sie werden sich vielleicht fragen, warum die Wiesenfläche mit herrlichem Arberblick zum Teil eingezäunt ist. Zur Verbesserung des ehemals typischen Bodenbewuchses mit Borstgrasrasen wird hier (und auf dem Ruckowitzschachten, ☞ Wanderung 16) auf eine punktuelle Beweidung mit Rotem Höhenvieh gesetzt. Die bisherigen Ergebnisse stimmen positiv, denn die Artenvielfalt der Pflanzen scheint zu profitieren und dichte Heidelbeerbestände werden aufgelichtet.

Die Markierung mit dem bisherigen Symbol Borstgras geht geradeaus zur Pestwurz über, die Sie für das letzte gute Drittel der Wanderung mit Wegweisern über das Zwieselter Filz und den Lindberger Schachten nach Buchenau leitet. Nahtlos ist auch der Übergang vom Hochschachten zum Latschenfilz, denn am Nordende der Schachtenwiese startet an einer Infotafel ein langer Bohlenweg durch das unberührte Sattelhochmoor.

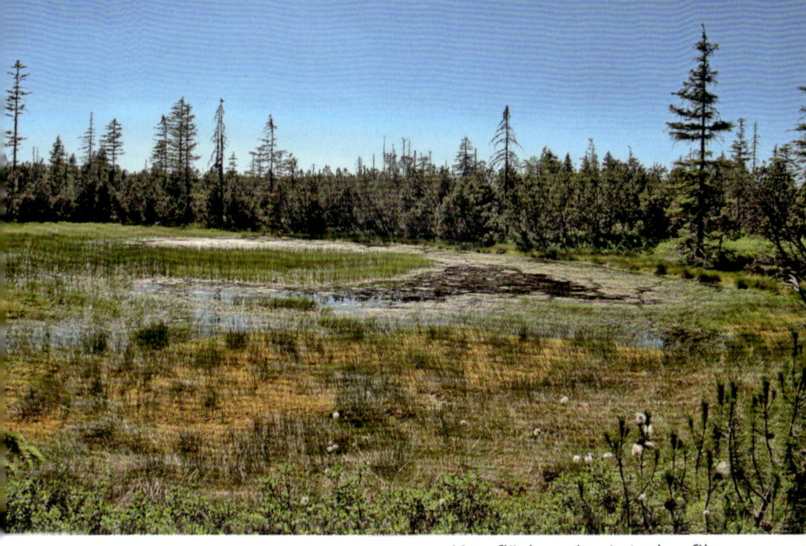

Moorflächen des Latschenfilzes

Ausgedehnte Moorflächen dieser Art finden sich vor allem auf dem Böhmerwaldplateau im tschechischen Nationalpark Šumava. Im Gegensatz dazu sind Vermoorungen in den bayerischen Kammlagen selten und vor allem kleinflächiger.

Die Filzvegetation ist sehr trittempfindlich, bleiben Sie daher stets auf den Planken.

Von Fichtenmoorwäldern umgeben prägen im Moorinneren niedrige Moor-Bergkiefern (Latschen) und zu Sommeranfang die flauschigen weißen Fruchtstände des Scheiden-Wollgrases das Bild. Außerdem können Sie mehrere kaffeebraune Moortümpel bestaunen, wobei Sie gleich zu Beginn die alte Schneise der sogenannten Schluttergasse zum größten Moorauge führt. Den als Latschensee oder Kohlweiher bekannten Hochmoorkolk erreichen Sie nach den ersten 250 m Bohlenweg über den kleinen Stichweg nach rechts.

Schachten und Filze geben sich nun die Klinke in die Hand und nach fast einem Kilometer quer durch das Moorinnere gelangen Sie zum Kohlschachten ❻ mit alten Baumriesen, der wiederum bald durch den nächsten Moorkomplex abgelöst wird. Das ursprüngliche Zwieselter Filz wurde ebenfalls in der Vergangenheit kaum vom Menschen verändert. Der Borkenkäfer war hier gründlich am Werk, aber die vielen Latschen und der sattgrüne Untergrund sorgen für grüne Farbtupfer.

Am Ende der Bohlen steigen Sie über einen wurzeldurchsetzten Wiesenpfad hinab zur Hirschbachschwelle. Der romantische Weiher mit vielen herumschwirrenden Libellen wie der gefährdeten Kleinen Moosjungfer wurde früher für die Holztrift über Zwiesel bis nach Regensburg (Regener Trift) angestaut. Heute ist der kleine Hirschbach im unteren Bachlauf einer der beiden Zuflüsse der riesigen Trinkwassertalsperre.

Ein kurzes Stück laufen Sie auf einer Forststraße, bis nach rechts der Pfad des Gruftsteigs in den Wald abzweigt. Der Horizontalsteig bringt Sie in Hanglage zur Schlucht des Gruftbachs, den Sie mit Steinehüpfen ohne Mühen überwinden. Anschließend durchqueren Sie einen schönen, manchmal düster wirkenden Buchenwald und gelangen an das untere Ende der letzten Bergwiese des Tages, des Lindberger Schachtens ❼. Halten Sie sich an der Weggabelung für die letzten 3,5 km geradeaus in Richtung Buchenau.

Für einen tollen Blick auf das Rachelmassiv im Süden folgen Sie nach rechts dem Goldsteig und dem Fernwanderweg E6 für wenige Schritte über die Freifläche bergauf. Nach 600 m durch ein Meer aus Heidelbeersträuchern finden Sie auf der Terrasse einer Blockhütte Unterschlupf.

Der steinige Abstieg durch das Pommerbachtal mit forstlich geprägtem Wald hinunter zum Ausgangspunkt ist nun weniger eindrucksvoll. Während Sie über 300 m Höhendifferenz überwinden, queren Sie dreimal eine Forststraße, bevor Sie kurz vor Buchenau an einer Kreuzung entscheiden können, welchen der Rundwege Sie nehmen wollen, um in den Ort zu gelangen.

Der Weg nach links verläuft durch das Wildschutzgebiet Auwald und ist in der Zeit vom 15. November bis 30. April gesperrt.

Die meisten Leser werden wohl ohnehin eine der beiden kürzeren Varianten geradeaus oder nach rechts bevorzugen, die sie nach 1 km zum Wanderparkplatz bringen.

⑭ Flanitzer Panorama- und Kapellenrundweg

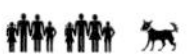

Tour für Stadtgeplagte

Drei Kapellen, exzellente Aussichten und ländliche Idylle – das sind die Zutaten der für dieses Buch eher untypischen Wandertour. Während Sie sonst direkt durch die Tallagen oder über die Höhenzüge des Nationalparks und der Arberregion wandern, lockt die Dorf- und Waldrunde westlich von Frauenau mit prächtigen Ausblicken auf eben jene Bergkämme um Arber und das Falkenstein-Rachel-Gebiet. Romantische Wiesen und hübsche Bachtäler laden obendrein mit mehreren verträumten Rastplätzen fern von frequentierten Wanderrouten zum Innehalten ein.

Start/Ziel: Parkplatz Flanitzalm, GPS N 48°59.711' E 013°15.891'

7,1 km

2 Std. 15 Min.

240 m/240 m

600-735 m

Der Weg ist gut ausgeschildert, die Vielzahl an Markierungen kann aber mitunter verwirrend sein: anfangs unmarkiert für 200 m, rote 24, blaue 4 und Goldsteig, rote 4 bis Althütte, bis Zell unmarkiert, rote 4.

überwiegend breite Feld- und Waldwege sowie schmale, asphaltierte, aber ruhige Dorfstraßen, abgesehen von den ersten 2,3 km häufig schattige Abschnitte

keine Einkehrmöglichkeit am Weg

zahlreiche Bänke entlang der Wanderung, empfehlenswerte Pausenplätze: Flanitzer Dorfkapelle (↳ 200 m ab km 1,3), Sonnenplatz (km 2,4), Brotzeitwiese (km 2,9), Aussichtspunkt Frauenau (km 3,9), Kapelle auf der Zell (km 4,8), Kaiserbachwiesen (km 5,6)

WC keine Toiletten entlang der Wanderstrecke

Die kleine Runde ist als Kindertour gut geeignet. Obacht an der engen Straße in Althütte!

Zum Teil asphaltierter Untergrund, einige Siedlungen werden passiert. Weidetiere und landwirtschaftlicher Verkehr sind möglich.

P Etwa 3,5 km östlich von Zwiesel auf der Straße nach Frauenau zweigt nach rechts die Straße gen Flanitz ab. Folgen Sie der Straße bergauf für 1,2 km und biegen Sie kurz hinter der Ortschaft nach links in Richtung Flanitzalm ab. Sie fahren 1 km immer geradeaus und erreichen vorbei an den Trinkwasseranlagen rechts am Waldrand einen kleinen Parkplatz. Die letzten Meter der Straße sind unbefestigt.

Zwischen Frauenau und Zwiesel fährt mehrfach tägl. die Buslinie 301 und stoppt an der Hauptstraße am Abzweig nach Flanitz (Haltestelle „Flanitzmühle, Frauenau"). Zu Fuß queren Sie den Bahnübergang der Waldbahn und biegen im Ortsteil Flanitzmühle nach 200 m hinter der Brücke über die Flanitz nach links ab. Nach 400 m stoßen Sie kurz vor dem Kaiserbach auf den beschriebenen Rundwanderweg (km 2,6, rote 4, Richtung Glasmuseum).

Abkürzung: Bei Zell können Sie auf die Runde über Althütte verzichten (minus 1,1 km).

Vom Parkplatz starten mehrere Wege in verschiedene Richtungen. Nehmen Sie zu Beginn den, der rechts neben dem Infoschild und der Bank am Waldrand oberhalb der Trinkwasseraufbereitungsanlagen verläuft. Nach 200 m stößt von links der Waldweg mit der roten 24 dazu. Gehen Sie gleich danach rechts über den Feldweg bergab.

Wie durch ein Tor eröffnen sich überraschend erste fantastische Blicke über weite Weidewiesen hinaus auf den Talkessel von Zwiesel und das dahinter emporragende Arbermassiv mit Hennenkobel, Mittagsplatzl (verdeckt den Kleinen Arber) und dem Großen Arber sowie in Laufrichtung auf den Großen Falkenstein (von links nach rechts). Die Bergkette rechts vom Falkenstein steht übrigens erst seit 1997 als sogenanntes Erweiterungsgebiet unter dem Schutz des Nationalparks.

400 m später biegen Sie scharf nach rechts ab (blaue 4 und Goldsteig) und wandern auf einen Hügel mit erstklassiger Panoramaaussicht. Die Bergzüge reichen bis nach Osten mit den hervorlugenden Kuppen des Kleinen und Großen Rachels.

Wenig später queren Sie geradeaus die von der Anfahrt bekannte Flanitzalmstraße. Ab sofort können Sie sich (mit Ausnahme der Runde über Althütte) an der Markierung rote 4 orientieren. Die dazugehörigen Wegweiser zeigen die erste Zeit in Richtung „Glasmuseum". Sie gelangen in die Siedlung Flanitz und in der Linkskurve der kleinen Straße biegen Sie nach rechts ab.

Am Abzweig lohnt ein Abstecher weiter geradeaus (rechts am Holzschuppen vorbei) hinunter in den Ort zur ✝ Flanitzer Dorfkapelle aus dem Jahr 1840 (➲ 400 m).

Nach dem kleinen Ausflug in die Geschichte der letzten Jahrhunderte wandern Sie mit der roten 4 über einen unbefestigten Wirtschaftsweg am oberen Südrand des Dorfes weiter. Wer genau hinschaut, kann in der Distanz die Staumauer der Trinkwassertalsperre erkennen (☞ Wanderungen 12 und 13). Nach einigen

Kurven ist der östliche Ortsausgang erreicht und vom offenen Feldweg haben Sie einen schönen Blick auf die gegenüberliegenden grünen Wiesenhänge von Oberfrauenau und die Talmulde von Frauenau. Nach 600 m gelangen Sie am Waldrand an den ersten Rastplatz. Der „Sonnenplatz“ ❶ ist ein romantisches Fleckchen Erde oberhalb der saftigen Wiesen am Kaiserbach. Entgegen dem Namen liegen Rastbänke und Tisch jedoch angenehm schattig unter einem Blätterdach.

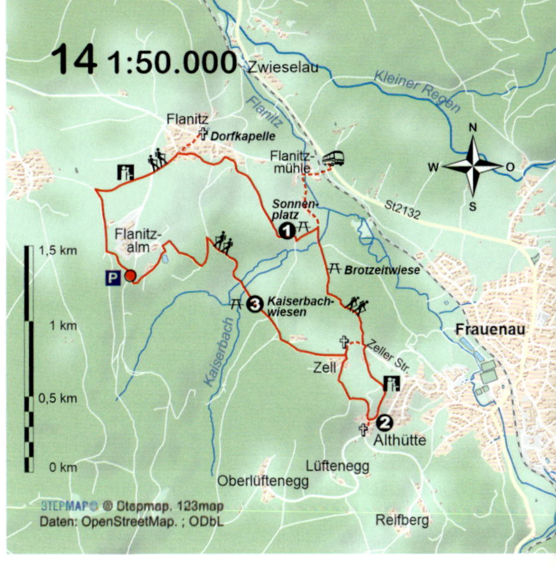

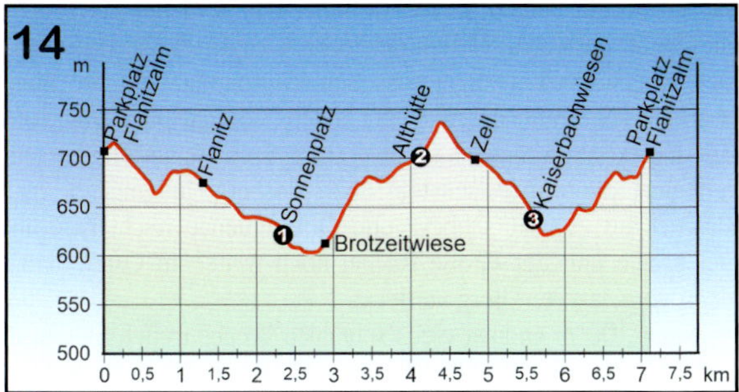

Weiter geht es in Richtung Glasmuseum kurz nacheinander nach links und dann kurz vor der Siedlung Flanitzmühle wieder nach rechts. (🚌 Sollten Sie mit dem Bus anreisen, stoßen Sie hier auf den Weg.) An der nächsten Kreuzung heißt es aufgepasst, denn die rote 4 zum Glasmuseum teilt sich hier in zwei alternative Routen: Ihr Weg führt Sie wie der Kirchen- und Kapellenweg „via Zell“ geradeaus. Vorbei an der „Brotzeitwiese“ mit Rastbank wandern Sie für die nächste Zeit knapp 100 Höhenmeter durch Fichtenwald bergauf und treffen schließlich auf die Zeller Straße.

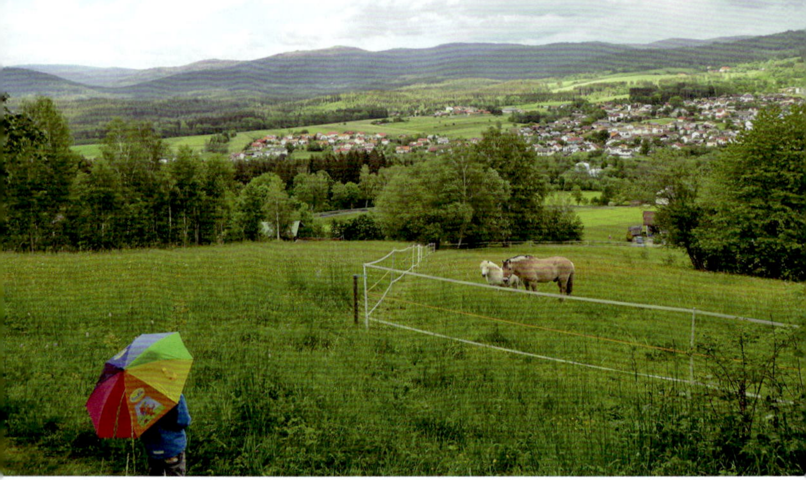

Schöne Aussicht oberhalb von Frauenau

↳ Wer abkürzen will, gelangt nach rechts nach etwas mehr als 100 m direkt zur Kapelle auf der Zell.

Die Runde über Althütte sei Ihnen jedoch wärmstens empfohlen. Dazu folgen Sie der Straße bergab, bevor Sie diese gleich wieder nach rechts verlassen und ein Gehöft passieren. Neben der roten 4 begleitet Sie jetzt auch kurz die rote 3. Der Weg wird zum zugewachsenen Wiesenpfad, der Sie quer über Skihänge oberhalb von Frauenau zu einem tollen Aussichtspunkt mit Totenbrettern führt. Von hier können Sie die faszinierende Szenerie im Hintergrund von Frauenau genießen, die vom Falkenstein über Riesberg, Jungmaierberg, Scheuereck und Kiesruck bis zum Hirschberg und Oberfrauenau reicht (von links nach rechts). Der Kleine und der Große Rachel noch weiter im Osten sind allerdings durch einen vorgelagerten Berg verdeckt.

Nach 200 m entlang eines schmalen Weges treffen Sie auf die enge, asphaltierte Straße von Althütte ❷ und orientieren sich nach rechts. Vorübergehend fehlt jetzt eine Beschilderung und Markierung, aber Sie wandern weiterhin über öffentliche Wege. Nach nur 30 m auf der Straße zweigen Sie in der Linkskurve wieder nach rechts auf einen kleinen, asphaltierten Fahrweg ab (zwischen der Doppelgarage links mit der Hausnummer 4a und einem Haus rechts).

↳ Nur ein paar weitere Schritte entlang der Straße sind es bis zur ✝ Kapelle von Althütte und dem interessanten ehemaligen Wohnhaus des Künstlers Hermann Erbe-Vogel. ✋ Kurvige, enge Straße.

Direkt hinter dem Haus halten Sie sich ein weiteres Mal rechts auf einen Schotterweg und biegen an der nächsten Weggabelung nach 50 m nach links ab, hinauf über einen Wiesenhang. Am Waldrand angelangt folgen Sie dem Weg – nun wieder bergab – nach rechts. Jetzt sind es noch 300 m bis zur kleinen Siedlung Zell, die Sie am Ende eines Hohlwegs erreichen. Nach links führt Sie nun wieder die rote 4, fortan mit der Beschilderung „Flanitz über Flanitzalm". Rechter Hand steht mit der ✝ Kapelle auf der Zell (Hermannkapelle) ein besonderes Unikat. Das Grundgerüst bildete ein hochkant aufgestellter VW-Bus.

Für die letzten 2,3 km der Wanderung durchschreiten Sie noch einmal das Kaiserbachtal. Zunächst geht es über breiten Schotterweg mit hervorragendem Blick auf Arber & Co., dann biegen Sie in 500 m nach rechts auf einen Waldweg ab. Schon bald gelangen Sie an die Kaiserbachwiesen mit einem Rastplatz in traumhafter Idylle ❸. Am Rand der Wiesen gelangen Sie anschließend über einen Pfad hinunter zum Kaiserbach und durchwaten diesen an zwei Stellen oder balancieren über kleine Brücklein.

Der Weg mit der roten 4 schlängelt sich in der Folge mit mehreren Abzweigen durch ein Waldstück hinauf zur Siedlung Flanitzalm. Dort queren Sie eine Wiese und schwenken zweimal nach links. Sie passieren auf einer kleinen Straße ein Wasserbecken und ein paar Häuser am Waldrand und gelangen nach einem letzten kleinen Abschnitt durch Fichtenwald zum Ausgangpunkt zurück.

Kapelle auf der Zell

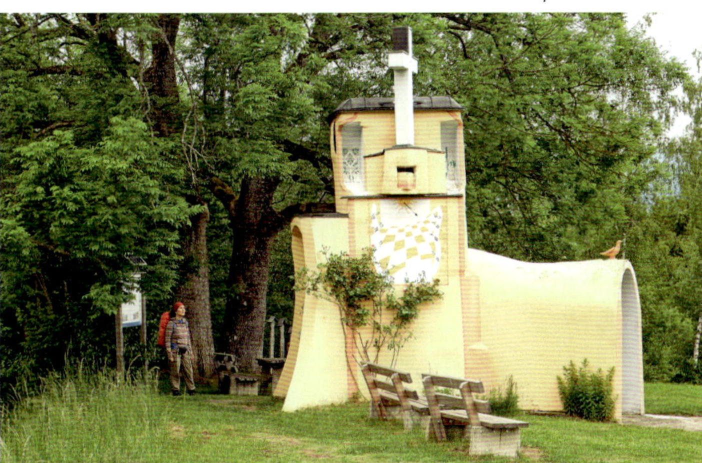

15 Von Rabenstein (Zwiesel) zum Hennenkobel

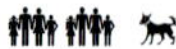

Tour für Wanderneulinge

Die Rundwanderung führt von Rabenstein über bequeme Wege zum Gipfel des Hennenkobels, des 974 m hohen Hausbergs oberhalb der Glasstadt Zwiesel. Vom Gipfelkreuz können Sie herrliche Aussichten über die südlichen Höhenzüge des Bayerischen Walds genießen. Auf dem Weg dahin erkunden Sie längst verlassene Standorte aus der Glashüttenzeit und lassen sich an 14 Stationen mit kleinen Glaskunstwerken auf dem Gläsernen Kreuzweg inspirieren.

Start/Ziel: Wanderparkplatz Kaisersteig, Rabenstein (Zwiesel), GPS N 49°02.988' E 013°12.063'

7,1 km

2 Std. 30 Min.

290 m/290 m

720-974 m

gut ausgeschildert und markiert: Gläserner Steig, rote 4, rote 28

Abschnitt Gläserner Steig vorwiegend über Forststraßen, danach Waldwege mit naturbelassenem Untergrund, einfache Wegbeschaffenheit mit Ausnahme des anspruchsvolleren mittleren Abschnitts der roten 4, nahezu die gesamte Wanderung im schattigen Wald

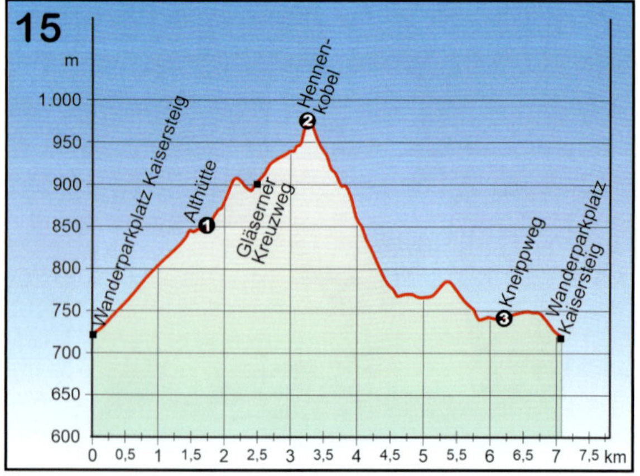

- keine Einkehrmöglichkeit am Weg
- Abzweig Kneippweg (km 0,4), Hennenkobel (Bänke und Unterstand, km 3,3), Kneippweg (km 6,2 bis 6,7)
- WC keine Toiletten entlang der Wanderstrecke
- Für Kinder gut geeignet. Der Kneippbach am Ende lädt im Sommer zum Planschen ein. Für eine kürzere Wanderrunde bietet sich der Rabensteig an.
- anfangs asphaltierte Abschnitte, später steinige Passagen, nur zu Beginn und am Ende Trinkgelegenheiten
- P Von Zwiesel oder von Theresienthal an der B11 fahren Sie über Klautzenbach nach Rabenstein, etwa 4 km nordwestlich von Zwiesel. Folgen Sie in der Ortschaft weiter der Hauptstraße vorbei am Schloss Rabenstein bis zum Parkplatz an ihrem Ende.
- Die Stadtlinie 7142, www.lambuerger.de, verkehrt Mo bis Fr mehrmals zwischen Zwiesel und dem Start-/Zielpunkt Rabenstein-Kaisersteig.
- Am Bahnhof Zwiesel besteht Anbindung an die Waldbahn-Linien.

Für die ersten 2,5 km des Aufstiegs zum Hennenkobel verläuft Ihre Route entlang des Gläsernen Steigs. Wandern Sie dazu ans Ende des Parkplatzes und folgen Sie anschließend der Forststraße nach links bergauf. Auf der linken Seite plätschert munter der Mühlbach. Nach kurzer Zeit passieren Sie den Abzweig des Kneippbachls, eines künstlichen Kanals aus der Glashüttenzeit. Über den Kneippweg werden Sie den Rundwanderweg später beenden.

Sie bleiben aber zunächst immer geradeaus, so auch nach 1,3 km, wo Sie der Gläserne Steig auf einen Wiesenweg führt, statt der Linkskurve des Wirtschaftswegs zu folgen. Für die nächsten 500 m wandern Sie über naturbelassene Wege durch üppigen Mischwald und erreichen anschließend über einen Forstweg hinweg die Freiflächen des ehemaligen Rabensteiner Glashüttenweilers Althütte ❶.

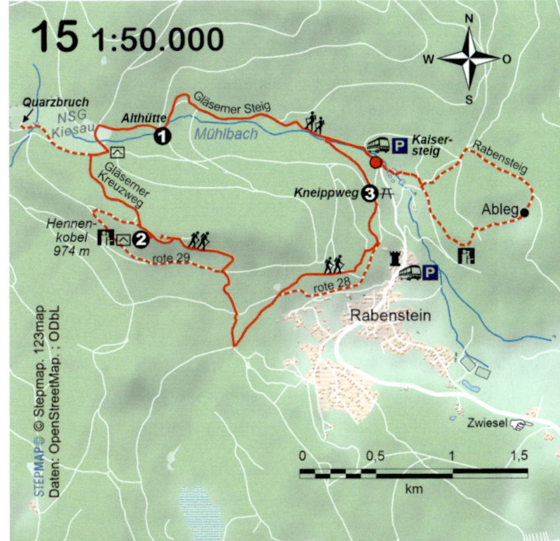

Eine Infotafel erzählt Wissenswertes aus der Geschichte des Hüttenguts, von dem heute nichts mehr erkennbar ist. Es geht weiter bergan durch eine Fichtenaufforstung, dann stößt der Weg schließlich auf die geteerte Straße nach Schachtenbach. Hier, wo früher Glasmacherhäuser standen, wenden Sie sich nach links bergab. Ignorieren Sie nach wenigen Metern den Abzweig zum Großen Arber und orientieren Sie sich kurz darauf an einer Kreuzung mit kleinem Unterstand nach rechts. Verlassen Sie etwa 100 m später den Gläsernen Steig und biegen Sie nach links auf den Gläsernen Kreuzweg hinauf zum Hennenkobel ab. 2006 wurden an 14 Stationen entlang des Aufstiegs mehrere Glaskunsttafeln mit Kreuzen installiert.

Hennenkobel

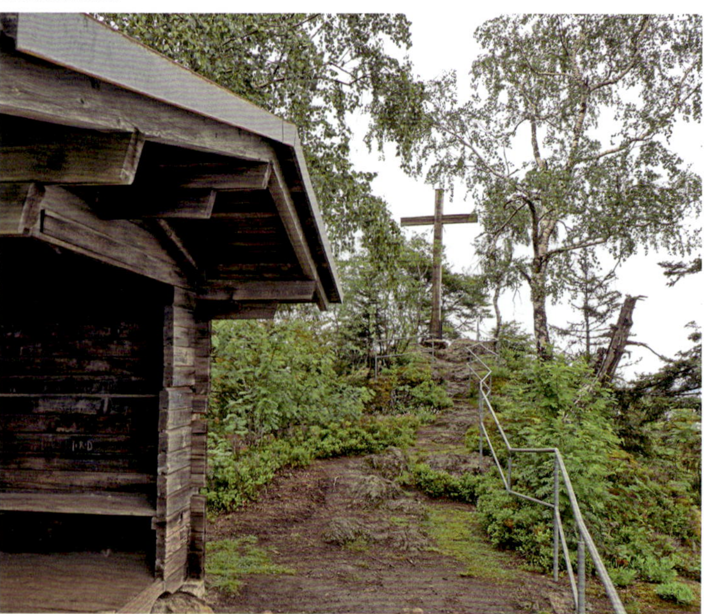

↬ 600 m weiter geradeaus entlang des Gläsernen Steigs gelangen Sie zu einem historischen Quarzbruch am Rande eines Hochmoores im Naturschutzgebiet Kiesau.

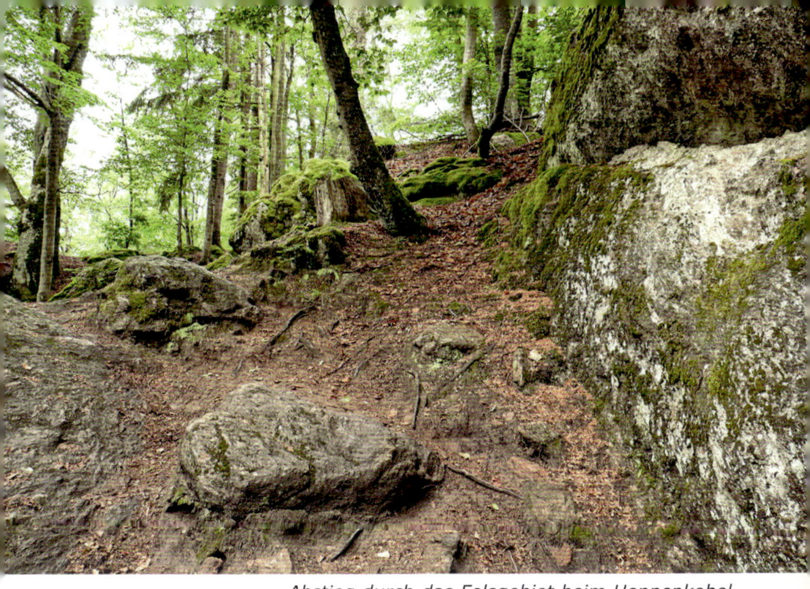

Abstieg durch das Felsgebiet beim Hennenkobel

Der Weg ist jetzt erstmals etwas steiniger und als Markierung dienen für die kommende Zeit die rote 4 bzw. die rote 29. Nach etwa 600 m trennen sich die beiden Wege für eine Weile: Während die rote 4 geradeaus direkt und teilweise steil durch das Felsgebiet beim Hennenkobel führt, umrundet die scharf nach rechts abzweigende rote 29 die großen Felsformationen auf einfacherem Wege. Wenn Sie sich für die zweite Variante entscheiden, sollten Sie sich allerdings zumindest den kleinen Abstecher über die rote 4 bis zum Hennenkobelgipfel nicht entgehen lassen.

Über felsigen und wurzeligen Untergrund gelangen Sie zu einem Plateau, von dem Sie nach rechts zum Gipfelfelsen des Hennenkobels (974 m) ❷ hinaufsteigen können. Stein- und Metallstufen sowie Wurzeln machen das Unterfangen bei trockener Witterung fast zum Kinderspiel und auch Wanderer mit Höhenangst können ohne mulmiges Gefühl die Aussicht von oben genießen, da es eine durchgehende Begrenzung gibt. Vom Gipfelkreuz bis zum Unterstand am Ende des Felskamms haben Sie schöne Blicke nach Süden in den Zwieseler Winkel.

Wieder zurück am Fuß des Hennenkobels beginnen Sie nun den nach Zwiesel ausgeschilderten Abstieg mit der roten 4. Umrunden Sie nach wenigen Schritten eine weitere Felsgruppe nach Belieben auf der linken oder rechten Seite, das felsige Gelände ist kurzzeitig anspruchsvoller.

Im Anschluss geht es für 500 m teilweise recht steil hinab. Sie treffen auf einen Forstweg (von rechts kommt die rote 29 wieder hinzu) und queren diesen geradeaus. Der Weg ist mitunter mit einigen Steinen und Wurzeln durchsetzt. Auch den folgenden Forstweg nach 300 m queren Sie geradeaus. Nur ein kurzes Stückchen wandern Sie noch entlang der bekannten Markierungen, bevor Sie an der nächsten Weggabelung nach links der roten 28 mit einfacher Wegbeschaffenheit nach Rabenstein folgen.

Nach 400 m haben Sie wieder eine Wahlmöglichkeit: Entweder Sie folgen entsprechend der offiziellen Wegführung dem Forstweg nach rechts (verpassen Sie dann nicht nach 900 m, kurz hinter dem Privatgrundstück Nr. 35 und dem Beginn der Teerstraße, den Abzweig von der Straße nach links) oder Sie umgehen den Abschnitt über unmarkierte Waldwege. Queren Sie dazu den Forstweg geradeaus und steigen Sie an einer Lichtung vorbei für 300 m den Hang hinauf. An der ersten Gabelung halten Sie sich rechts wieder sanft bergab, nach 100 m links und nach weiteren kurvigen 200 m rechts. Anschließend stoßen Sie wieder auf die Route der roten 28, die Sie dann nach links leitet.

Kurze Zeit später nehmen Sie für 100 m die Straße nach links, bevor Sie in den idyllischen Kneippweg nach rechts abbiegen ❸. Etwa nach der Hälfte der Strecke können Sie Ihre qualmenden Füße von den Schuhen befreien und durch den Kneippbach waten. Nach der erholsamen Erfrischung erreichen Sie den bekannten Forstweg vom Beginn der Wanderung, der Sie nach rechts hinunter zurück zum Ausgangspunkt bringt.

Eine 2,9 km lange, abwechslungsreiche Rundwanderung ohne größere Anstiege bietet der Rabensteig. Vom Startpunkt Kaisersteig geht es vorbei an einer hübschen Teichlandschaft und einem Aussichtspunkt mit Blick auf Rabenstein zur idyllischen Blumenwiese der ehemaligen Einöde Ableg. Der Rückweg verläuft durch alte Bergmischwälder.

Da die Beschilderung zum Zeitpunkt der Recherche nicht immer eindeutig nachvollziehbar war, nehmen Sie zur Orientierung am besten zusätzlich ein GPS-Gerät mit aufgespieltem Track mit.

16 Durch das Höllbachgspreng zum Großen Falkenstein

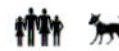

Tour für Urwaldfans und Gipfelstürmer

Die anspruchsvolle Rundtour zum Großen Falkenstein ist reich an Höhenpunkten und sollte von jedem ambitionierten Wanderfreund in die engere Wahl gezogen werden. Die malerische Höllbachschwelle, der spannende Aufstieg mit Urwaldflair durch das felsige Höllbachgspreng und der perfekte Blick vom Falkensteingipfel hinterlassen bereits eindrucksvolle Erinnerungen. Der Ruckowitzschachten und der Urwald der Mittelsteighütte vollenden beim Abstieg das rundum gelungene Wandererlebnis.

Start/Ziel: Parkplatz Schillerstraße, Zwieslerwaldhaus, GPS N 49°05.296' E 013°14.919'

14,5 km

6 Std.

690 m/690 m

705-1.315 m

sehr gut ausgeschildert und markiert: Heidelbeere, E6, Böhmweg

wechselnde Wegbeschaffenheit: von einfacher Forststraße über Wiesenwege und steinige und wurzeldurchsetzte Waldwege bis zum anspruchsvollen, steilen Aufstiegspfad durch das Höllbachgspreng, größtenteils schattig, exponierte Freiflächen beim Abstieg vom Falkenstein bis zum Ruckowitzschachten

Schutzhaus Falkenstein (km 8,3)

Höllbachschwelle (km 5,6), Großer Falkenstein (km 8,3), Ruckowitzschachten (km 10,7), Schutzhütte Tausenderkurve (km 11,8), mehrere Bänke in Zwieslerwaldhaus

WC Parkplatz Zwieslerwaldhaus (Ausweichparkplatz, 200 m vor dem Start/Ziel), Höllbachschwelle (km 5,6), Schutzhaus Falkenstein (km 8,3)

Die Wanderung ist für erfahrene, fitte Kinder, die es wild und ursprünglich mögen, geeignet.

Für Hunde ist der Abschnitt durch das Höllbachgspreng eher ungeeignet. Die Wanderlinie Silberblatt über den Sulzschachten ist als Umgehung möglich.

P Von Zwiesel kommend biegen Sie etwa 1 km hinter dem Nationalparkzentrum Falkenstein in Ludwigsthal nach rechts in Richtung Zwieslerwaldhaus ab. Nach 2,5 km gelangen Sie in die Ortschaft und passieren den Parkplatz Zwieslerwaldhaus auf der linken Seite (großer Ausweichparkplatz). Hinter dem Hotel Scharnagl mit Waldgasthof befindet sich rechts nach wenigen Metern der Parkplatz Schillerstraße.

 Der Falkensteinbus (Igelbus-Linie 7150), www.lambuerger.de, fährt tägl. mehrfach zwischen Zwiesel und Zwieslerwaldhaus. Nutzen Sie am besten den Ausstieg an der Haltestelle „Abzweig Wildniscamp" und folgen Sie auf der rechten Seite dem Böhmweg in Richtung Železná Ruda für 400 m bis zum Startpunkt an der Schillerstraße. Die letzte Rückfahrt nach Zwiesel nach 18:00 muss telefonisch angemeldet werden, ☎ 099 22/8 41 20.

Abkürzungen: Statt über das Höllbachgspreng ist nach dem Ahornriegel ein direkter Aufstieg entlang des Wanderwegs Esche möglich (minus 2,7 km). Der alternative Abstieg über den Kleinen Falkenstein mit dem Wanderweg Eibe ist ebenfalls kürzer (minus 1,9 km). Kombination: Tour 17

Festes Schuhwerk ist sehr zu empfehlen. Bei nasser Witterung kann es teilweise rutschig werden, dann sollten Sie besonders aufpassen.

Von Beginn an können Sie sich für den gesamten Aufstieg bis zum Gipfel des Großen Falkensteins über das Höllbachgspreng an der Markierung Heidelbeere orientieren. Nehmen Sie die breite Forststraße und wandern Sie zum Aufwärmen gemütlich bergan. Nacheinander zweigen die Wanderwege Eibe und Siebenschläfer nach links ab, Sie aber gehen geradeaus weiter. Nach den ersten 100 Höhenmetern und 1,4 km Distanz biegen Sie nach einer scharfen Linkskehre nach rechts auf einen steinigen Waldweg ab.

Der Anstieg verlangt in der Folge etwas mehr Kondition. Vorbei an ein paar Lichtungen können Sie flüchtige Blicke in den Zwieseler Winkel erhaschen. Der Weg wird schmaler und Sie erreichen schließlich auf einer Höhe von 1.000 m den unauffälligen Ahornriegel ohne Aussicht in die Umgebung.

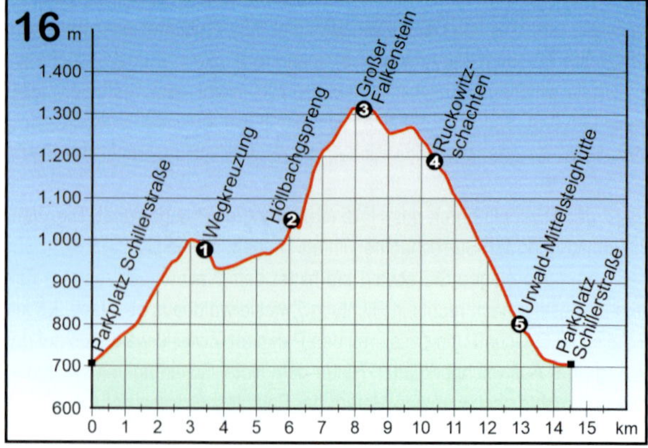

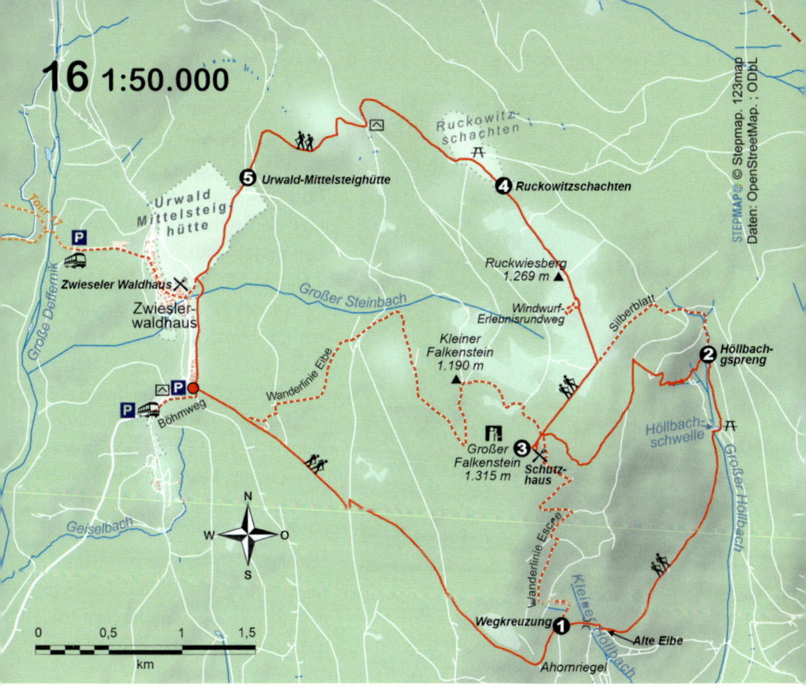

Bis zur Höllbachschwelle können Sie vorübergehend durchschnaufen, denn bis dorthin sind nur noch mäßige Steigungen zu bewältigen. Zunächst fällt der Weg sogar ab, während Sie die Wanderlinie Esche – auf direktem Wege von Kreuzstraßl zum Großen Falkenstein – kreuzen ❶ und anschließend den Kleinen Höllbach über eine Brücke queren.

An der nächsten Weggabelung wenden Sie sich scharf nach links und sehen kurz danach auf der rechten Seite eine alte Eibe. Auf angenehmem Untergrund kommen Sie zügig voran und schwenken nach und nach an den Osthängen des Großen Falkensteins in das Tal des Großen Höllbachs, dessen Rauschen immer deutlicher zu hören ist. Der Weg verjüngt sich und im von Buchen dominierten Wald bieten bemooste Felsen und quer herumliegende Baumreste einen Vorgeschmack auf kommende urwüchsige Abschnitte.

Nach den ersten 5,5 km der Wanderung gelangen Sie an die Höllbachschwelle, einen von vielen Triftdämmen aus den Zeiten, als das Holz über das Gewässernetz des Bayerischen Waldes abtransportiert wurde. Die Arbeiter von damals machten sich zum Anstauen die Karmulde des einstigen Höllbachgletschers zunutze.

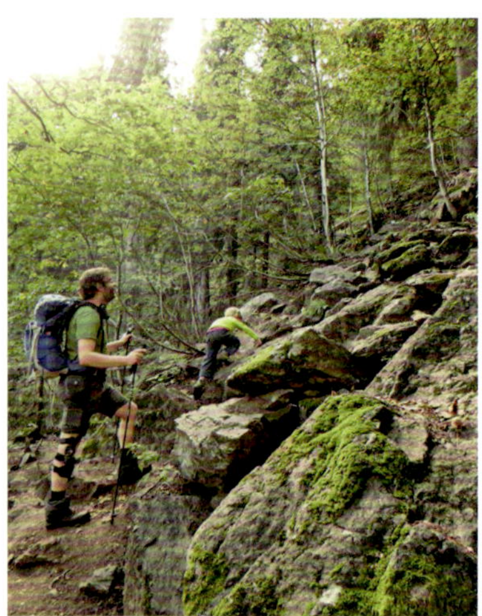
Höllbachgspreng

Ohne Zweifel gehört die Stauklause zu den idyllischsten Gewässern im Nationalpark und auch eine Hütte aus dem Jahr 1870 sowie einige Bänke und Tische sorgen für einen perfekten Pausenplatz.

Halten Sie sich für den Weiterweg vor der Hütte links (ab hier ist auch die Markierung des Fernwanderwegs E6 zu finden). Durch ursprünglichen Bergmischwald steigen Sie im Höllbachtal rechts neben dem wildromantischen Bachbett mit kleinen Wasserkaskaden über anspruchsvollen, felsigen Untergrund für 500 m in Richtung Talschluss. An der dann folgenden Weggabelung queren Sie den Höllbach über große Steinbrocken nach links, was meist trockenen Fußes möglich ist. Etwas weiter oben im Talhang prasselt das Wasser des beeindruckenden Höllbachfalls über die Felsen.

In der Zeit von Februar bis etwa Juni ist der Aufstieg nach links über das Höllbachgspreng häufig wegen brütender Wanderfalken gesperrt. Bitte nehmen Sie in diesem Fall unbedingt die Umleitung der Wanderlinie Silberblatt über den Sulzschachten und biegen Sie nach rechts über die Steinstufen ab (minus 200 m), um die Aufzucht der Jungvögel nicht zu gefährden.

Auf der anderen Seite des Baches wird es richtig spannend. Über viele Wurzeln und Steinbrocken navigiert Sie der wilde Pfad vorerst in leichtem Auf und Ab durch das unwegsame Felsgebiet des Höllbachgsprengs, das an einen üppigen Urwald erinnert ❷. (Nach etwas mehr als 100 m ist es bei einer Passage um eine Felswand herum auf der linken Seite abschüssig.) Doch dann geht es gen Westen stramm bergauf, auf 200 m Luftlinie überwinden Sie mehr als 100 Höhenmeter. Vorbei an alten Baumriesen und mächtigen, hohen Felsmassiven aus Gneis auf der rechten Seite erklimmen Sie im Zickzack und mit kurzen Kraxelpassagen das steile Gelände. Am Ende des felsigen Terrains können Sie kurz nach Süden auf den Rachel blicken (☞ Wanderungen 11 und 12). Noch ein Stück über schmalen, aber schon einfacheren Weg bergauf und der steilste Anstieg des Tages ist geschafft.

Für die letzten 1,3 km mit mäßiger Steigung bis zum Großen Falkenstein biegen Sie nach links auf einen Forstweg ein, der bald in einen wurzeligen Waldweg und später in teilweise holprigen Wiesenpfad übergeht.

Sie gelangen schließlich zum Gipfelplateau des Großen Falkensteins (1.315 m). An der großen Wanderwegkreuzung, wo die Linien Heidelbeere, Esche, Eibe, Silberblatt sowie die Fernwanderwege E6 und Goldsteig aufeinandertreffen, geht es nach links über breiten Weg in wenigen Schritten zum Felsen mit kleinem Gipfelkreuz ❸. Die Aussicht vom abgesicherten Kammbereich rechts vom neuen Schutzhaus Falkenstein ist grandios. Eingebettet in lang gezogene, bewaldete Bergketten liegen in sanft geschwungenen Tallagen die Stadt Zwiesel und die verstreuten Siedlungen der Gemeinde Lindberg an der Nationalparkgrenze zu Ihren Füßen. Links können Sie hinter dem Riesberg die Talmulde mit Frauenau erkennen, der Große und der Kleine Rachel noch weiter östlich sind allerdings nahezu verdeckt. Im Westen thront unverkennbar der Große Arber (☞ Wanderungen 18, 20 und 23). Direkt rechts neben dem höchsten Berg des Bayerwalds liegen in einer Linie die Ortschaft Zwieslerwaldhaus, der Höcker des Hochbergs und im Hintergrund des Brennessattels der Gipfel des Schwarzecks (☞ Wanderung 23). Zu guter Letzt blitzen in Richtung Bayerisch Eisenstein in 30 km Entfernung der Hohe Bogen und noch ein Stückchen weiter im Norden der Doppelberg des Ossers (☞ Bonustour) hervor.

✕ Schutzhaus Falkenstein, ☏ 099 25/90 33 66, 💻 www.1315m.de, www.schutzhaus-falkenstein.de, 🚪 Mai bis Okt tägl. 10:00-17:00, 2019 neu eröffnet, Sonnenterasse und gemütliche Gaststube mit Panoramafenster, traditionell bayerische Gerichte und hausgemachter Kuchen, Übernachtung in Mehrbettzimmern möglich

Wieder zurück an der Wegkreuzung gehen Sie für den langen Abstieg nach Zwieslerwaldhaus über den Ruckowitzschachten mit der Markierung des Fernwanderwegs E6 in den Wald hinein. Schon bald prägen statt dichten Gehölzes allerdings nur noch weite Grasflächen und kleine Überreste von ehemaligen Fichtenhochwäldern die Umgebung.

Dass die einst waldreichen Hochlagen nördlich des Falkensteins am Ruckwiesberg heute eher einer artenarmen Wiesensteppe mit durchaus eigenem Charme gleichen, hat seinen Ursprung in einer politischen Entscheidung aus dem Jahr der Erweiterung des Nationalparks, 1997. Große Teile des hinzugefügten Falkenstein-Rachel-Gebiets, knapp ein Viertel der gesamten Nationalparkfläche, wurden zu dieser Zeit der sogenannten Entwicklungszone zugeordnet. Statt einer natürlichen Entwicklung, wie in der Naturzone üblich, wurden hier genauso wie in den Randzonen des Nationalparks (ein weiteres knappes Viertel Fläche) Borkenkäferbekämpfungsmaßnahmen vorgeschrieben.

Im Januar 2007 fegte Orkan Kyrill Hunderte Hektar Bergwald zu Boden. Beim Versuch, die Ausbreitung des Borkenkäfers zu verhindern, wurde der Großteil der Windwurfflächen „konsequent, umfassend und schnellstmöglich" aufgearbeitet. Die Spuren waren unübersehbar und ein ökologischer Einschnitt für die Artenvielfalt. An einigen anderen Stellen im Erweiterungsgebiet entschied man sich hingegen, die Kyrill-Windwürfe liegen zu lassen, musste aber in den Folgejahren wegen der Massenvermehrung des Borkenkäfers im Sturmholz und des Übergreifens auf umliegende Fichtenwälder neu befallene Flächen ebenfalls mit schweren Maschinen beräumen.

Die Debatte darüber, ob es sinnvoller ist, großflächig Kahlschläge hinzunehmen oder das Totholz als zukünftiges Keimbett neuer Baumgenerationen einfach an Ort und Stelle zu belassen, wird heute teilweise noch hitzig geführt. Inzwischen ist jedoch durch schrittweise Eingliederung des Erweiterungsgebiets in die Naturzone nur noch ein kleiner Anteil an Entwicklungszone übriggeblieben, der bis 2027 sogar ganz verschwinden soll.

Nach 600 m biegen Sie nach links ab und wandern für die gleiche Distanz ohne Gefälle über den breiten Bergkamm des Ruckwiesbergs. Zwischendurch können Sie dem kleinen Windwurf-Erlebnisrundweg einen Besuch abstatten. An der nächsten Weggabelung halten Sie sich links und setzen Ihren Abstieg fort, bis Sie nach einem kurzen Waldstück mit dem Ruckowitzschachten die größte und älteste Weidefläche des Bayerischen Waldes erreichen ❹. Bereits 1613 wurde hier zum ersten Mal geschwendet (gerodet). Zum Erhalt des typischen Borstgrases wird der Schachten seit 2014 wieder beweidet. Heidelbeersträucher säumen den Wegesrand und der Blick in Wanderrichtung über das offene Gelände auf die Berge Arber, Zwercheck und Špičák (Spitzberg) ist eindrucksvoll. Ein Tisch mit Rastbänken ist schön gelegen. Queren Sie hier den Forstweg geradeaus und betreten Sie für die letzten 3,7 km der Wanderung wieder Wald.

Die Markierungen und Wegweiser des E6 leiten Sie gewohnt zuverlässig durch das Wegenetz im Wald und der Abstieg erfolgt zügig ohne größere Hindernisse. Nach 2,2 km bzw. in 300 m tieferer Lage tauchen Sie in einen der letzten Urwaldbestände Deutschlands ein. Das Gebiet der Mittelsteighütte ❺ entwickelt sich schon seit über 200 Jahren ohne menschlichen Einfluss. Damals lag das Waldstück genau an der Grenze zwischen Bayern und Böhmen an der Handelsstraße zwischen Deggendorf, Zwiesel und Pilsen (Böhmstraß, Alte Straße) und blieb zunächst aus Gründen der Grenzsicherung als „Bannwald" unangetastet.

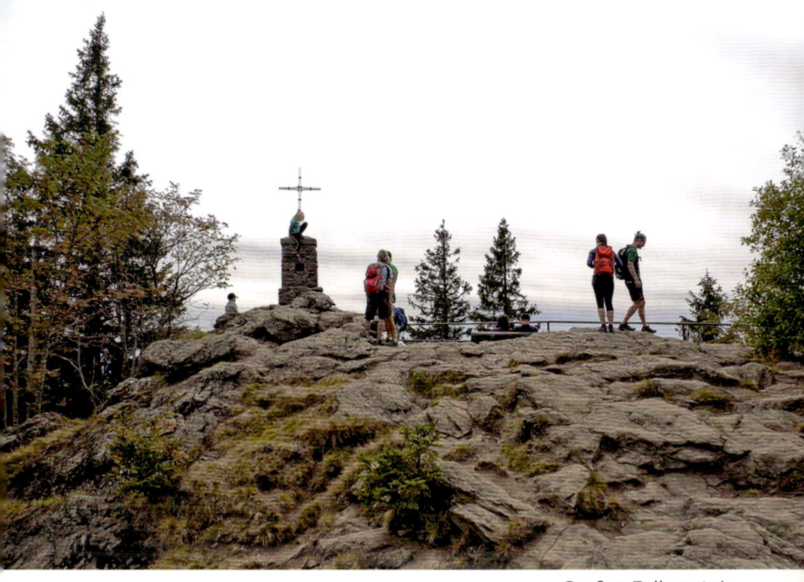

Großer Falkenstein

Später wurde der Bergmischwald mit teilweise Hunderte Jahre alten Fichten, Tannen und Buchen unter Naturschutz gestellt. Zwischen dem wilden Geflecht aus Wurzeln, Moosen und Farnen unter den Kronen der Baumkolosse gedeiht hier durch den hohen Anteil an Totholz eine große Vielfalt an Insekten, Pilzen und Flechten, die mitunter in Mitteleuropa schon als ausgestorben galten oder als stark gefährdet auf der Roten Liste stehen. Neben dem häufig anzutreffenden Zunderschwamm (bayerisch: Hodernsau) wachsen hier z. B. der sehr seltene Holzpilz Zitronengelbe Tramete oder der intensiv nach Rosen riechende Duftende Feuerschwamm, der bisher nur an etwas mehr als einer Handvoll weiterer Fundpunkte der Welt ausfindig gemacht werden konnte.

✋ Da Wegesicherungsmaßnahmen den Verlust wertvoller Altbäume bedeuten würden, wird hier größtenteils darauf verzichtet. Die Bäume sind also möglicherweise instabil und Äste und Kronenteile könnten unvermittelt herunterbrechen (☞ Wanderinfrastruktur).

Nach 800 m eindrucksvollem Urwalderlebnis biegen Sie an der nächsten Kreuzung nach links auf den Böhmweg ab, der Sie auf direktem Wege hinter den Häusern von Zwieslerwaldhaus in wenigen Minuten zum Parkplatz Schillerstraße führt.

17 Von Bayerisch Eisenstein zum Schwellhäusl

WC

Tour für Genusswanderer

Das historische Gasthaus Schwellhäusl liegt gefühlt Meilen vom Alltagsstress entfernt auf einer romantischen Lichtung an der Schmalzbachschwelle und ist schon deshalb zu Recht ein hochgeschätztes Einkehrziel im Nationalpark. Auf Ihrer Tour nehmen Sie jedoch nicht den üblichen kurzen Weg von Zwieslerwaldhaus, sondern überschreiten nach einer genussvollen Wanderung durch die Flusslandschaft am Großen Regen von Westen einen Bergkamm in den Nationalpark hinein. Nach einer zünftigen Mahlzeit und der unverzichtbaren Extrarunde zum Hans-Watzlik-Urwald findet die Tour beim Aussichtspunkt am Hochfels einen gebührenden Abschluss.

Start/Ziel: Wanderpark Bayerisch Eisenstein, GPS N 49°07.232' E 013°12.091'

12,1 km

3 Std. 45 Min.

350 m/350 m

640-860 m

sehr gut ausgeschildert und markiert: Flusswanderweg, Einbeere, Bussard/Linde, Radweg nach Bayerisch Eisenstein Bahnhof, Waldmaus

unterschiedliche Wegbeschaffenheit: von einfachen Forststraßen, breiten Waldwegen und naturbelassenen Pfaden am Fluss bis zum etwas anspruchsvolleren, urigen Aufstieg zum Hochfels, größtenteils schattig

Schwellhäusl (km 6,8)

mehrere Bänke und Pausenplätze entlang der Wanderung, z. B. Wanderpark Bayerisch Eisenstein (Start/Ziel), Seebachschleife (km 4,6), Schwellhäusl (km 6,8), Eisernes Kreuz (Schutzhütte, km 7,9), Hochfels (km 10,6)

WC Tourist Info Bayerisch Eisenstein (300 m vom Start/Ziel), Schwellhäusl (km 6,8)

Das Schwellhäusl mit kleinem Tiergehege und Spielplatz ist ein lohnendes Ziel für Kinder, ebenso die Dicke Tanne beim Abstecher zum Watzlik-Hain. Der Aufstieg am Ende zum Hochfels kann ausgelassen werden. Vorsicht bei der Querung der B11 bei Seebachschleife.

Der Weg ist insgesamt sehr gut für Hunde geeignet. Es gibt viele Trinkmöglichkeiten und viel pfotenfreundlichen Untergrund.

P Fahren Sie über die B11 bis nach Bayerisch Eisenstein. Nach etwa 1 km im Ort biegen Sie hinter der Arberlandhalle nach rechts in die Hohenzollernstraße, queren die Brücke über den Großen Regen und biegen nach wenigen Metern erneut rechts in den Anton-Pech-Weg. Der Parkplatz am Wanderpark befindet sich nach 100 m auf der rechten Seite.

Die Waldbahn-Linie RB35 fährt tägl. im Stundentakt von Zwiesel nach Bayerisch Eisenstein. Wechseln Sie vom Bahnhofsvorplatz auf die andere Straßenseite und nehmen Sie den ausgeschilderten Verbindungsweg hinunter zum Anton-Pech-Weg. Folgen Sie diesem für 400 m geradeaus bis zum Wanderpark.

Abkürzungen: Sie können vom Schwellhäusl über die Wanderlinie Linde / Rundweg Bussard auch ohne den Schlenker über den Hochfels direkt zurück nach Bayerisch Eisenstein absteigen (minus ➲ 1,3 km, ↑ 100 m). Oder Sie fahren ab dem Schwellhäusl mit dem Falkensteinbus (☏ 099 22/8 41 20, 💻 www.lambuerger.de, nur zweimal täglich um die Mittagszeit) nach Zwiesel und von dort zurück nach Bayerisch Eisenstein. Kombination: Tour 16

Queren Sie den Großen Regen vom Wanderpark aus über die kleine Brücke und biegen Sie nach links ab. Gleich von Beginn an ist die Routenführung des Flusswanderwegs ausgeschildert und markiert.

Eine lohnende Zusatzrunde auf dieser Tour ist der Abstecher zur Dicken Tanne

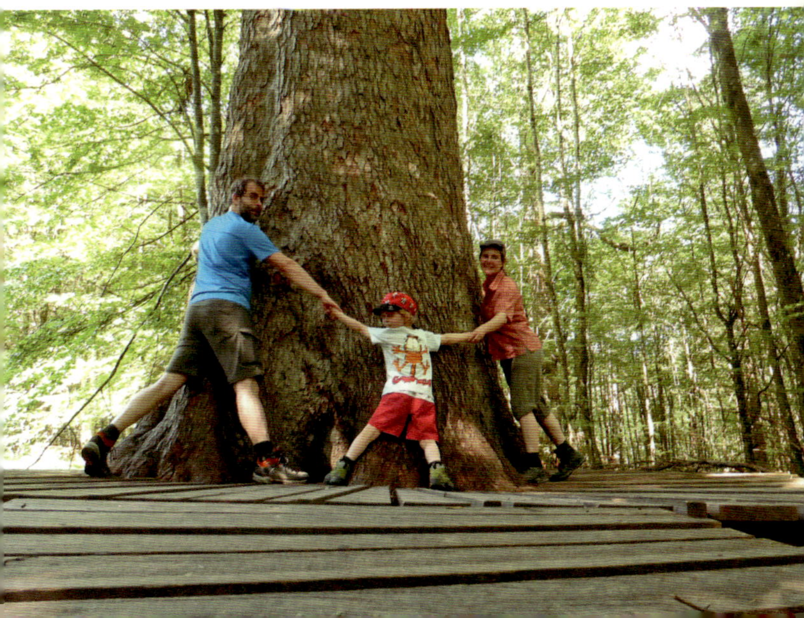

Ab und zu finden Sie allerdings bis Seebachschleife nur Zeichen des auf gleicher Strecke verlaufenden Goldsteigs.

Kurz geht es direkt am Flussufer entlang, bevor Sie nach einem Wehr an einem kleinen, zu beiden Seiten dicht bewachsenen Kanal etwas oberhalb des eigentlichen Flusses wandern. Ignorieren Sie den Abzweig nach Steinhütte und Bayerisch Häusl und gehen Sie geradeaus weiter.

Im weiteren Verlauf überqueren Sie zwei Überlaufstellen, die nach langem Regen möglicherweise unter Wasser stehen und ein Furten notwendig machen.

Die Vegetation wird schließlich wieder lichter und nach 200 m wenden Sie sich kurz vor dem Ortsteil Eisensteinermühle ❶ scharf nach links am Holzzaun hinunter zur Straße. Nur ein kurzes Stückchen geht es auf dieser entlang, dann verlassen Sie sie nach der Brücke über den Großen Regen wieder nach rechts.

Der schmale, naturbelassene und mit einigen Wurzeln durchzogene Pfad bleibt jetzt immer in Ufernähe. Am Wegesrand sorgen saftig grüne Gräser und Farne unter dem lichten Kronendach eines älteren Mischwalds für eine entspannte Stimmung. Die vorbeifahrenden Autos der nahe gelegenen Straße sind durch die angenehme Geräuschkulisse des plätschernden Flusses und das häufig muntere Vogelgezwitscher kaum wahrnehmbar.

Nach etwas mehr als einem Kilometer wechseln Sie ein drittes Mal die Flussseite über eine Brücke. Folgen Sie dem angenehm zu laufenden Forstweg nach links für 1,4 km und biegen Sie dann nach links ab. Sie passieren eine kleine Wasserkraftanlage mit großem Mühlenrad. Auf einem Wall zwischen einem abgeleiteten, sanft dahingleitenden Kanal rechts und dem Hauptfluss links erreichen Sie zügig das Örtchen Seebachschleife. Der Name hat seinen Ursprung in der 1851 errichteten, bis heute erhaltenen Glasschleiferei.

Sie nehmen die asphaltierte Straße nach links (der Goldsteig zweigt hier nach rechts zum Arber ab), queren ein letztes Mal den Großen Regen über eine Brücke und stoßen auf die Bundesstraße 11 ❷. Wechseln Sie in Höhe der Bushaltebucht und des Wartehäuschens (Haltestelle „Abzw. Seebachschleife", Linie 6197) die Straßenseite und wandern Sie nach rechts hinauf in den Wald hinein. Mehrere Wegweiser hintereinander zeigen nun die neue Wanderlinie Einbeere zum Schwellhäusl an.

Über einen wilden, wurzeligen Pfad wandern Sie kurz parallel zur Straße, drehen dann aber nach Osten und laufen über eine kleine Straße durch eine Unterführung der Waldbahn. Queren Sie den folgenden Forstweg und nehmen Sie den Weg halb rechts bergauf wieder in den Wald hinein. Durch hohe Buchen und

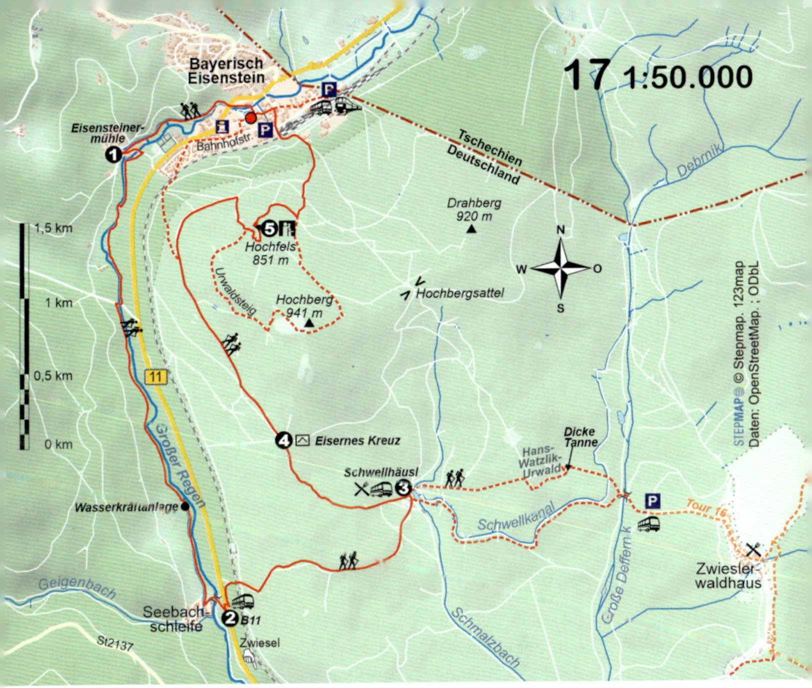

Fichten überschreiten Sie in 100 strammen Höhenmetern einen bewaldeten Bergkamm vom Eisensteiner Tal hinüber in das Kerbtal des Schmalzbaches, wo eine ausgedehnte Rast am wahrscheinlich schönsten Triftstausee des Bayerischen Waldes auf Sie wartet. Romantisch liegt das historische, bezaubernde Gebäude des Waldgasthauses Schwellhäusl seit dem Jahr 1870 am Ufer der Schmalzbachschwelle ❸.

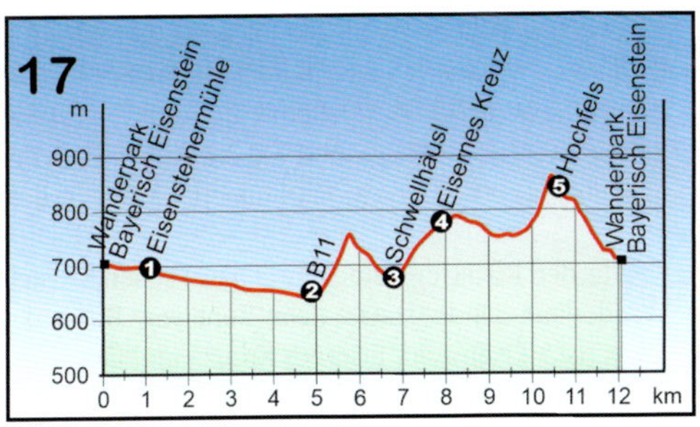

✕ Trifterklause Schwellhäusl, ☏ 099 25/460, 💻 www.schwellhaeusl.de, tägl. 10:00-18:00 (außer Nov bis Weihnachten), mit Biergarten und uriger Gaststube, Mittagstisch von 11:00-13:30 und frisch gezapftes Bier, Kuchen und deftige Brotzeiten

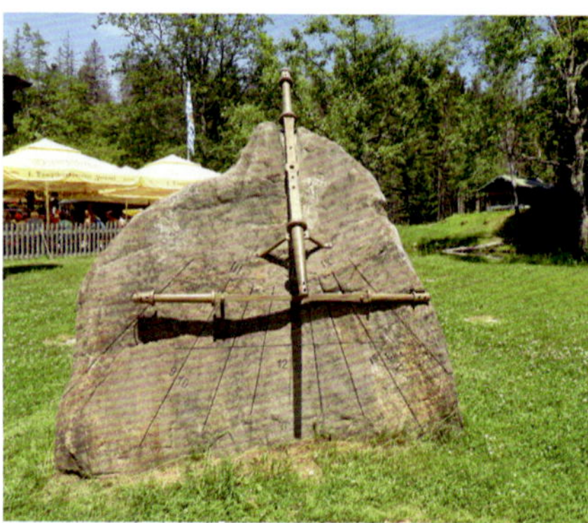

Felsensonnenuhr

☺ Eine interessante Besonderheit ist die Felsensonnenuhr. An dem Gneisfindling sind zwei Achsen eines alten Transportwagens in horizontaler und vertikaler Ausrichtung zum Ablesen der Tageszeit angebracht. Außerdem bringt die Sonne zu den Tagundnachtgleichen, dem astronomischen Frühlings- und Herbstanfang, im März und September jeden Jahres durch eine Bohrung im Felsen eine Glaskugel zum Leuchten.

Eine lohnende Zusatzrunde vom Schwellhäusl aus ist der Rundwanderweg Schwarzstorch (3,6 km, ↑↓ 60 m/60 m). Das Highlight ist dabei der Urwald-Erlebnisweg Watzlik-Hain. Alte Tannen, Buchen und Fichten wollen von Ihnen entdeckt werden. Hinter dem Schwellhäusl nach rechts gelangen Sie über einen Forstweg nach 800 m leichtem Anstieg an den Startpunkt des unmarkierten Weges auf der rechten Seite. Am Ende des kleinen Abstechers in die Naturgeschichte des Bayerischen Waldes thront die Dicke Tanne, ein 52 m hoher und 600 Jahre alter Baumriese. Wandern Sie nach dem Erlebnisweg auf dem Forstweg hinunter bis zur Brücke über die Große Deffernik und schwenken Sie kurz davor nach rechts auf den Schwellsteig. Dieser führt Sie entlang eines Schwellkanals (auch Schwemmkanal genannt) aus dem 19. Jahrhundert wieder zurück zum Schwellhäusl.

Für den Rückweg vom Schwellhäusl sehen Sie sich nach den Markierungen der Wanderlinie Linde sowie dem Rundweg Bussard und den Wegweisern nach „Bayerisch Eisenstein, Eisernes Kreuz" um. Der Zugang in den Wald befindet sich rechts vom Spielplatz. Gestärkt und ausgeruht müssen Sie nun wieder den Bergrücken zum benachbarten Tal des Großen Regens im Westen überwinden. Die 100 Höhenmeter sind diesmal aber nicht so steil wie beim Hinweg. Beim Eisernen Kreuz ❹ nach einem Kilometer orientieren Sie sich nach links und wandern auf dem Waldweg rechts vom parallel verlaufenden Radweg. Nach kurzer Zeit stoßen Sie auf eine große Wegkreuzung und halten sich zunächst noch entsprechend der Markierungen Linde und Bussard leicht rechts auf dem breiten Rad- und Forstweg, der sanft bergab nach „Bayerisch Eisenstein Bahnhof 3,5 km" führt.

Etwa einen Kilometer später können Sie sich entscheiden, ob Sie den anspruchsvolleren Schlenker zum aussichtsreichen Hochfels mit weiteren 100 Höhenmetern Anstieg wandern oder direkt nach Bayerisch Eisenstein absteigen möchten.

Wenn Sie den Direktweg bevorzugen, dann zweigen Sie vom Radweg nach links ab und folgen den bekannten Markierungen bis zum Wanderpark. Im Ort können Sie von der Hans-Watzlik-Straße in die Bahnhofstraße einbiegen und in Höhe der Kirche hinter der Schule nach links den kleinen Verbindungsweg über die Treppen zum Wanderpark nehmen.

Mit dem Ziel Hochfels bleiben Sie jedoch auf dem Radweg geradeaus. Geradeaus ist auch die Devise, wenn nach 600 m von links der Waldweg mit der Markierung des Rundwegs Waldmaus hinzustößt, die Sie ab hier für den Rest der Wanderung begleitet. Nun sind es allerdings keine 100 m mehr, bis Sie sich nach rechts in den Wald bergauf wenden. Kurz darauf, nach knapp 200 m, biegen Sie vom breiten Weg nach links auf einen schmaleren ab (geradeaus ist der Weg leicht zugewachsen) und nach ein paar weiteren Metern zweigt der Urwaldsteig nach rechts ab, Sie halten sich aber weiter zum Hochfels links.

Der Rundweg des Urwaldsteigs ist nicht markiert und die Orientierung ist nicht immer eindeutig. Eine Verkehrssicherung findet nicht statt und die natürliche Entwicklung kann mit Änderungen in der Wegführung einhergehen. Am besten nehmen Sie an einer der wöchentlich geführten Touren teil, bei denen Sie auch Interessantes zum Lebenszyklus des Bergmischwaldes erfahren.

- Mai-Okt, Anmeldung beim Nationalpark-Führungsservice (☎ 08 00/07 766 50) oder in der Tourist Info Bayerisch Eisenstein.

Über Stock und Stein macht der urige Pfad einen Bogen um die Felsformationen auf der linken Seite. Nachdem das Gelände wieder angefangen hat abzufallen, befindet sich in wenigen Schritten nach links ein ausgeschilderter Stichweg zum Aussichtsfelsen ❺. Der freie Blick nach Westen auf die Täler und Wälder rund um Bayerisch Eisenstein reicht vom Großen Arber über den Brennessattel bis zum Zwercheck – ein krönender Abschluss einer abwechslungsreichen Wanderung.

Für den letzten Abschnitt zurück zum Ausgangspunkt wandern Sie mit der Waldmaus-Markierung 150 Höhenmeter nach Bayerisch Eisenstein hinab. Im Ort queren Sie nach den Bahngleisen und dem Localbahnmuseum die Bahnhofstraße geradeaus und gelangen an der nächsten Kreuzung nach links über den Anton-Pech-Weg zum Wanderpark.

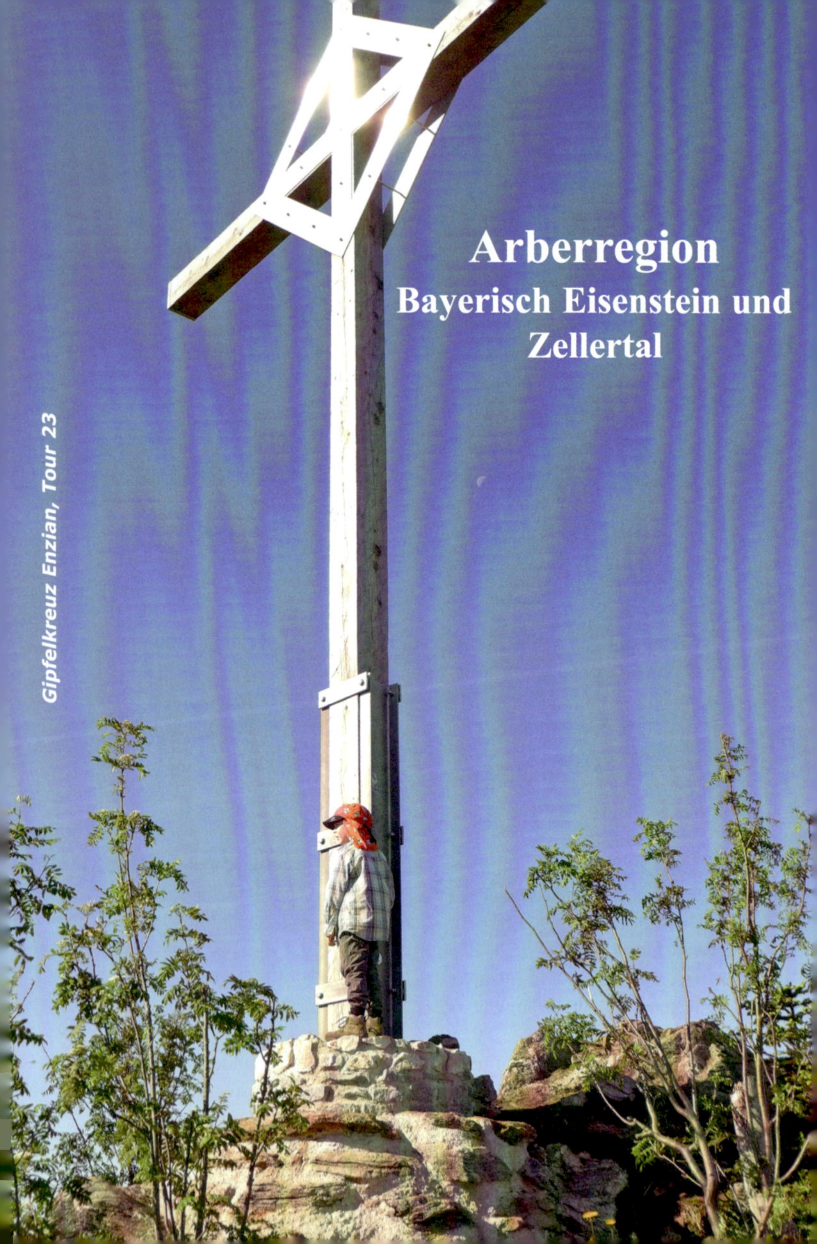

Arberregion

Bayerisch Eisenstein und Zellertal

Gipfelkreuz Enzian, Tour 23

⑱ Zu den Arberseen und Arbergipfeln

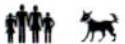

Tour für konditionsstarke Wanderer

Die Idee der Wanderung ist einfach: die vier bekannten Arber-Attraktionen rund um den König des Bayerischen Waldes in einer Tour zusammenfassen. Vom pittoresken Kleinen Arbersee geht es hinauf zu den beiden Arberfelsen mit atemberaubenden Aussichten in alle Richtungen der bayerischen Waldlandschaft. Abschließend steigen Sie vom höchsten Gipfel der Gegend wieder hinab in die zweite Gletschermulde mit dem Großen Arbersee und seiner beeindruckenden steilen Seewand.

→ Start: Parkplatz Brennes (Parkstreifen an der St 2137), Bayerisch Eisenstein, GPS N 49°08.027' E 013°08.619'; Ziel: Großer Arbersee, GPS N 49°05.925' E 013°09.518'

15,9 km

6 Std. 30 Min.

↑↓ 700 m/795 m

⇧ 900-1.456 m

Der Weg ist gut ausgeschildert und markiert, mitunter kann eine Vielzahl an Schildern etwas verwirren: Gläserner Steig, Rundweg Kleiner Arbersee, E6 / Goldsteig, Gipfelrundweg Großer Arber / rote 3, E6 / Goldsteig, Rundweg Großer Arbersee / rote 1.

unterschiedliche Wegbeschaffenheit von Forststraße über naturbelassene Wege bis zu sehr steinigem und wurzeligem Untergrund, im Bereich der Gipfel exponierte Lage, im mittleren Drittel der Wanderung wenig Schatten

Seehäusl Kleiner Arbersee (km 3,7), Chamer Hütte (km 6,5 und km 7,4), Arberschutzhaus / Eisensteiner Hütte (km 10,9), Arberseehaus (km 14,1 und km 15,9)

mehrere Bänke und Pausenplätze entlang der Wanderung, besonders hervorzuheben: Nordufer Kleiner Arbersee (km 3,7), Chamer Hütte (km 6,5 und km 7,4), Kleiner Arber (natürlicher Pausenplatz, km 6,9), Sattel zwischen Kleinem und Großem Arber (Unterstand, km 8,1), zahlreiche natürliche Pausenplätze auf den Felsriegeln des Großen Arber (km 9,3 bis km 10,5), Großer Arbersee (km 14,1 bis km 15,9)

WC Chamer Hütte (km 6,5 und km 7,4), Bergstation Seilbahn (km 10,7), Arberschutzhaus / Eisensteiner Hütte (km 10,9), Arberseehaus (km 14,1 und km 15,9)

Für viele Kinder ist die Tour wahrscheinlich konditionell zu anspruchsvoll. Allerdings können Abschnitte wie die Wanderung zum Kleinen Arbersee, um den Großen Arbersee oder die Gipfelrunde am Großen Arber mit vorheriger Gondelfahrt separat gewandert werden.

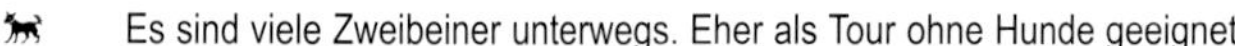

Es sind viele Zweibeiner unterwegs. Eher als Tour ohne Hunde geeignet.

Von Bayerisch Eisenstein folgen Sie der Brennesstraße für 7 km (St 2154) und biegen dann hinter dem Sporthotel Brennes nach links auf die St 2137 in Richtung Talstation der Arber-Gondelbahn und Großer Arbersee ab. Nach 100 m beginnt der Parkstreifen auf der linken Straßenseite (einmalig € 3, auch bei Übernachtung, Münzgeld passend mitbringen). Von Bodenmais gelangen Sie über den Großen Arbersee und die Talstation ebenso nach Brennes. Hinweis: Auch die Parkplätze beim Großen Arbersee, an der Talstation oder bei Mooshütte sind gebührenpflichtig (€ 3).

Aus verschiedenen Richtungen fahren Busse zum Start nach Brennes (Haltestelle „Brennes Sporthotel", Linien 6080 (590) Lam / 6081 Bayerisch Eisenstein – Arber-Bergbahn) und später vom Ziel am Großen Arbersee wieder zurück (Haltestelle „Arbersee", Linie 6198 Bodenmais – Arber-Bergbahn). Einige Websites zeigen einzelne Verbindungen wegen des notwendigen kurzen Umstiegs an der Talstation der Arber-Bergbahn bei Hin- oder Rückfahrt möglicherweise nicht an. Die Busse sind aber bis auf wenige Ausnahmen aufeinander abgestimmt. Aktuelle Fahrpläne können Sie unter www.bayerwald-ticket.com abrufen.

Abkürzung: Mit der Arber-Gondelbahn zum Großen Arber (☎ 099 25/941 40, www.arber.de, tägl. 9:00-16:30, € 10), von dort ggf. Abstecher zur Chamer Hütte und zum Kleinen Arber. Kombinationen: Touren 20 und 23

Da die Wanderung durch verschiedene Schutzgebiete verläuft, bleiben Sie bitte in folgenden Abschnitten auf den markierten Wegen: Kleiner Arbersee bis Arberschutzhaus, km 2,1 bis km 10,9 sowie Rundweg Großer Arbersee, km 14,1 bis km 15,9. Betreten Sie in keinem Fall die Schwingrasen der „schwimmenden Inseln" beider Seen, Lebensgefahr! Hunde sind in den genannten Schutzgebieten anzuleinen. Baden in den Seen ist nicht erlaubt.

Der Gipfel des Großen Arbers und die beiden Arberseen gehören zu den meistbesuchten Attraktionen des Bayerischen Waldes. Tipp: Eine Übernachtung im Arberschutzhaus oder in der Chamer Hütte bietet Ihnen die einmalige Möglichkeit, vom Gipfelbereich des Großen Arbers den Sonnenunter- und aufgang in entspannter Atmosphäre zu erleben. Der meiste Andrang herrscht dort tagsüber während der Betriebszeit der Gondelbahn.

Auf der Passhöhe am Brennes starten Sie die Wanderung mit dem Gläsernen Steig in Richtung Mooshütte und Kleiner Arbersee. Biegen Sie dazu von der Staatsstraße in den kleinen geteerten Fahrweg gegenüber der Zufahrt zum Sporthotel Brennes ab. Zur Orientierung halten Sie von Weitem Ausschau nach den blauen Schildern der Skischule Arber. Vorbei an einem Skibretterzaun und Totenbrettern bleiben Sie auch nach 200 m auf dem Gläsernen Steig links, während der Weg mit der Markierung Lo3 nach rechts verläuft.

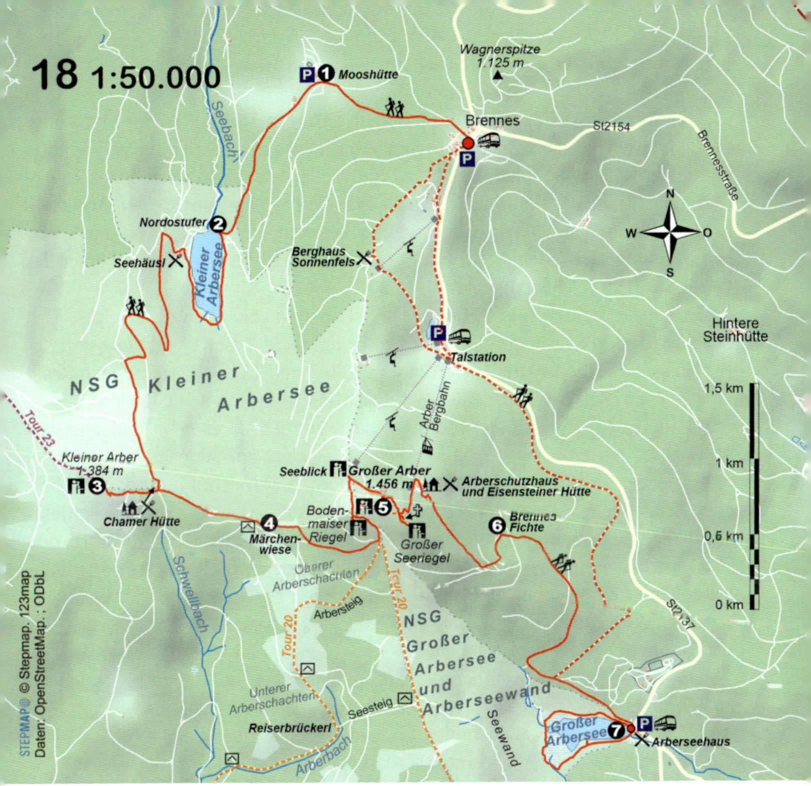

18 1:50.000

Mooshütte
Wagnerspitze 1.125 m
Brennes
St2154
Brennesstraße
Seebach
Nordostufer
Seehäusl
Kleiner Arbersee
Berghaus Sonnenfels
N
W
O
S
Hintere Steinhütte
Talstation
NSG Kleiner Arbersee
Tour 23
Arber Bergbahn
1,5 km
1 km
0,5 km
0 km
Kleiner Arber 1.384 m
Seeblick
Großer Arber 1.456 m
Arberschutzhaus und Eisensteiner Hütte
Chamer Hütte
Märchenwiese
Bodenmaiser Riegel
Großer Seeriegel
Brennes Fichte
Oberer Arberschachten
Tour 20
Arbersteig
Schwellbach
NSG Großer Arbersee und Arberseewand
St2137
Unterer Arberschachten
Seesteig
Reiserbrückerl
Arberbach
Seewand
Großer Arbersee
Arberseehaus

STEPMAP © Stepmap, 123map
Daten: OpenStreetMap ; ODbL

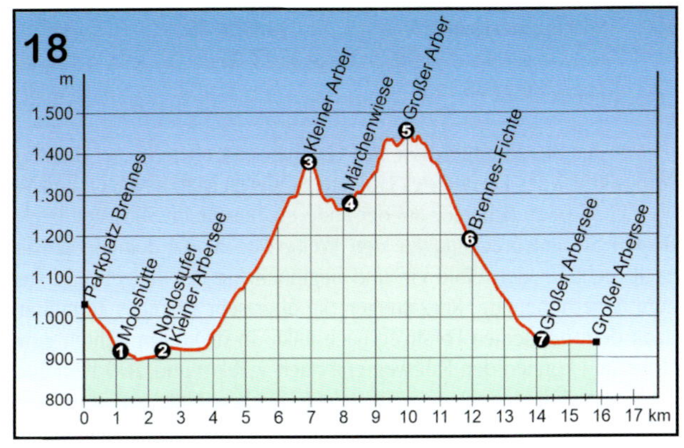

Über breiten, steinigen Waldweg bergab gelangen Sie zum Weiler Mooshütte ❶, schwenken auf die geschotterte Straße nach links und passieren das Berghotel und einen Wanderparkplatz. Bald sind Sie wieder vom Wald umgeben und verlassen die Straße nach links auf den ausgeschilderten Weg zum Kleinen Arbersee. Nach der kommenden Forstwegkreuzung betreten Sie das 400 Hektar große Naturschutzgebiet „Kleiner Arbersee", das seit 1959 bis hinauf zum Gipfel des Großen Arbers reicht (Wegegebot).

Der malerische Kleine Arbersee ❷ ist in wenigen Minuten erreicht. Das beliebte Kleinod ist wie der Große Arbersee am Ende dieser Wanderung und der Rachelsee im Nationalpark (☞ Wanderungen 7 und 11) als Eiszeitsee ein Relikt vergangener Gletscher. Insgesamt vier Teilströme zwischen den Gipfeln des Kleinen und Großen Arbers vereinten sich nach Norden zu einer mächtigen Gletscherzunge mit einer bis zu 140 m tiefen Eisschicht am Südende des heutigen Sees, der später beim Rückzug im ausgeschürften Karbecken als erdgeschichtlicher Zeitzeuge zurückblieb. Dass er eine Tiefe bis zu 10 m aufweist, ist allerdings eine Folge menschlicher Eingriffe: Im 19. Jahrhundert wurde der zuvor zu drei Vierteln verlandete See zur Holztrift künstlich wieder aufgestaut. Sein ursprünglicher Charakter ist dabei zum Glück nicht verloren gegangen. Die viel bewunderten „schwimmenden Inseln" sind drei ehemals verlandete Moorfilze, die sich dabei vom Seegrund gelöst haben.

Umrunden Sie den bezaubernden See im Uhrzeigersinn. Am Ende des 1,2 km langen, naturbelassenen Rundwegs Kleiner Arbersee lohnt sich eine Pause, entweder auf einer der am Nordufer gelegenen Bänke oder beim Seehäusl. Der Große Arber mit seinen markanten Radarkuppeln ist von hier gut zu sehen.

✕ Seehäusl am Kleinen Arbersee, ☏ 099 43/13 85,
💻 www.seehaeusl-kleinerarbersee.de, 🚪 Ostern bis Anfang Nov, tägl. 9:30-16:30, warme Küche ab 11:30

Vor der Biergartenterrasse des Gasthauses treffen Sie auf die Wegführung des Fernwanderwegs E6 und des Goldsteigs, deren Markierungen und Wegweiser Sie bis zum Großen Arbersee auf der anderen Talseite im Südosten begleiten werden. Biegen Sie entsprechend für den Weiterweg hinter dem Bedienstetenparkplatz nach rechts in den Wald ein und beginnen Sie den langen und steilen Aufstieg zum Arberhöhenzug. Kurz steigen Sie über sehr steiniges Terrain auf und folgen dann dem bequemen Forstweg nach links. In mehreren Kehren gewinnen Sie an Höhe und können den Fahrweg erst nach 1,7 km und 200 Höhenmetern wieder nach links verlassen. Der erneut steinige, lockere Untergrund tritt gedanklich bald in den Hintergrund, denn die Aussicht in die Umgebung wird immer freier.

Während in Wanderrichtung linker Hand der Große Arber schon auf Ihre Besteigung wartet, sollten Sie auch einen Blick zurück zum Lamer Winkel mit dem Tal um Lohberg und dem Künischen Gebirge dahinter zwischen Osser und Zwercheck (☞ Bonustour) wagen.

Schließlich können Sie an der Chamer Hütte durchatmen.

✕ Chamer Hütte, Schutzhaus Kleiner Arber, ☏ 099 24/94 31 26 oder 0 99 24/770 07 17, 💻 www.sc-bodenmais.de/chamer-huette, Mitte Juni bis Ende Okt, tägl. 11:00-17:00, herzhafte Brotzeiten und warme Speisen, Übernachtung in Mehrbettzimmern möglich

Nach rechts beginnt der steile, wurzelig-steinige Aufstieg über nahezu 100 Höhenmeter zum Kleinen Arber (1.384 m) ❸. Oben am Fels mit Gipfelkreuz bieten sich schöne Ausblicke auf das beginnende Zellertal von Bodenmais bis nach Drachselsried und auf dem Rückweg zur Chamer Hütte wacht bereits der Große Arber, dessen Bergrücken sich von Norden nach Süden bis zum Mittagsplatzlberg (☞ Wanderung 20) zieht, über die Berglandschaft.

Vom Schutzhaus wandern Sie nun geradeaus gen Osten und visieren über den bewaldeten Höhenzug an der Grenze zwischen Oberpfalz und Niederbayern den König des Bayerischen Waldes an. Sie durchschreiten einen Sattel und streifen kurz danach die komplett von Heidelbeersträuchern bedeckte Lichtung der hübsch anzusehenden Märchenwiese ❹. Oben lugt der Felsen des Bodenmaiser Riegels vom Gipfelbereich des Arbers hervor. Die Anstiege des Tages sind also fast geschafft, etwas Puste ist allerdings noch vonnöten. Sie brauchen „nur" noch am Ende der Märchenwiese nach rechts zu schwenken (Schild „Gr. Arber, bequemer Weg"), der anschließenden breiten Schotterstraße steil bergauf zu folgen, diese in der Linkskehre wieder geradeaus zu verlassen und schließlich über anstrengende Stufen – zum Teil ausgewaschen mit hohen Absätzen – durch die sogenannte Bodenmaiser Mulde nach links zum Gipfelareal hinaufzusteigen.

Oben angelangt gibt es – schönes Wetter vorausgesetzt – einiges zu sehen. Deshalb sollten Sie nicht der Wegführung des E6 und Goldsteigs nach rechts folgen, sondern stattdessen nach links den kleinen Umweg über den geschotterten Gipfelrundwanderweg (rote 3) im Uhrzeigersinn einschieben. Die Aussichten von mehreren Felsköpfen (Riegeln) sind sehr eindrucksvoll.

✋ Das Gipfelplateau ist Refugium für einige botanische Raritäten und unzählige Arten von Flechten und Moosen. Bitte bleiben Sie daher auf den Wegen, benutzen Sie zum Felsaufstieg den markierten Haupttrittsteig und klettern Sie nicht.

Den Reigen eröffnet gleich zu Beginn der Bodenmaiser Riegel mit grandiosem Panorama. Im Osten liegt der benachbarte Große Seeriegel zum Greifen nahe. Rechts daneben erlaubt der Sattel zum Mittagsplatzl über der Karmulde des verdeckten Großen Arbersees wie ein Fenster Blicke auf das Nationalparkgebiet rund um Falkenstein und Rachel und die Täler des Zwieseler Winkels. Über die gesamte Breite der Kulisse ziehen sich in der Distanz die Höhenzüge des Vorderen Bayerischen Walds und im Süden liegt Bodenmais in einem Talkessel eingebettet.

Vorbei an Plateauriegel und Kleinem Seeriegel, die beide nicht zugänglich sind, steht ein nächster Höhepunkt bevor, wenn Sie der Forststraße nach 200 m nicht gleich nach rechts bergauf folgen, sondern stattdessen wenige Schritte in bisheriger Richtung geradeaus zum „Seeblick" weitergehen. Tief unten im Karbecken ist der Kleine Arbersee mit seinen schwimmenden Inseln zu sehen. Die Bergzüge des geschwungenen Arberkamms mit seinen Eintausendern (☞ Wanderung 23) bis hin zum Kaitersberg sowie weiter entfernt der Hohe Bogen im Westen und der Gebirgskamm des Künischen Gebirges im Norden setzen den Karsee ideal in Szene und werden nur durch das lang gezogene Tal des Lamer Winkels „unterbrochen".

Den anstrengenden Aufstieg haben Sie natürlich auch auf sich genommen, um auf dem höchsten Gipfel des Bayerwalds zu stehen. Nach den zwei Radartürmen am Wegesrand ist es dann beim Gipfelkreuz des Großen Arbers (1.456 m) ❺ auf einem kleinen Felsriegel so weit. Der Blick in das Tal von Bayerisch Eisenstein und Böhmerwald vervollständigt die Rundumperspektive. An klaren Tagen mit starkem Föhn können Sie Richtung Süden mit scharfem Auge rechts vom Großen Seeriegel Berge der 200 km entfernten Alpen erkennen.

Auf dem weiteren Gipfelrundweg gelangen Sie über den Arber-Osthang an eine Kreuzung mit der Wegführung des E6 und Goldsteigs, die Sie nach links steil hinunter zur Gondel-Bergstation sowie zum Arberschutzhaus und zur Eisensteiner Hütte leitet. (Wanderer von ☞ Wanderung 20 orientieren sich hingegen für die letzten 350 m zurück zur Bodenmaiser Mulde nach rechts.) Geradeaus bietet vorab der Stichweg zum Großen Seeriegel oberhalb der Arberkapelle mit 200-jähriger Geschichte noch einmal geniale Aussichten. Von hier aus erinnert der linke Felsen des Bodenmaiser Riegels an das Gesicht eines berühmten deutschen Musikers („Richard-Wagner-Kopf") und im Talkessel ist der Große Arbersee teilweise erkennbar.

✕ Arberschutzhaus und Eisensteiner Hütte, ☏ 0 99 25/941 40, 💻 www.arber.de, tägl. 10:00-16:00, deftige und süße Schmankerl, Übernachtung im Arberschutzhaus in verschiedenen Zimmertypen mit Dusche und WC möglich, ☏ 099 25/94 14 23 oder 099 25/94 14 83

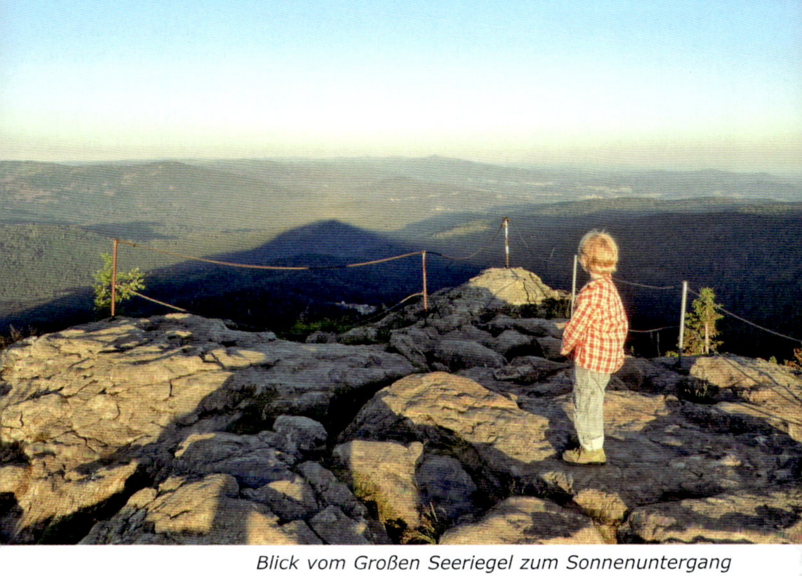

Blick vom Großen Seeriegel zum Sonnenuntergang

Von den Terrassenseiten der beiden Gasthäuser wandern Sie für den Abstieg zum 400 m tiefer gelegenen Großen Arbersee vorbei am kleinen Spielplatz und an der Schleppliftstation über die Skipiste mit Blick auf das Nationalparkgebiet in lichten Bergfichtenwald hinein. Immer wieder bieten Lücken zwischen den Bäumen herrliche Blicke auf die Umgebung von Bayerisch Eisenstein. Die Wegbeschaffenheit mit großen Steinen und einigen Wurzeln ist durchaus anspruchsvoll. Sie passieren die Brennes-Fichte ❻, ein stattliches Exemplar mit 250 Jahren auf dem Buckel, und queren nacheinander geradeaus zwei Forstwege. In der zweiten Hälfte des Abstiegs ist das Wandern auf dem einfachen Untergrund des breiten Winterwanderwegs mit geringerem Gefälle wieder leichter und so gelangen Sie zügig zum Gewusel am Großen Arbersee ❼.

✕ Arberseehaus, ☏ 099 25/90 20 03, 💻 www.arberseehaus.de, 🚪 tägl. 10:00-16:00, bayerische Spezialitäten und Kuchen

Ein Highlight für Kinder und junggebliebene Erwachsene ist die Waldkugelbahn mit 250 m Gesamtlänge. Für € 1 erhalten Sie vor Ort eine Holzkugel aus einem kleinen Automaten.

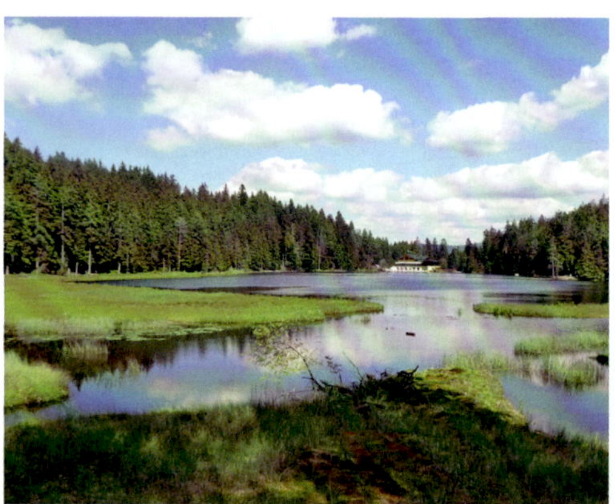
Großer Arbersee

Schließen Sie die Tour mit der barrierearmen Rundwanderung um den Großen Arbersee (rote 1) ab. Die eiszeitliche Geschichte des Sees gleicht der des Kleinen Arbersees. Beide gehören zu den acht Karseen im Bayer- und Böhmerwald. Die „schwimmenden Inseln" entstanden auch hier durch Aufstauen des Sees und Anheben der Torfdecke in der Zeit der Holztrift und beheimaten einige seltene Pflanzen wie den fleischfressenden Rundblättrigen Sonnentau, Sumpfblutauge oder die Rosmarinheide. Am Westufer bietet die steile, 300 m hohe Arberseewand mit ihren urwüchsigen Wäldern eine eindrucksvolle Kulisse und ist wie der Blick zurück über die Schwingrasenflächen hinweg auf das romantische Arberseehaus ein Highlight der 1,7 km langen Runde. Das Gebiet steht seit 1939 unter Naturschutz (Wegegebot beachten). Übrigens: Der Gipfel des Großen Arbers ist vom See aus nicht zu sehen. Was Sie erkennen, ist der Felsen des Großen Seeriegels.

Um vom Großen Arbersee zum Ausgangspunkt am Brennes zurückzukehren, haben Sie zwei Möglichkeiten:

🚌 Sie nutzen die Linie 6198 aus Bodenmais in Richtung „Arber Bergbahn Talstation" (Einstieg am großen Parkplatz auf der gegenüberliegenden Straßenseite vom Arberseehaus, letzte Abfahrt gegen 17:30) und steigen dort in den wartenden Bus 6081 nach Bayerisch Eisenstein oder Bus 590 nach Lam, Lohberg um. Brennes ist der nächste Halt.

Sie wandern entlang der Wanderlinie der roten 2 bis zur Talstation der Gondelbahn (➲ 3,8 km, ↑ ↓ 155 m/55 m). Dort können Sie entweder auf der linken Seite parallel zur Straße direkt bis Brennes laufen (weitere 1,5 km) oder Sie nehmen den Umweg über das Berghaus Sonnenfels mit den Wanderlinien der roten 4 und anschließend roten 4a / Lo3 (weitere 2 km, ↑ ↓ 85 m/105 m).

19 Zu den Rißlochfällen und Schweiklruh

Tour für Fans tosender Wasserfälle

Durch die tiefste und steilste Schlucht der Arberregion rauscht oberhalb von Bodenmais mit vereinter Kraft aus mehreren Bergbächen der Rißbach über mächtige Felsblöcke tosend ins Tal hinunter. Die höchsten Wasserfälle des Bayerischen Walds haben ein beachtliches Geotop ins Gneisgestein gegraben. Die kurze Wandertour zum erstklassigen Naturspektakel verläuft durch ein Naturschutzgebiet mit urwüchsigem Schluchtwald, der vielen Pflanzen und Tieren einen Zufluchtsort bietet.

Start/Ziel: Parkplatz Rißlochfälle, GPS N 49°04.783' E 013°06.595'

3,9 km

2 Std. 15 Min.

280 m/280 m

745-1.015 m

neue Wegenummerierungen ab 2021: Bo66 (steiniger Talweg) / Bo69, Bo65, Bo66 (oberer breiter Weg) / Bo2

naturbelassener, anspruchsvoller, größtenteils steiniger und wurzeliger Pfad oder Waldweg, teilweise rutschig, schattig

keine Einkehrmöglichkeit am Weg

untere Wasserstube (km 1,3), Aussichtspunkt Schweiklruh (km 2), Wasserfall Kleinhüttenbach (km 2,4)

WC keine Toiletten entlang des Wanderwegs

Trittsichere Kinder werden wie die Erwachsenen begeistert sein. Im Bereich der Rißlochfälle (untere bis obere Wasserstube, km 1,3 bis km 1,6) sollten jüngere Kinder besser unter Aufsicht wandern.

Für Hunde ist das Gelände ungeeignet.

P Biegen Sie in Bodenmais von der Bahnhofstraße auf den Rißlochweg ab und folgen Sie ihm hinter dem Bahnübergang für 1,2 km bis zum Ende. Verwechseln Sie den Parkplatz nicht mit dem kostenpflichtigen Privatparkplatz kurz vorher.

Die Waldbahn-Linie RB37 fährt tägl. im Stundentakt von Zwiesel nach Bodenmais und zurück. Vom Bahnhof sind es 1,4 km einfache Strecke bis zum Start/Ziel (Route wie Pkw-Anfahrt). Folgen Sie dazu der Beschilderung Bo66.

Kombination: Touren 20 und 21. Starten Sie im letzteren Fall mit der Wanderung 21, da die Rundwanderwege Bo64 und Bo65 nur in eine Richtung vollständig ausgewiesen sind.

Die Wanderung verläuft zum überwiegenden Teil im Naturschutzgebiet. Bitte bleiben Sie daher auf den markierten Wanderwegen. Bitte leinen Sie Ihre Hunde an.

Festes Schuhwerk und Trittsicherheit sind bei dieser Wanderung notwendig. Bei Frosttemperaturen ist sie wegen Rutschgefahr nicht zu empfehlen.

Für die kleine, aber feine Rundwanderung durch die Rißlochschlucht begleitet Sie die Beschilderung des Bo66 (bisher grüne 2).

Wandern Sie über den Parkplatz hinweg auf dem breiten Weg bergan, so gelangen Sie zügig an eine Weggabelung. Halten Sie sich für den weiteren Aufstieg über den steinigen Talweg links, direkt am wildromantischen Rißbach entlang, und betreten Sie das Naturschutzgebiet Rißloch (offizieller alter Name: Naturschutzgebiet Riesloch), das bereits 1939 als solches ausgewiesen wurde. Aber auch schon in der Zeit davor wurde wegen der steilen Hänge auf beiden Flanken kaum Forstwirtschaft betrieben. Hier konnte sich die Natur größtenteils nach ihren eigenen Gesetzen entwickeln, wie das ungezähmte Terrain um das felsige Bachbett eindrucksvoll unter Beweis stellt. Und so steigen Sie über holprigen Weg mit unzähligen Steinen und ausladendem Wurzelgeflecht des urwüchsigen Bergmischwalds durch das tiefe Kerbtal.

Rißlochfälle

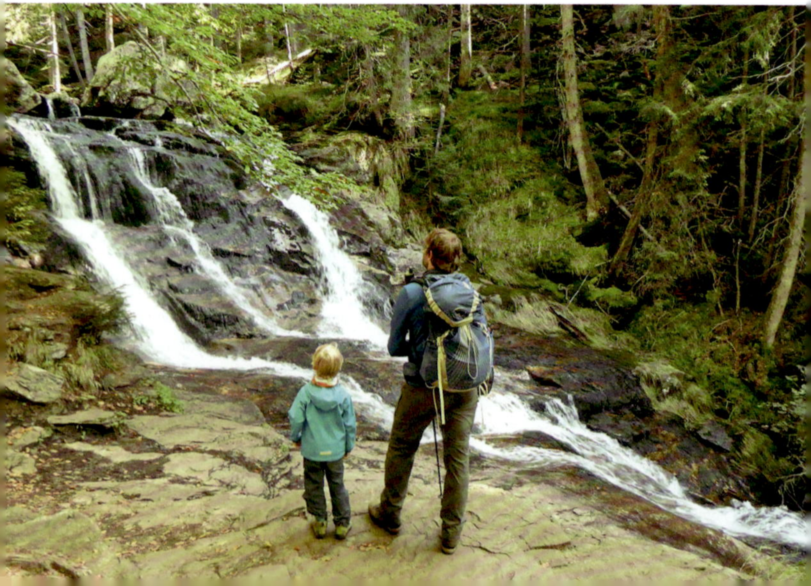

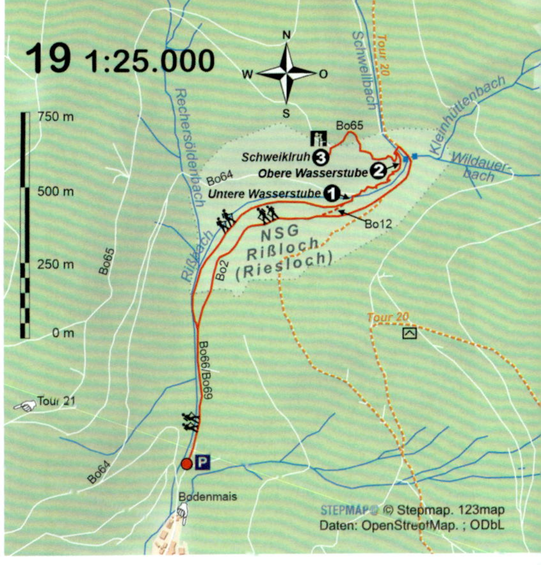

Unmerklich schwenkt der spannende Weg nach Osten und nach 150 Höhenmetern durch artenreichen Schluchtwald mit Lebensraum für Farne, Moose, Flechten und Tiere wie Wasseramsel, Fledermaus, Wanderfalke und seltene Spechtarten stehen Sie schließlich an der unteren Wasserstube der Rißlochfälle ❶. Mit viel Gischt rauscht das Wasser der höchsten Wasserfälle des Bayerischen Waldes vom östlichen Schluchteingang in Kaskaden und Strudeln über mehrere Fallstufen ins Tal hinunter. Besonders zur Schneeschmelze oder nach starkem Regen wird die unbändige Kraft des Wassers spürbar.

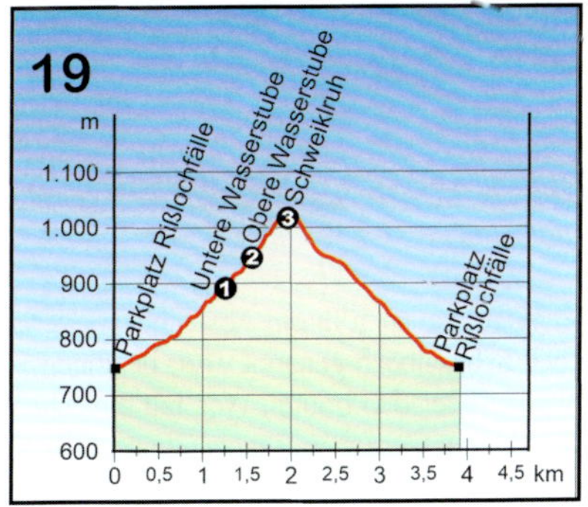

Um sich das Wasserspektakel aus der Nähe anzuschauen, queren Sie die kleine Brücke des Stauwehrs und kraxeln nach rechts am Rande der Felsen steil in Kehren bergauf. Ohne Zweifel ist der kurze Abschnitt der spektakulärste der gesamten Tour, planen Sie also hierfür etwas Zeit ein.

Das Felsgestein im Bereich der Wasserfälle kann bei Nässe oder tiefen Temperaturen rutschig sein. Halten Sie an felsigen Stellen mit Gefälle gebührenden Abstand, denn ein Sturz kann fatale Folgen haben. Solange Sie auf dem Weg bleiben, ist die Strecke überwältigend, aber ungefährlich.

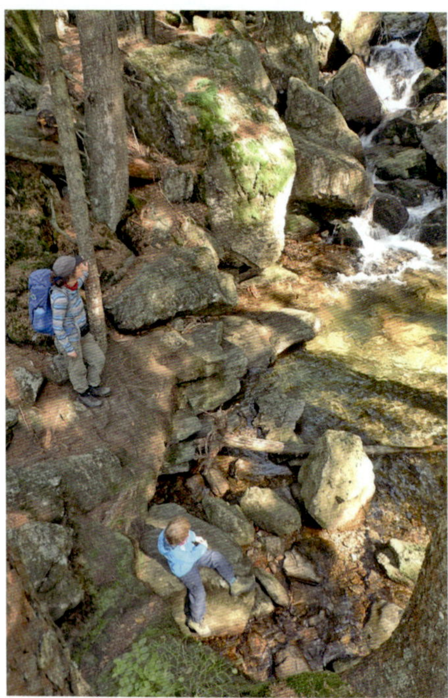

Rißlochfälle

An der oberen Wasserstube ❷ angelangt, wo sich Schwellbach, Wildauerbach und Kleinhüttenbach zum Rißbach vereinen, führt wieder eine Holzbrücke auf die andere Seite des Bachufers.

Nehmen Sie jedoch erst einmal den Abzweig scharf links hinauf zur Schweiklruh mit der Markierung Bo65 (bisher rote 2). Vom Aussichtspunkt mit Rastbank etwa 100 m oberhalb der Rißlochschlucht ❸ haben Sie einen schönen Blick auf Bodenmais und den Höhenzug vom Kronberg (links) bis zum Harlachberg (rechts). Über dem Sattel zwischen beiden Kuppen ragt in der Entfernung mit dem Einödriegel die höchste Erhebung des Kamms des Vorderen Bayerischen Walds empor.

Wenn Sie nach Ihrem Abstecher wieder am Bergbach angelangt sind, der hier noch Schwellbach genannt wird, beginnen Sie hinter der Brücke nach rechts den Abstieg über den breiten Weg mit einfacherem, aber dennoch unebenem Untergrund hinunter zum Ausgangspunkt (noch 1,5 km). Im Gegensatz zum Aufstiegsweg verläuft dieser allerdings entfernter und weiter oberhalb der Schlucht. Anfangs bietet sich dadurch eine interessante Gesamtperspektive des Rißbachtals, später ist nur noch das rauschende Wasser zu hören.

Sind Ihre Muskeln noch nicht zu müde, dann spricht auch kaum etwas dagegen, auf dem Ursprungsweg zurückzukehren. Verpassen Sie jedoch in diesem Fall nicht den imposanten Wasserfall aus dem Zusammenfluss von Wildauerbach und Kleinhüttenbach auf der linken Seite nach 50 m entlang des einfachen Weges, der je nach vorangegangener Witterung und Jahreszeit tosend über die Felsen hinabdonnert und sich mit dem Schwellbach zum Rißbach vereint (☞ 📷 S. 140).

⑳ König Arber und Mittagsplatzl

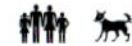

Tour für ambitionierte Panoramageníeßer

Bei dieser Tour wandern Sie durch märchenhafte Wälder am Arberbach, schlendern über die Weidewiesen der Arberschachten und meistern die anstrengenden Stufen der Bodenmaiser Mulde. Nach einem ausgedehnten Aufenthalt auf dem Arbergipfelplateau steigen Sie über das schöne Mittagsplatzl und vorbei am Hochzellberg wieder hinab. Den höchsten Berg des Bayerwalds mit seinen herrlichen Rundumblicken vom Talort Bodenmais zu erklimmen, erfordert ein gehöriges Maß an Kondition.

Start/Ziel: Wanderparkplatz Schönebene, GPS N 49°03.825' E 013°08.245'

18,3 km

7 Std.

725 m/725 m

880-1.456 m

neue Wegenummerierungen ab 2021: Bo12, Bo2 / Bo69, Gipfelrundweg Großer Arber / rote 3, Bo1 / Bo69, Bo12

abgesehen von kurzen Passagen über Forststraßen überwiegend naturbelassene, breite Wege, mitunter sehr steinig oder wurzelig, festes Schuhwerk empfohlen, längere schattige Abschnitte

Arberschutzhaus/Eisensteiner Hütte (300 m vom Gipfelrundweg, km 8,5)

mehrere Bänke und Pausenplätze entlang der Wanderung, unter anderem: Aberhochstraße (Unterstand, km 4,8), Reiserbrückerl (km 5,6), Unterer Arberschachten/Auerhahnstraße (Schutzhütte, km 6), zahlreiche natürliche Pausenplätze auf den Felsriegeln des Großen Arber (km 7,6 bis km 8,8), Abzweig Seesteig (Schutzhütte, km 10,5), Mittagsplatzl (km 11,3), Forstwegkreuzung Bo18 (Unterstand, km 12,6), Hochzellberg (50 m ab km 14,1), Arberhochstraße (Unterstand, km 15,4)

WC Arberschutzhaus/Eisensteiner Hütte (300 m vom Gipfelrundweg, km 8,5)

Der Weg ist für gut trainierte Kinder ab dem Schulalter geeignet.

Der Höhenunterschied und der Untergrund verlangen auch Hunden einiges ab. Keine zuverlässigen Trinkmöglichkeiten nach Reiserbrückerl (km 5,6).

P Biegen Sie in Bodenmais von der Bahnhofstraße in die Arberseestraße ab, nehmen Sie später am Ortsausgang die Staatsstraße 2136 in Richtung Großer Arbersee und folgen Sie ihr bergauf. Der Parkplatz Schönebene liegt nach 1,5 km an der ersten Linkskehre auf der rechten Seite.

 Von Bodenmais Bahnhof fährt mehrmals tägl. die Linie 6198 in Richtung Arber-Bergbahn Talstation zum Startpunkt (Haltestelle „Schönebene").

 Von Zwiesel gelangen Sie mit der Waldbahn-Linie RB37 nach Bodenmais.

Abkürzungen: Die Bo11 Arberhochstraße, der Schachtenweg und Bo18 Auerhahnstraße bieten jeweils nach rechts Querverbindungen über Forststraßen. ☺ Mit der Gondel-Bergbahn auf der Ostseite vom Großen Arber gelangen Sie zur Talstation (€ 10) und können von dort mit dem Bus 6198 nach Bodenmais fahren (minus ➲ 9,6 km). Kombinationen: Touren 18, 19 und 23. Sie können die Arber-Tour alternativ durch die Rißlochschlucht beginnen, statt die Wasserfälle über die im Text beschriebene Abstecherrunde einzubinden (minus ➲ 1,8 km, plus ↑ 120 m). Parken Sie dazu Ihr Fahrzeug am Parkplatz Rißlochfälle und folgen Sie von Anfang bis Ende den Wegweisern und Markierungen des Bo69.

 Die Wanderung verläuft zum großen Teil durch das Auerwildschutzgebiet (Arberhochstraße, km 4,8, bis Hochzellberg, km 14,1). Bitte bleiben Sie daher in der Zeit vom 1. November bis zum 30. Juni auf den markierten Wanderwegen. Im Naturschutzgebiet Rißloch (km 3 bis km 3,9) besteht ganzjährig ein Wegegebot (☞ Wanderinfrastruktur). Bitte leinen Sie in beiden Schutzgebieten zu jeder Jahreszeit Ihre Hunde an.

Überqueren Sie vom Parkplatz die Hauptstraße und wandern Sie mit der Markierung des Bo12 (bisher grüne 12) auf breitem Weg geradeaus in den Wald hinein. Ignorieren Sie den rechten Abzweig am Waldrand. Über einfaches, flach verlaufendes und naturbelassenes, manchmal matschiges Terrain geht es unbe-

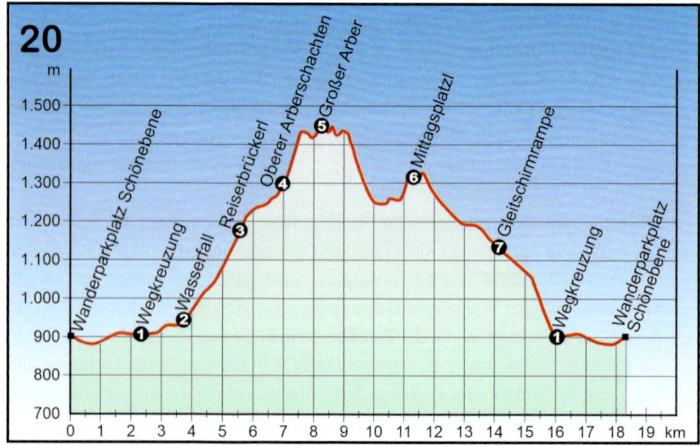

schwert an den Hängen des Hochzellbergs Richtung Nordwesten. Sie überschreiten zwei quer verlaufende Forstwege und stoßen nach 2,3 km an einer Forststraßengabelung auf den eigentlichen Rundweg ❶. Von rechts oben wird sich später am Tag der Kreis nach dem Abstieg über Bo69 und Bo1 (bisher grüne 1) wieder schließen. Aber zunächst bleiben Sie ohne nennenswerten Anstieg im Uhrzeigersinn auf der linken Forststraße weiter auf dem Bo12.

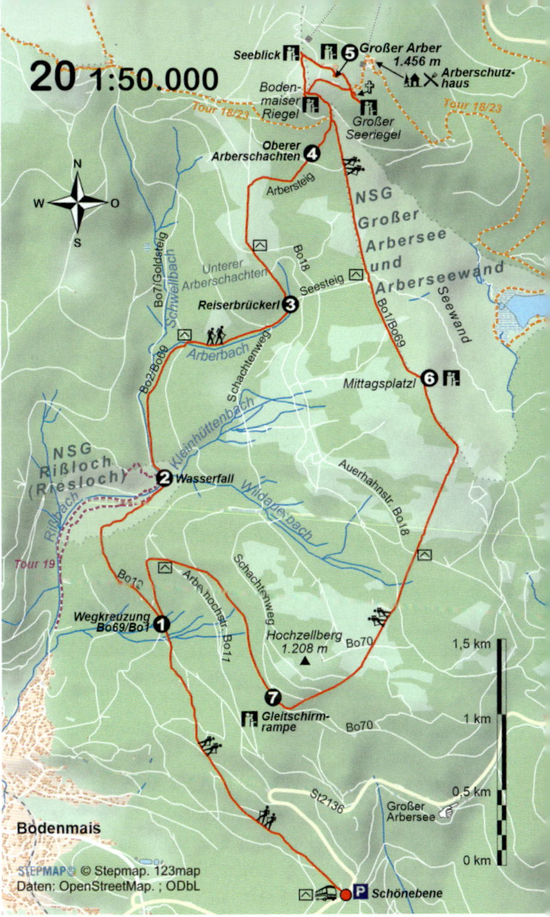

Das Bild der breiten, geschotterten Straße ist nur von kurzer Dauer und mit Beginn des Naturschutzgebiets Rißloch (offizieller alter Name: Naturschutzgebiet Riesloch) führt Sie ein schöner Pfad mit einem Schwenk nach rechts in Richtung des oberen Talschlusses der Rißlochschlucht. Sie treffen auf den Rundweg um die Rißlochfälle (☞ Wanderung 19) und orientieren sich auf dem oberen Weg mit dem Bo2 (bisher grüne 2) nach rechts zur oberen Wasserstube.

➪ Wenn Sie die Rißlochfälle als Abstecherrunde mit in Ihre Wanderung einbinden wollen, dann steigen Sie stattdessen nach links mit der Markierung Bo12 ab und folgen dieser bis zum Stauwehr an der unteren Wasserstube. Ab hier ist der Aufstieg entlang der imposanten Kaskaden bereits mit der für die Rundwanderung maßgeblichen Markierung des Bo69 versehen.

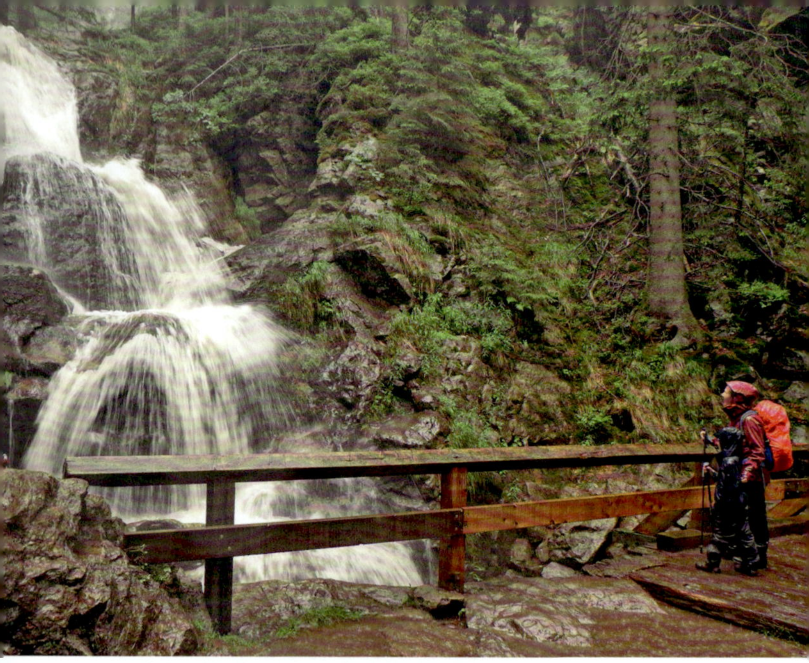

Wasserfall Wildauerbach und Kleinhüttenbach

Auch ohne den Abstieg in die Rißlochschlucht bekommen Sie nach wenigen Schritten auf der rechten Seite der Holzbrücke einen beeindruckenden Wasserfall, zu dem sich Wildauerbach und Kleinhüttenbach vereinen, zu Gesicht ❷. Gehen Sie an den folgenden zwei Abzweigen mit Brücken über den Schwellbach geradeaus weiter. Zusätzlich zum Bo2 stößt die parallele Wegführung des Bo69 hinzu, welche nun für den gesamten Rundweg richtungsweisend ist.

Nach einer kurzen sehr steinigen Passage beginnt der Anstieg von 500 ausstehenden Höhenmetern bis zum Großen Arber. Die ersten 100 davon sind geschafft, wenn Sie auf die Arberhochstraße treffen und dieser ein kleines Stückchen nach links folgen. Nach der Brücke über den Arberbach biegen Sie nach rechts wieder auf einen Waldweg ab und steigen parallel zum Wildbach über steinübersäten Untergrund weiter auf. Nachdem Sie die als Schachtenweg markierte Forststraße gequert haben, wird es romantisch. Im dichten Bergfichtenwald plätschert der Arberbach munter auf der rechten Seite über die moosbewachsenen Steine des von Farnen gesäumten Bachbetts. An der folgenden Weggabelung vor dem sogenannten Reiserbrückerl ❸ biegen Sie nach links auf den steinigen Pfad durch Heidelbeersträucher ab und gelangen schließlich an die große Wiese des Unteren Arberschachten. Am Ende des von Waidlern „Stierwiese“ genannten Schachtens kreuzen Sie eine Forststraße (hier Auerhahnstraße). König Arber mit seinen beiden Felsformationen Bodenmaiser Riegel und Großer Seeriegel lässt sich schon blicken und in der Mitte ist neben der weißen Kugel eines Radarturms und der Zwieseler Hütte das Gipfelkreuz zu erkennen.

Der Anstieg ist jetzt zwischenzeitlich etwas sanfter und nach 400 m schwenken Sie nach rechts zum als Arbersteig bekannten Weg. Jetzt ist es nur noch ein Katzensprung bis zum Oberen Arberschachten mit seiner urigen Hirtenhütte ❹. Am Ende der Wiese beginnen die endlos erscheinenden, stramm aufsteigenden Stufen aus alten Eisenbahnschwellen durch die Bodenmaiser Mulde und Sie passieren nacheinander den Abzweig für den Rückweg über das Mittagsplatzl nach rechts und von links die Einmündung des Goldsteigs und Fernwanderwegs E6 aus Richtung Chamer Hütte und Kleinem Arber. Oben am Gipfelplateau stoßen Sie auf den Rundweg rote 3, den Sie am besten im Uhrzeigersinn erkunden (genaue Beschreibung ☞ Wanderung 18, S. 129 f. Großer Arber ❺).

Hirtenhütte

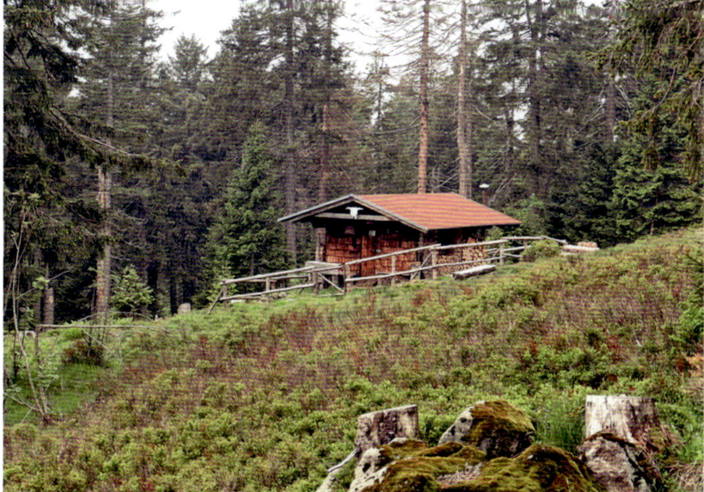

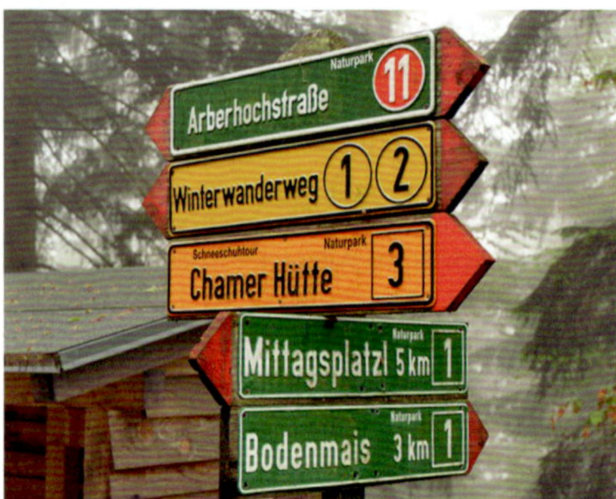

Wegweiser wie diese werden 2021 durch neue ersetzt

Nachdem Sie hoffentlich bei bestem Wetter die Aussichten in die Weite des Bayerischen Walds genießen konnten, heißt es wieder absteigen. Folgen Sie dazu am Fuß der Bodenmaiser Mulde am oben erwähnten Abzweig dem wurzelig-steinigen Pfad des Bo69 nach links in Richtung Mittagsplatzl. Statt des Bo2 begleitet Sie nun parallel die Markierung des Bo1 (bisher rote 1 bis Mittagsplatzl und anschließend grüne 1) durch das Gelände. Sie durchschreiten einen lang gestreckten Sattel und meistern noch einmal einen letzten steilen Aufstieg über natürliche Felsstufen. Die sich anschließende Schachtenwiese am Mittagsplatzl nach 1,7 km ist zwar hübsch anzusehen, die Hauptattraktion folgt jedoch nach weiteren knapp 200 m mit dem Aussichtspunkt auf der linken Seite ❻. Sie stehen am Rand der steil abfallenden Seewand des Großen Arbersees und schauen auf den wunderschönen Eiszeitsee in der von Gletschern ausgeschürften Karmulde. Im Hintergrund liegen Bayerisch Eisenstein sowie Železná Ruda und im Osten bauen sich das Nationalparkgebiet um den Großen Falkenstein und der Böhmerwaldnationalpark Šumava auf.

Über wilden, anspruchsvollen Untergrund aus Wurzeln und Steinen überwinden Sie die Mittagsplatzl-Bergkuppe. Auf der anderen Seite wird der Weg später einfacher und breiter und der Abstieg ist fortan relativ unkompliziert. Gehen Sie an kommenden Wegkreuzungen immer geradeaus, bis Sie nach 2,7 km an der zweiten Kreuzung mit dem Rundweg Bo70 (bisher rote 14) erst nach rechts und gleich wieder nach links unten weiterwandern und an einer Waldschneise mit Startrampe für Gleitschirmflieger unterhalb des Hochzellbergs ❼ eine tolle Aussicht auf den Bodenmaiser Kessel und umliegende Berge im Süden genießen können.

Nach einem guten Kilometer geht das steile Gefälle nach der nächsten Forststraßenquerung noch einmal ordentlich in die Knie. Sie kreuzen die Arberhochstraße und biegen beim dritten Forstweg innerhalb kurzer Zeit nach links unten ab. Nach 400 m stoßen Sie auf die Kreuzung mit dem Bo12, der Sie nach links auf schon bekanntem Wege gemütlich wieder zurück zum Ausgangspunkt leitet.

21 Zum Naturdenkmal Hochfall

Tour für Wanderer, die es ruhiger mögen

Der Hochfall steht zu Unrecht im Schatten der populären Rißlochfälle, auch wenn er nicht mit den gleichen Superlativen glänzen kann. Die kleine Wanderrunde zum imposanten Wasserfall ist eine hervorragende Option für alle, die es gerne gemütlich angehen wollen. Wer sich nicht für eins der Wasserspektakel entscheiden kann, verbindet einfach Hochfall und Rißlochfälle zu einer längeren Tour.

- Start/Ziel: Wanderparkplatz Klause (Oberlohwies), GPS N 49°04.598' E 013°05.485'
- 4,3 km
- 1 Std. 30 Min.
- 130 m/130 m
- 745-865 m
- neue Wegenummerierungen ab 2021: Bo64, Bo5/Bo6/Bo62
- überwiegend naturbelassene, einfache Waldwege, der Abschnitt zum Hochfall zwischen Sternwiesberg und Scharebenstraße steiniger und bei Nässe rutschig, schattiger Rundweg

Naturdenkmal Hochfall

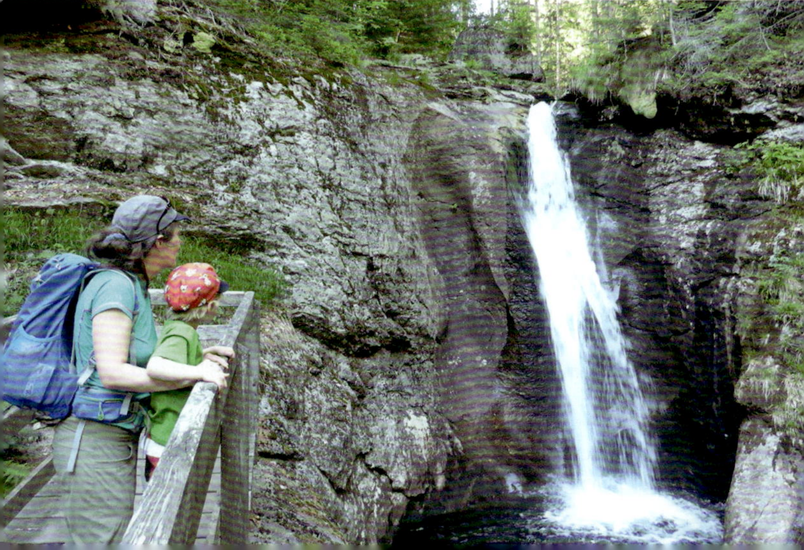

keine Einkehrmöglichkeit am Weg

Wanderparkplatz (Start/Ziel), Sternwiesberg (km 1), Hochfall (km 1,6), Parkplatz Steinhütelstraßl (Unterstand, km 2,9), Oberlohwies (km 3,4), Trinkwasserspeicher (km 4)

WC keine Toiletten entlang des Weges

für Kinder gut geeignet

angenehme Runde für Hunde

P Über die Scharebenstraße in Bodenmais fahren Sie in den Wald hinein. Nach 400 m, vor dem Ortsausgangsschild, biegen Sie nach rechts zum Wanderparkplatz ab.

Die Waldbahn-Linie RB37 aus Zwiesel fährt tägl. mehrmals nach Bodenmais. Vom Bahnhof steigen Sie nach 400 m über die Scharebenstraße entweder direkt zum Startpunkt am Wanderparkplatz auf, z. B. mit Bo64/Bo6 (bisher rote 3 & 8, ➲ 1,3 km), oder Sie nehmen den empfohlenen kleinen Umweg über den Ortsteil Klause und den Aussichtsfelsen, Bo62/Sitzweilweg (➲ 1,6 km).

Kombination: Tour 19 (☞ Ende der Wegbeschreibung)

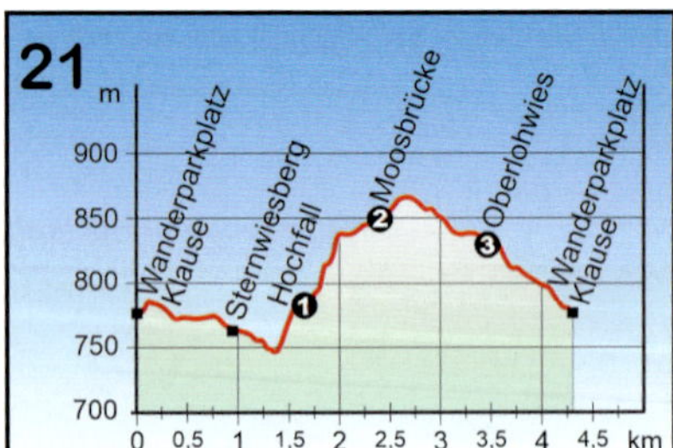

Beginnen Sie die kleine Rundwanderung am oberen Ende des Parkplatzes und halten Sie Ausschau nach der Markierung des Bo64 (bisher rote 3). Biegen Sie nach links auf den schmalen Fahrweg ab oder folgen Sie alternativ zunächst dem schönen Waldpfad rechts daneben. Verlassen Sie beide Wege nach 150 m kurz vor dem Trinkwasserspeicher nach links über kurze, schmale Verbindungspfade und queren Sie die geteerte Straße nach Oberlohwies zum begradigten und breiten Waldweg. Immer wieder werden Sie in der Folge auf Stationen des Meditationswegs „Perspektivwechsel" der Pfarrei Bodenmais treffen, an denen Themen der Schöpfung künstlerisch mit Naturmaterialien zu Waldskulpturen, Traumfängern und Ähnlichem gestaltet wurden.

Nach knapp 500 m bequemer Wanderung biegen Sie nach links auf einen schmaleren Weg ab und gelangen unter dem Kronendach des Schatten spendenden Mischwalds an den Aussichtsfelsen Sternwiesberg. Die Blicke sind zwar ziemlich verdeckt, aber einen hübschen Rastplatz mit zwei Bänken finden Sie hier allemal vor.

Inzwischen wandern Sie wieder Richtung Norden und steigen sanft in die Schlucht des immer stärker rauschenden Moosbachs hinab. Schließlich wird der

Weg wegen des steinigen Untergrunds anspruchsvoller als bisher und der Tagesanstieg von 100 Höhenmetern beginnt. Die felsige Umgebung des eingekerbten Hangeinschnitts ist wild und am Wegesrand kommt Quellwasser in kleinen Rinnsalen über das Gestein heruntergerieselt.

Nach nur 1,6 km seit dem Start erreichen Sie über einen kleinen Stichweg nach links den tosenden Hochfall ❶, den zweithöchsten Wasserfall des Bayerischen Waldes. Der Geräuschpegel kann ohrenbetäubend sein, als wollte sich das Naturdenkmal darüber beschweren, als kleiner Bruder der Rißlochfälle öfter übersehen zu werden. Besonders beeindruckend sind die von Kaskaden gefüllten, kesselförmigen Gumpen, die das Wildwasser im Laufe der jüngsten Erdgeschichte im Gneisgestein ausgehöhlt hat.

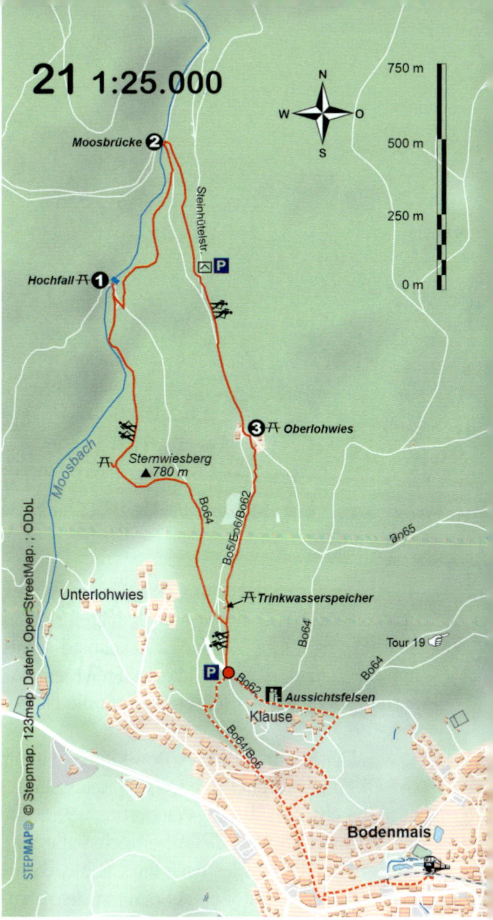

Für den Weiterweg bleibt vorerst Bo64 die maßgebliche Markierung (bisher: ab hier der roten 8 folgen, anfangs in Richtung Riedlberg, ab Moosbrücke nach Süden in Richtung Bodenmais). Nach einem einmaligen Zickzack wandern Sie entlang eines attraktiven Steigs für 500 m nach Norden bis zur Scharebenstraße und schwenken dann für wenige Meter nach links. Biegen Sie unmittelbar vor der Moosbrücke ❷ nach rechts und gleich wieder scharf rechts auf den schmalen Pfad ab.

Bei einem Parkplatz mit Holzunterstand überqueren Sie leicht versetzt die Steinhütelstraßl und wandern leicht bergab parallel zur und später direkt auf der Straße bis nach Oberlohwies.

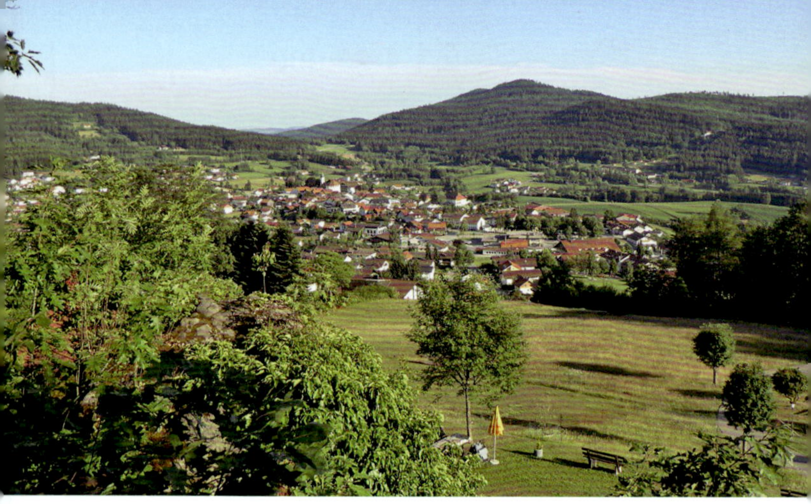

Panorama auf Bodenmais

An der Straßengabelung des Weilers ❸, der aus wenigen Gebäuden besteht, nehmen Sie die Straße nach links, halten sich aber nach wenigen Schritten an der Schranke rechts zum kleinen Wiesenpfad rechts neben dem Forstgebäude. Achten Sie darauf, dass an dieser Stelle ein Wechsel der Wandermarkierungen ansteht, denn ab hier führen Sie nun die Linien Bo5/Bo6/Bo62.

➯ Der Rundwanderweg Bo64 hingegen führt Sie weiter auf der linken Straße von Oberlohwies über den Ortsteil Klause in 3,8 km zur Unteren Wasserstube in der Rißlochschlucht (☞ Wanderung 19). Mit dem Bo65 können Sie später von der Schweiklruh über die Arberhochstraße zurückwandern (weitere ➲ 3,3 km). (Bisher: In Oberlohwies nach links abbiegen und der unbeschilderten Straße für 500 m folgen. Sie stoßen auf den mit der roten 2 markierten Weg, der als Rundwanderweg der oben beschriebenen Route entspricht.)

Nach den letzten 800 m sind Sie wieder zurück am Wanderparkplatz.

➯ Für ein tolles Panorama auf Bodenmais und die umliegenden Gipfel Silberberg, Kronberg und Harlachberger Spitze (von links nach rechts) folgen Sie dem Bo62 200 m weiter in Richtung Bodenmais (bisher: der Beschilderung „Zu den Wanderwegen in das Arbergebiet“ und „Rißloch, Kl. Arber“ folgen). Der Aussichtsfelsen oberhalb des Ortsteils Klause liegt auf der rechten Seite und lädt mit zwei Rastbänken dazu ein, die Wandertour entspannt ausklingen zu lassen.

22 Über das Schussbachtal nach Schareben

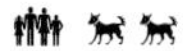

Tour für Freunde abwechslungsreicher Landschaften

Der historische Berggasthof Schareben ist zweifelsfrei eines der beliebtesten Ausflugsziele im Bayerwald. Doch während viele die Waldwiese am Südhang des Arberhöhenzugs bequem mit dem Auto ansteuern, schnüren Sie die Wanderstiefel und „verdienen" sich die urige Einkehr. Auf dem abwechslungsreichen Rundweg wandern Sie durch urwaldartige Wälder am wilden Schussbach, haben eine tolle Aussicht vom Felsen der Spitzwaldkanzel und bekommen auf dem Rückweg einen Einblick in die Zellertaler Landidylle.

Start/Ziel: Parkplatz Pfarrkirche St. Ägidius, Drachselsried, GPS N 49°06.505' E 013°00.638'

17,7 km

6 Std.

640 m/640 m

525-1 015 m

neue Wegenummerierungen ab 2021: Dr52, Sitzweilweg/Ab52, „NatUrwald-Runde"/Ab56, Arnbrucker Straße, Radweg 38 Drachselsrieder Höhenrunde, Dr1/Goldsteig, Dr10, Sitzweilweg, Dr1/Goldsteig

überwiegend bequeme Wege ohne größere Hindernisse, insgesamt etwa 8 km über Forstwege oder kleine, wenig befahrene Dorf- und Bergstraßen, längere schattige Abschnitte

Gasthaus zur Poschinger Hütte (km 2,5), Berghütte Schareben (km 10,2)

verschiedene Pausenplätze entlang der Wanderung, insbesondere Brücken Waldwiesbach (km 2,1 und km 4,1), Kiesbrücke (km 5,3), Spitzwaldkanzel (km 9,5), Schareben (km 10,2), Dr10 (Schutzhütte, km 11,8), Kneippanlage Kühbach (km 16,1)

WC Berghütte Schareben (km 10,2)

Die lange Wanderung erfordert Ausdauer. Vorsicht auf der Spitzwaldkanzel.

Die längere Runde ist auch gut für Hunde geeignet.

P Der Parkplatz liegt hinter der Pfarrkirche in Drachselsried. Folgen Sie von Bodenmais der Staatsstraße 2132 nach Bad Kötzting für weniger als 10 km und fahren Sie bei der Tankstelle ab. Der Kirchturm ist von Weitem zu sehen.

Die Buslinien 6093 und 6196 verbinden Mo-Fr mehrmals tägl. Bodenmais mit „Drachselsried, Dorfplatz". Von der Haltestelle sind es nur 200 m bis zum Startpunkt hinter der Kirche.

In Bodenmais besteht Anschluss an die Waldbahn.

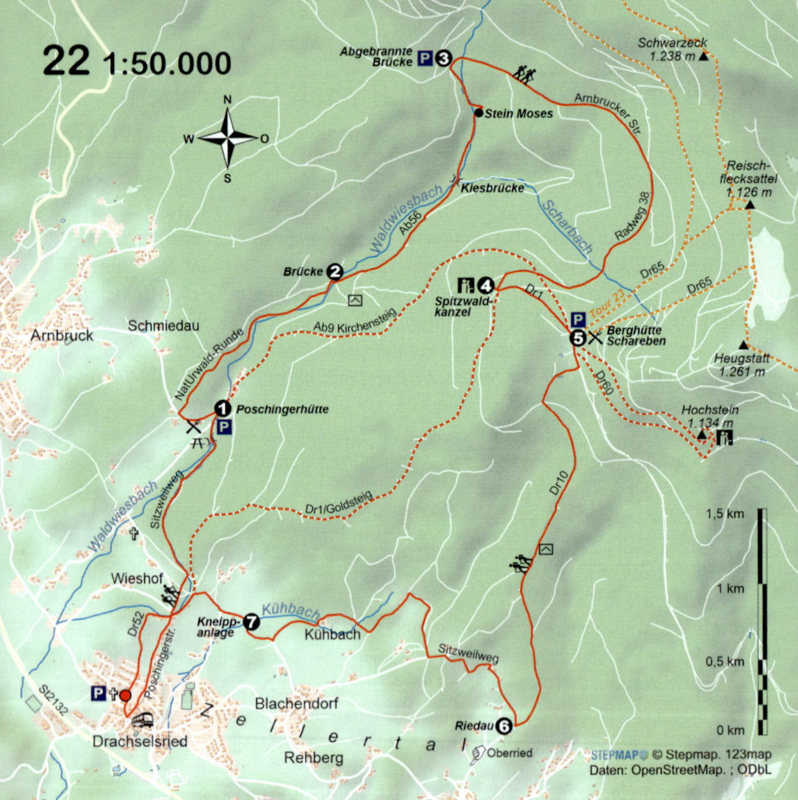

Abkürzungen: Ab9 (bisher blaue 9), minus 3,7 km, oder Dr1 (bisher blaue 4) / Goldsteig, minus 5 km, als Direktwege nach/von Schareben. Kombination: Tour 23

Folgen Sie mit der Markierung Dr52 vom Parkplatz der Kirchenstraße bergauf und bleiben Sie auf dem Fahrweg und späteren Wiesenweg zwischen Rehgehege und Pferdekoppel geradeaus. Am Waldrand nach 600 m schwenken Sie nach rechts und können einen schönen Blick auf Drachselsried erhaschen. Nach ein paar Häusern treffen Sie für einen kurzen Moment auf die Poschingerstraße.

Queren Sie die kleine Brücke nach links und kreuzen Sie die Wiese diagonal in den Wald hinein (bisher ab hier blaue 3). Nach 200 m stoßen Sie auf den Sitzweilweg, der Sie zusammen mit dem Ab52 links zum Kanalweg am schönen Forellenbach führt.

Folgen Sie nicht dem Dr52 am Feldrand zum Wieskircherl, sondern tauchen Sie rechts davon versetzt wieder in den Wald ein.

1 km später kreuzt unter einer Brücke erstmals der Waldwiesbach, der auch als Schussbach bekannt ist, den Weg. Das eingeschnittene Tal des Wildwassers gibt Ihnen auf den nächsten 4 km für den Anstieg am Südhang des Arberkamms die Richtung vor. Zunächst erreichen Sie den Arnbrucker Ortsteil Poschingerhütte ❶, wo Sie entlang einer Dorfstraße einen kleinen Wanderparkplatz passieren. Hier beginnt der neu installierte Lehrpfad „NatUrwald-Runde" mit Laubbaum-Symbol. Um zu dessen naturnahen westlichen Abschnitten am Bergbach zu gelangen, biegen Sie – statt geradeaus Ab9 und Ab56 zu folgen – mit der scharfen Linkskurve der Straße ab und gelangen an ein Gasthaus mit einer kleinen Kapelle gegenüber.

Gasthaus zur Poschinger Hütte, Trautmannsried 10, 93471 Arnbruck, ☏ 099 45/349, www.zur-poschinger-huette.de, tägl. außer Mi ab 14:00, deftige Hausmannskost, Hauptgerichte ab 17:00

Jetzt sind es noch 100 m auf der Straße, bevor nach rechts ein schöner Waldweg abzweigt (bisher ab hier rote 7) und nach einem kurzen steilen Anstieg über einen Bergrücken hinunter ins Schussbachtal führt. Erst fließt parallel ein ruhiger Kanal als Ableger zur ehemaligen Glashütte der Poschingerfamilie, dann geht es nach einer Schleuse am eigentlichen Waldwiesbach entlang. Nach 1,5 km wechseln Sie über eine Brücke die Uferseite und erreichen am quirligen Bergbach einen friedlichen Pausenplatz zum Erfrischen ❷.

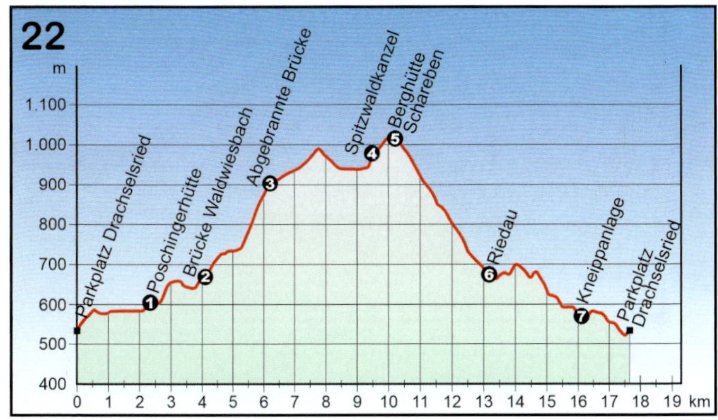

Nach links bergauf gehend verlieren Sie den Bach vorübergehend aus den Augen und Ohren. Zusätzlich zum NatUrwald-Symbol können Sie ab hier auch den Markierungen des Ab56 folgen. Nehmen Sie für die Strecke über breite Wege und Forstwege bis zur nächsten Bachlandschaft an allen Gabelungen immer die linke Alternative, so auch an der T-Kreuzung mit Rastbank hinter der sogenannten Kiesbrücke über den Scharbach, die Sie nach 1 km erreichen.

Nach der direkt folgenden Brücke über den Schussbach steigen Sie rechts steil bergan und es beginnt das wohl schönste Waldstück der gesamten Tour. Der Bach rauscht in unzähligen Stufen ins Zellertal hinab und vielfältiger Bergmischwald mit einem hohen Anteil an Weißtannen in wilder, felsiger Umgebung aus Baumveteranen, Totholz und Jungpflanzen, gespickt mit Farnen, Moosen und Pilzen, gibt Ihnen das Gefühl, mitten in einem Urwald zu stehen. Der Weg wird schmal, ist aber abgesehen von vereinzelten Steinen und Wurzeln verhältnismäßig einfach zu laufen. Halten Sie öfter inne, denn viel zu schnell ist das ursprüngliche Naturerlebnis zu Ende. Statten Sie etwa auf halber Strecke dem Wasser spendenden Felsen des „Stein Moses" einen Besuch ab. Letztlich gelangen Sie zur Arnbrucker Straße (bisher ebenso). Orientieren Sie sich nach rechts und passieren Sie den Wanderparkplatz an der „Abgebrannten Brücke" ❸.

Berghütte Schareben

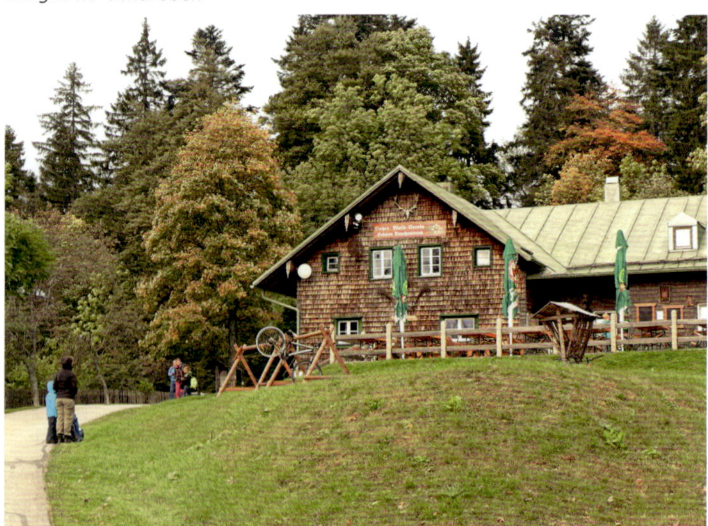

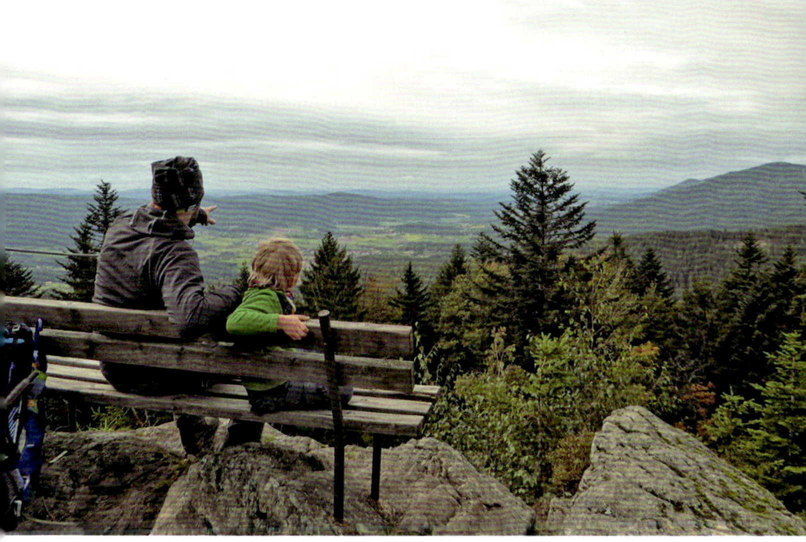

Spitzwaldkanzel

Es handelt sich um eine zwar asphaltierte, aber schmale und vor allem wenig befahrene Waldstraße mit leichter Steigung, die sich angenehm und zügig wandern lässt. Gehen Sie an den nächsten beiden Forststraßenabzweigen geradeaus weiter.

An der spitzwinkligen Kreuzung mit kleinem Wendebereich nach 1,6 km hingegen biegen Sie nach rechts auf den unbefestigten Forstweg ab, der bergab führt und als Radweg 38 Drachselsrieder Höhenrunde gekennzeichnet ist, und kreuzen nach weiteren 1,4 km den Ab9 Kirchensteig. Noch bleiben Sie auf dem Radweg, biegen aber schon 200 m später nach links auf den unmarkierten, steilen Weg aufwärts ab, an dessen Ende Sie vom Wiesenplateau in leichter Kraxelei auf den Felsen der teilweise mit Geländer gesicherten Spitzwaldkanzel ❹ gelangen. Oben von der Bank haben Sie einen fürstlichen Ausblick auf das Zellertal mit Arnbruck am Fuß des Kaitersbergmassivs.

Vom Aussichtsfelsen sind es entlang des nach links beschilderten, breiten Wiesenwegs (Dr1/Goldsteig, bisher blaue 4/Goldsteig) nur noch wenige Minuten bis zur beliebten Waldwiese von Schareben ❺.

✕ Berghütte Schareben, ☏ 099 45/10 37, 💻 www.berghuette-schareben.de, 🚪 tägl. ab 10:00, warme Küche ab 11:00, Berggasthof mit drei „Stuben" und Südterrasse, bayerische Schmankerl wie Kaspressknödl oder Kaiserschmarn, hausgemachter Kuchen, Übernachtung in Mehrbettzimmern möglich

Ein Spielplatz versüßt den Knirpsen den Aufenthalt.

In einem Kneippbecken können Sie Ihre Füße abkühlen.

Unweit von Schareben lockt der Felsriegel des Hochsteins mit beeindruckender Panoramasicht ins östliche Zellertal und zu den Höhenzügen des Vorderen Bayerischen Walds zu einer Zusatzrunde (Dr60 (bisher rote 11), 3 km, ↑ ↓ 110 m/110 m, Wegegebot des Auerwildschutzgebietes). Der obere Weg ist teilweise steinig und wurzelig, der untere verläuft über Forststraße.

Vorsicht: Das Felsplateau ist ungesichert!

Für den Rückweg ins Zellertal wandern Sie auf der kleinen Straße leicht bergab. Vorbei am Wendeplatz geht es wieder in den Wald, bevor Sie kurz darauf mit dem Weg nach rechts den Abstieg in Richtung Oberried über die Wanderlinie Dr10 (bisher blaue 15) beginnen. Halten Sie sich entsprechend nach 1,6 km an einer Weggabelung links und folgen Sie 500 m später dem dazustoßenden Forstweg weiter bergab.

Sie gelangen schließlich zu den offenen Wiesen von Riedau ❻ und orientieren sich noch oberhalb der ersten Höfe über eine schmale Straße nach rechts. Durch die ländliche Bergidylle des Zellertals leitet Sie nun der Sitzweilweg (bisher Zellertalrundweg) in Schlängellinien nach Westen. Anfangs können Sie die markante Expositurkirche von Oberried sehen. Die Wanderung durch die bayerische Kulturlandschaft über Wiesen, Felder und durch Wälder sowie an kleinen Siedlungen vorbei bietet einen schönen Abschluss und Kontrast zum bisher Erlebten. Da stört es kaum, dass die Route zeitweise auf asphaltierter Straße verläuft.

Achten Sie auf die Wegmarkierungen, die manchmal versteckt oder etwas zugewachsen und deshalb schwer zu finden sein können.

Nach 2,9 km entspannter Wanderung können Sie an einer Kneippanlage am Kühbach ❼ Ihre müden Beine erfrischen. Lassen Sie sie aber nicht zu kalt werden, denn allzu viel Strecke zum Wiederaufwärmen haben Sie gar nicht mehr vor sich. Nach knapp 500 m treffen Sie auf die Routen des Dr1 (bisher blaue 4) und des Goldsteigs, die Sie nach links über die Poschingerstraße zurück zur Kirche in Drachselsried bringen.

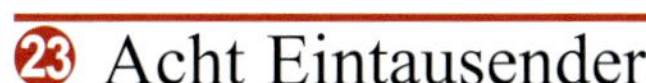

23 Acht Eintausender

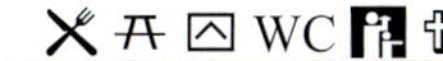

Tour für ausdauernde Weitblickbegeisterte

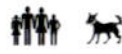

Zwischen Zellertal und Lamer Winkel wartet mit dem Hauptwanderweg entlang des Arberhöhenzugs ein aussichtsreiches Highlight auf Sie. Durch das immerwährende Auf und Ab über Gipfel und durch Sättel ist die Tour konditionell herausfordernd. Die schweißtreibende Anstrengung lohnt sich aber, denn Panoramafans können bei gutem Wetter einzigartige Bayerwaldaussichten genießen. Eine zünftige Einkehr unterwegs rundet den Wandertag perfekt ab.

Start: Parkplatz Eck, GPS N 49°09.853' E 012°59.385'; Ziel: Großer Arbersee, GPS N 49°05.925' E 013°09.518'

19,8 km

9 Std.

1.105 m/1.005 m

840-1.456 m

sehr gut beschildert und markiert: Goldsteig/E6

überwiegend naturbelassene Wege und Pfade mit anspruchsvollen, steinigen und wurzeligen Passagen, erste Hälfte waldreicher, danach wenig Schatten und exponierte Kammlage, Vorsicht auf den zahlreichen Felsriegeln, die abschüssig und in der Regel ungesichert sind

Berghütte Schareben (1,4 km ab km 7,7), Chamer Hütte (km 13), Arberschutzhaus/Eisensteiner Hütte (km 16,5), Arberseehaus (Ziel)

Neben vereinzelten Bänken bieten die vielen (Fels-)Gipfel entlang des Weges hervorragende Möglichkeiten für eine Rast (natürliche Pausenplätze), außerdem gibt es mehrere Schutzhütten: Mühlriegel (km 2,3), Waldwiesmarterl (km 5,2), Reischflecksattel (km 7,9), Enzianwiese (km 10,9) sowie einen Unterstand beim Sattel zwischen Kleinem und Großem Arber (km 13,7).

WC Berghütte Schareben (1,4 km ab km 7,7), Chamer Hütte (km 13), Bergstation Seilbahn / Arberschutzhaus / Eisensteiner Hütte (km 16,4 bis 16,5), Arberseehaus (Ziel)

Trittsicherheit und ausgeprägte Kondition sind notwendig, ein Zwischenstopp zur Übernachtung in Schareben wird empfohlen. Kürzere Touren sind ab Schareben ausgeschildert.

Die Wanderung ist wegen anspruchsvoller Passagen nur bedingt für Hunde geeignet. Folgende Umgehungen sind zu empfehlen: Schwarzeck (ab Waldwiesmarterl für 500 m auf dem Steinernen Gassl, Ab10, zum leichten E6 nach Schareben und Wiederaufstieg zum Reischflecksattel) und Kleiner Arber (Schachtenweg). Es gibt keine Trinkmöglichkeiten.

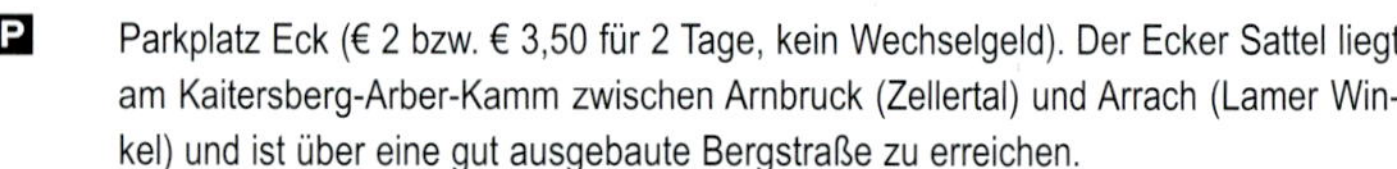

P Parkplatz Eck (€ 2 bzw. € 3,50 für 2 Tage, kein Wechselgeld). Der Ecker Sattel liegt am Kaitersberg-Arber-Kamm zwischen Arnbruck (Zellertal) und Arrach (Lamer Winkel) und ist über eine gut ausgebaute Bergstraße zu erreichen.
☝ Starten Sie Ihre Wanderung zeitig am frühen Morgen und informieren Sie sich vorab über die Rückfahrmöglichkeiten mit dem Bus.

🚌 Kontaktieren Sie für aktuelle Fahrmöglichkeiten immer vorab die Touristinformationen in Bodenmais (☎ 099 24/77 81 35), Arnbruck (☎ 099 45/94 10 16) oder Arrach (☎ 099 43/10 35).
Von Bodenmais, Arnbruck oder Lam gelangen Sie Mo-Fr mit dem Wanderbus 6065 nach Eck (Start). Dieser fuhr bisher allerdings so spät am Vormittag ab, dass eine Wanderung und Rückreise per Bus kaum an einem Tag möglich waren. Alternativ können Sie ab Arnbruck oder Thalersdorf (Mo-Sa Linien 6093 oder 6196 ab Bodenmais) über den Goldsteig-Zuweg und Ab6 (bisher blaue 6) nach Eck aufsteigen (➲ 5,1 km bzw. 4,2 km, ↑ 300 m, GPS-Tracks auf der Verlagswebsite erhältlich) oder den Rufbus 8203 von Arnbruck nach Eck nutzen (Anmeldung am Vortag bis 21:00 unter ☎ 099 21/949 99 64).
Für die Rückfahrt vom Ziel nutzen Sie die Buslinien 6198 nach Bodenmais und ggf. 6093, 6196 oder Rufbus 8202 weiter nach Arnbruck. Bus 6080 (590) bringt Sie alternativ nach Lam (☞ Wanderung 18).
Haben Sie Ihr Fahrzeug in Eck geparkt, fährt Sie abschließend der Wanderbus 6065 Mo-Fr von Arnbruck (gegen 18:00) oder Lam (gegen 17:00) zurück zum Ausgangspunkt.

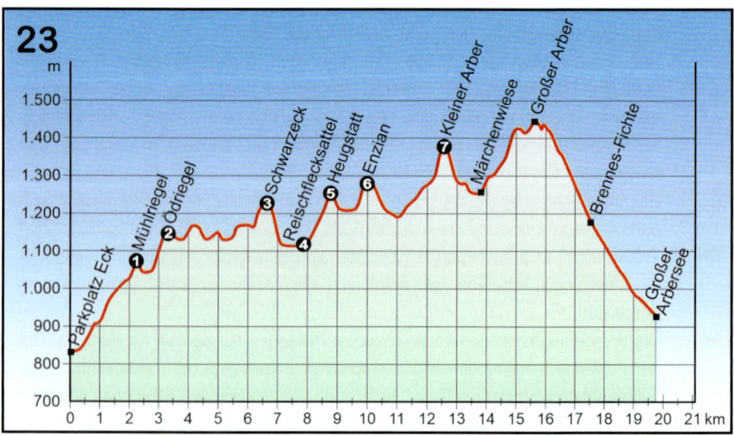

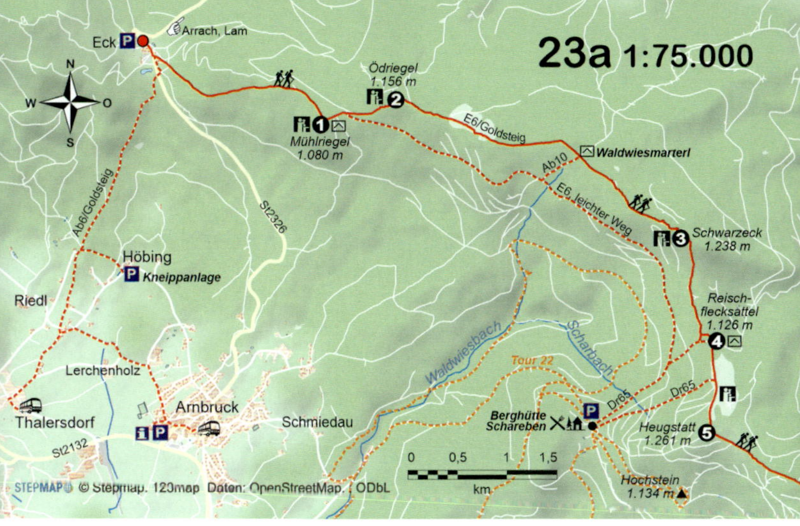

Abkürzungen: Mit der Arber-Gondelbahn zur Talstation hinabfahren (€ 10, nur bis 16:30 in Betrieb, minus 3,4 km). In umgekehrter Richtung (Fahrt mit Bergbahn ab 9:00 zum Großen Arber und Wanderung nach Eck) sparen Sie obendrein 550 Höhenmeter Anstieg ein. Entsprechend reduziert sich die reine Gehzeit um etwa 2 Std. 30 Min. Für kürzere Touren entlang des Arberhöhenzugs bieten sich verschiedene Rundwege ab Schareben an. Kombinationen: Touren 18, 20 und 22

Die Wanderung verläuft zu großen Teilen durch das Auerwildschutzgebiet. Bitte bleiben Sie daher in der Zeit vom 1. November bis zum 30. Juni auf den markierten Wanderwegen. Bitte leinen Sie zu jeder Jahreszeit Ihre Hunde an.

Planen Sie eine Übernachtung in der Berghütte Schareben, der Chamer Hütte oder im Arberschutzhaus ein. Dann haben Sie tagsüber flexiblere Optionen bei den Busanbindungen. Es empfiehlt sich in diesem Fall, in Bodenmais zu parken (gebührenpflichtig).

Vom Parkplatz am Ecker Sattel wandern Sie ein Stück die Straße entlang in Richtung Arnbruck und biegen gegenüber dem Gästeparkplatz des Berggasthofs nach links auf den Waldweg mit den Markierungen des Goldsteigs und des E6 ab, die Sie die gesamte Wanderung über begleiten werden. Dichter Mischwald spendet in der „Aufwärmphase“ mit moderater Steigung angenehmen Schatten und Schutz vor den Elementen. Nach 2,2 km und gut 200 Höhenmetern Anstieg gelangen Sie zum ersten Tausendergipfel der Tour.

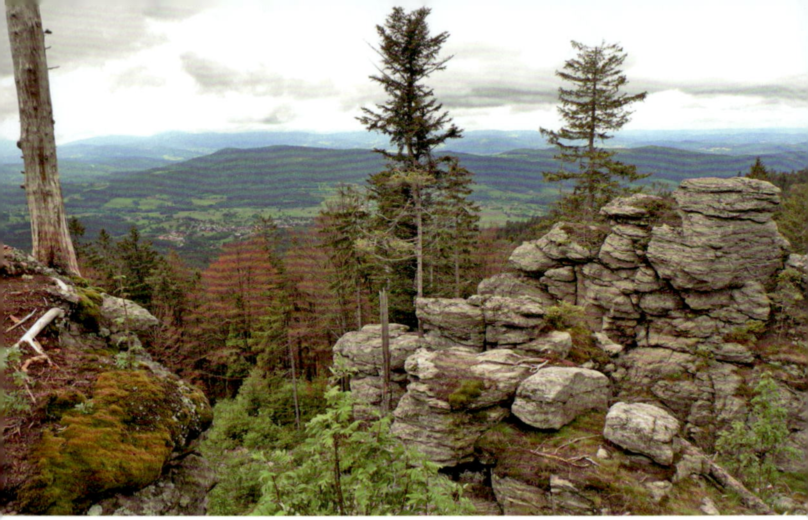

Felstürme des Ödriegels

Auf der rechten Seite befindet sich der Felsen des Mühlriegels (1.080 m) ❶, der entweder über einen einfachen oder einen etwas felsigeren Zustieg von der Schutzhütte erreicht werden kann. Von oben haben Sie einen schönen Blick über Arnbruck und das Zellertal hinaus zu den Hügelketten des Vorderen Bayerischen Walds mit Gipfeln wie dem Geißkopf, Einödriegel, Vogelsang oder Hirschenstein (von links nach rechts, alle über 1.000 m). Für eine Aussicht in den Norden visieren Sie den nächsten Felsriegel an, es sei denn, Sie entscheiden sich beim Durchschreiten des Sattels nach 200 m für den einfachen Weg des E6 nach rechts über Forststraße Richtung Schareben (➲ 5,7 km). Für den spannenderen Weg gehen Sie jedoch geradeaus weiter und gewinnen durch ein wildes, felsiges Waldstück schnell an Höhe, bis Sie drei beeindruckende Felstürme des Ödriegels (1.156 m) ❷ passieren. Vom Plateau neben dem obersten Felsen eröffnet sich eine freie Sicht auf das Tal des Weißen Regens zwischen Kaitersberg und Hohem Bogen und die Niederungen der Cham-Further-Senke im Hintergrund.

Der Weg verläuft die nächste Zeit durch unterschiedliche Waldlandschaften ohne größere Höhenunterschiede über sanft geformte, felsdurchsetzte namenlose Bergkuppen und durch flache Sättel, so auch am Waldwiesmarterl nach 2,1 km, einem Gedenkkreuz des Bayerischen Wald-Vereins. Mit zunehmend anspruchsvollerem Untergrund kündigt sich im weiteren Verlauf der Anstieg zum Schwarzeck, dem dritten der acht Eintausender, an. Auf dem felsigen und wurzeligen, verwinkelten Steig dorthin gibt es einiges zu kraxeln und an einer Stelle müssen Sie die Hände zu Hilfe nehmen.

Wenn Sie das Schwarzeck erfolgreich erklommen haben, erwartet Sie links am Gipfelkreuz ein fantastischer Blick auf den Grenzkamm des Künischen Gebirges vom Zwercheck bis zum Osser (☞ Bonustour). Unten im Tal des Lamer Winkels liegen die Siedlungen der Gemeinden Lam und Lohberg verstreut. Das ist allerdings noch nicht alles, was der Grat des Schwarzecks zu bieten hat. 100 m weiter entlang des Weges bietet sich vom anderen, leicht zu übersehenden Felsgipfel (1.238 m) ❸ auf der rechten Seite eine völlig neue Perspektive mit einer nicht minder beeindruckenden Szenerie (einer der Lieblingsplätze des Autors). Sie können die vier noch bevorstehenden Tausenderberge sehen, die sich – verbunden durch dazwischenliegende Sättel – wie eine Perlenkette bis zum Großen Arber aneinanderreihen. Am Südhang ragt übrigens der kleine Plattenriegel aus dem Waldmeer, an dessen Fuß sich die Lichtung von Schareben versteckt.

Wer genau mitzählt, der wird feststellen, dass ein achter Gipfel fehlt. Ein früher eingerechneter kleiner Felskamm liegt heute nicht mehr direkt am Weg. Stattdessen wurde der vor Ihnen liegende Reischflecksattel auf dem Weg zum nächsten Gipfel Heugstatt ersatzweise als Tausendervertreter mitgezählt. Der Abstieg dorthin ist steil und einige Stolperfallen erfordern Aufmerksamkeit. Später flacht der Weg ab und nach 600 m durch ebenes Gelände halten Sie sich an einer Weggabelung links.

Anspruchsvoller Aufstieg zum Schwarzeck

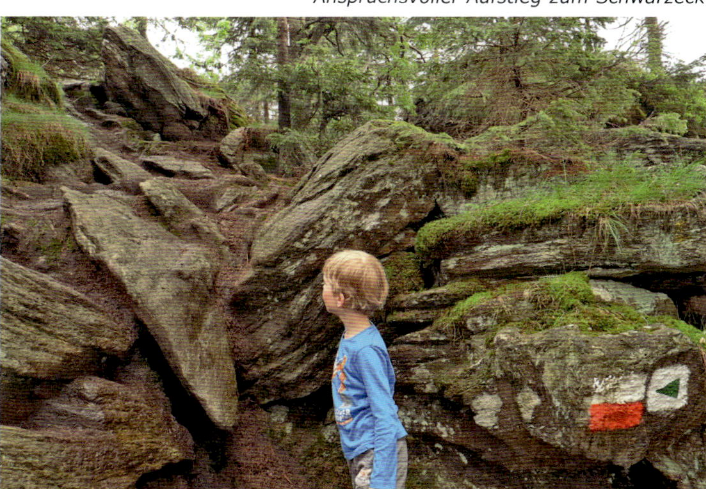

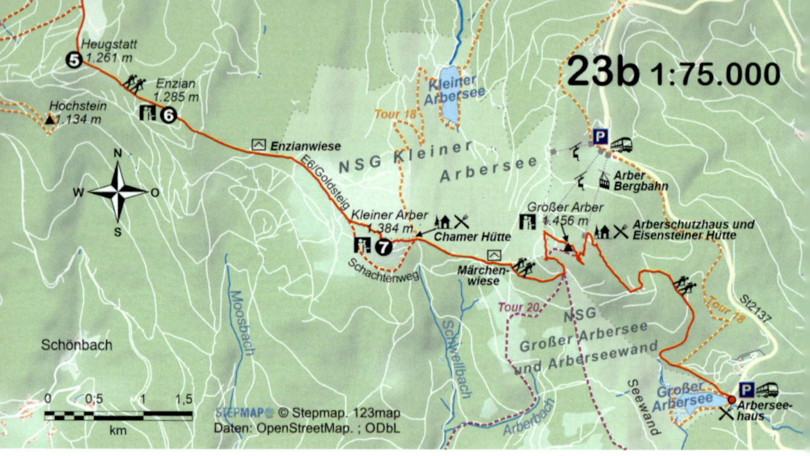

Geradeaus ist die Berghütte Schareben ausgeschildert (☞ Wanderung 22). Sie treffen nach wenigen Schritten auf den Rundweg Dr65 (bisher rote 10), der Sie nach rechts erst bergab zur Waldwiese und nach der Einkehr etwas weiter südlich wieder hinauf zum Kammweg bringt (plus ➲ 2,3 km, ↑↓ 100 m/100 m).

An der Wegkreuzung kurz danach bei der Schutzhütte am Reischflecksattel ❹ sowie 400 m weiter südlich bestehen nochmals Möglichkeiten, nach rechts zum Berggasthof Schareben abzusteigen. Für den nächsten Gipfel Heugstatt gehen Sie aber geradeaus weiter. Dieser wird Ihnen wahrscheinlich am ehesten wegen des strammen Anstiegs und der willkommenen Verschnaufpausen in Erinnerung bleiben. Ein Blick zurück eröffnet nämlich einen erstklassigen Ausblick auf die bereits überwundene Hügelkette, garniert mit grünen Tälern zu beiden Seiten und dem Osserkamm im Norden.

Der Heugstatt (1.261 m) ❺ selbst als höchster Punkt liegt am Wegesrand und wird maximal mit einem Achselzucken vom vorbeiziehenden Wanderer kommentiert.

☺ Ein kleiner Rastplatz mit kreativem Holzkreuz befindet sich rechts etwas verdeckt und abseits des Weges.

Die Umgebung wird nach dem kurzen, wurzeligen Abstieg zunehmend von sehr jungem, lichtem Wald und üppigen Wiesen mit vielen Heidelbeersträuchern geprägt, denn Orkan Kyrill hat im Jahr 2007 auch hier eine Schneise in der Berglandschaft bis hin zum Arber hinterlassen.

Es ist beruhigend zu sehen, wie stark die Regenerationskräfte der Natur sind und dass bereits wieder eine stabile Vegetation entsteht. Allerdings wird die freie Sicht Wanderer wohl noch für viele weitere Jahre beglücken und das Gipfelkreuz des Enzians (1.285 m) ❻ bereits von Weitem zu sehen sein. Von oben ergibt sich ein nahezu kompletter Rundumblick in den Bayerwald, nur die beiden Arbergipfel sind noch verdeckt. Doch schon wenige Schritte weiter zeigen sich die ungleichen Brüder in ihrer vollen Ausdehnung.

Auf dem Weg zum „kleinen" der beiden queren Sie am Sattelpunkt kleine Feuchtgebiete über Planken und passieren die Enzianwiese mit Schutzhütte. Fast 200 Höhenmeter sind es von hier bis nach oben. Achten Sie nach etwa 300 m auf den felsigen Abzweig nach links und queren Sie kurze Zeit später zwei Forstwege geradeaus. An der Weggabelung nach 700 m biegen Sie erneut nach links ab und wandern geradewegs und steil ansteigend auf den Kleinen Arber zu.

↳ Wer die Kräfte für den Anstieg sparen will, kann den Kleinen Arber rechtsherum mit dem Schachtenweg zur Chamer Hütte umgehen (➲ 1,2 km).

Rastbank in der Nähe des Reischflecksattels

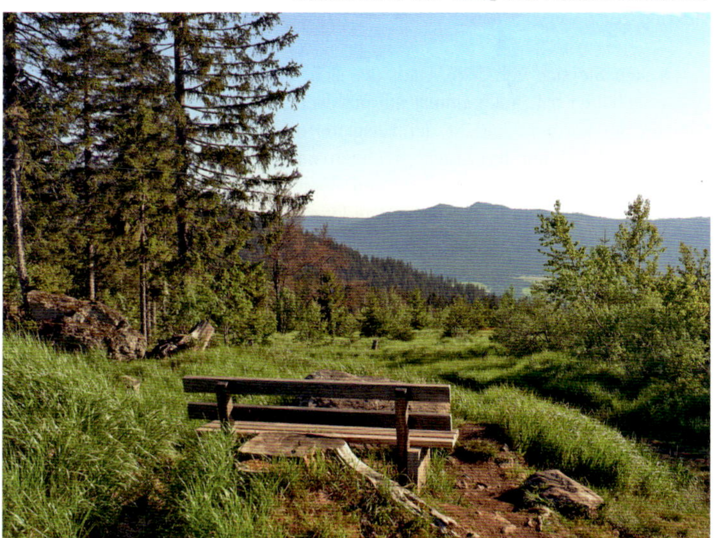

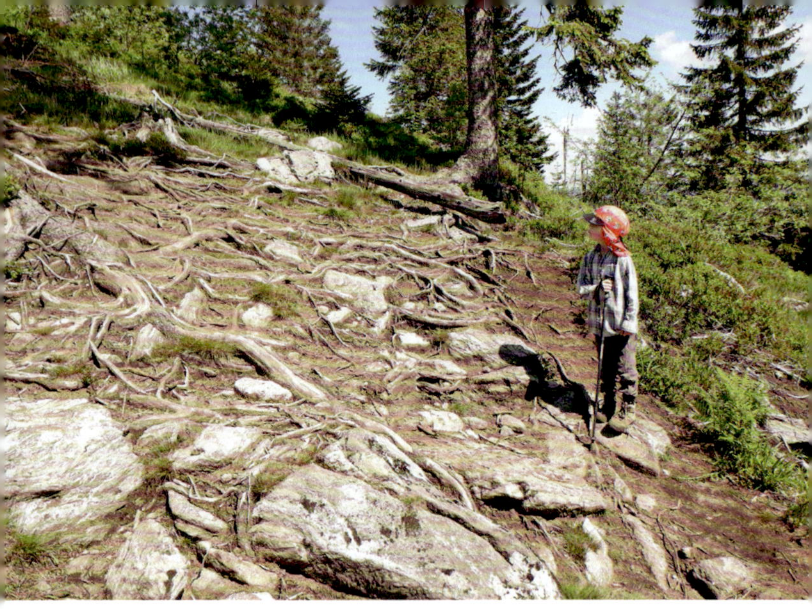

Abstieg zur Chamer Hütte

Drehen Sie sich vor dem Wald, der sich tapfer auf der Kuppe des Kleinen Arbers gehalten hat, noch einmal um und werfen Sie einen letzten Blick auf die Szenerie im Westen. Bald ist der Felsgipfel des Kleinen Arbers (1.384 m) ❼ erreicht und belohnt Ihre Anstrengungen mit neuen Aussichten, diesmal auf Bodenmais und bis nach Drachselsried. Den Großen Arber und den sanften Sattel zum Mittagsplatzlberg (☞ Wanderung 20) können Sie erst von einem kleinen Felsvorsprung ein paar Meter weiter entlang des Weges sehen. Das Finale der Wandertour hat begonnen. Steigen Sie steil zur Chamer Hütte ab und folgen Sie für den weiteren Wegverlauf bis zum Großen Arbersee der Beschreibung von ☞ Wanderung 18, S. 129-131.